초능력 국어 독해를 사면
초능력⁺쌤이 우리집으로 온다!

▶ 초능력 쌤과 함께하는 지문 분석 동영상 강의 무료 제공

1일 무역의 중심, 벽란도 →설명문

(가) 고려는 다른 나라와 활발하게 무역을 하며 경제를 발전시켰습니다. 주변 나라인 송나라, 여진, 거란뿐만 아니라 태국 같은 동남아시아 상인, 아라비아 상인들도 고려에 와서 무역을 하였습니다. 고려에 다녀간 아라비아 상인들에 의하여 고려는 '코

초능력 국어 독해 5단계 | 지도에서 'COREE' 이름을 확인할 수 있음.

 글이 조금만 길어도 어떻게 읽어야 할지 막막해요. 도와줘요~ 초능력 쌤!

 그건 독해를 할 때 지문 구조를 생각하지 않고 되는대로 읽기 때문이야.

 지문 구조요? 글을 읽고 내용만 알면 됐지, 지문 구조도 생각해야 해요?

 3개의 지문 분석 강의를 보면 쉽게 알 수 있어. 지금 바로 스마트러닝에 접속해 봐.

 와~! 초능력 쌤이랑 공부하니 제대로 독해를 할 수 있게 되었네요!

📶 초능력 국어 독해 무료 스마트러닝 접속 방법

방법 1

동아출판 홈페이지 www.bookdonga.com에 접속하면 초능력 국어 독해 무료 스마트러닝을 이용할 수 있습니다.

방법 2

무료 스마트러닝

핸드폰이나 태블릿으로 **교재 표지나 본문에 있는 QR코드**를 찍으면 무료 스마트러닝에서 지문 분석 동영상 강의를 이용할 수 있습니다.

초능력 쌤과 키우자, 공부힘!

국어 독해

예비 초등~6학년(전 7권)

- 30개의 지문을 글의 종류와 구조에 따라 분석
- 지문 내용과 관련된 어휘와 배경지식도 탄탄하게 정리

수학 연산

1학년~6학년(전 12권)

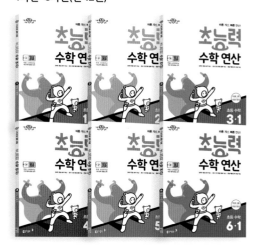

- 학년, 학기별 중요 연산 단원 집중 강화 학습
- 원리 강의를 통해 문제 풀이에 바로 적용

맞춤법+받아쓰기

예비 초등~2학년(전 3권)

- 맞춤법의 기본 원리를 이해하기 쉽게 설명
- 맞춤법 문제도 재미있는 풀이 강의로 해결

구구단 / 시계·달력 / 분수

1학년~5학년(전 3권)

- 초등 수학 핵심 영역을 한 권으로 효율적으로 학습
- 개념 강의를 통해 원리부터 이해

비주얼씽킹 초등 한국사 / 과학

1학년~6학년(각 3권)

- 비주얼씽킹으로 쉽게 이해하는 한국사
- 과학 개념을 재미있게 그림으로 설명

급수 한자

8급, 7급, 6급(전 3권)

- 급수 한자 8급, 7급, 6급 기출문제 완벽 분석
- 혼자서도 한자능력검정시험 완벽 대비

초능력 국어 독해 5단계의
교과 연계표 바로 보기

주	주제	제목	교과 연계
1주	우리나라 우리 영토	• 배타적 경제 수역이란? | 설명문 • 독도의 가치와 중요성 | 논설문	**사회 5-1** 1. 국토와 우리 생활
	온도를 조절해요	• 자동 온도 조절 장치의 원리 | 설명문 • 음식이 맛있어지는 온도? | 면담	**과학 5-1** 2. 온도와 열
	학교에서	• 사랑의 학교 | 세계 명작 동화 • 마지막 수업 | 세계 명작 동화	**국어 5-1** 10. 주인공이 되어
	멋을 담은 공예	• 냅킨 공예 | 설명문 • 쉽고 건강한 자연 염색 | 면담	**미술 5학년**
	재미있는 시	• 만돌이 | 시 • 이 바쁜 데 웬 설사 | 시	**국어 5-1** 2. 작품을 감상해요
2주	우리나라의 자연 환경	• 통영을 찾아서 | 기행문 • 폭염에 주의해요 | 안내문	**사회 5-1** 1. 국토와 우리 생활
	태양계와 행성	• 태양계 행성 안내서 | 백과사전 • 태양계 행성에서 제외된 명왕성 | 설명문	**과학 5-1** 3. 태양계와 별
	나누는 삶	• 항아리 | 창작 동화 • 만년 샤쓰 | 창작 동화	**도덕 5-1** 3. 긍정적인 생활
	위대한 과학자들	• 그래도 지구는 돈다 | 전기문 • 만유인력을 발견한 뉴턴 | 전기문	**과학 5-1** 1. 과학자는 어떻게 탐구할까?
	배신과 복수	• 정글북 | 희곡 • 몬테크리스토 백작 | 희곡	**국어 5-2** 연극. 함께 연극을 즐겨요
3주	인권을 존중해요	• 편하게 생활할 권리를 지켜 주세요 | 편지글 • 옛날과 오늘날의 인권 제도 | 설명문	**사회 5-1** 2. 인권 존중과 정의로운 사회
	용해와 우리 생활	• 생활 속 용해 | 설명문 • 물에 함부로 버리지 마세요 | 논설문	**과학 5-1** 4. 용해와 용액
	인물을 비판해요	• 옹고집전 | 고전 소설 • 호랑이의 꾸짖음 | 고전 소설	**국어 6-1** 8. 인물의 삶을 찾아서
	신나는 겨울 스포츠	• 얼음 위를 달려요 | 설명문 • 안전하게 스키를 타요 | 안내문	**체육 5학년**
	신화 속 이야기	• 아폴론과 월계관 | 신화 • 황금알에서 태어난 수로 | 신화	**국어 5-1** 9. 여러 가지 방법으로 읽어요

주	주제	제목	교과 연계
4주	법을 지켜요	• 공원에서 지켜야 할 법	기사문/법규 • 안전띠를 착용하자	논설문	**사회 5-1** 2. 인권 존중과 정의로운 사회
	세균과 곰팡이	• 발효 식품 박람회에 놀러 오세요	초대하는 글 • 세균을 죽이는 곰팡이, 페니실린	설명문	**과학 5-1** 5. 다양한 생물과 우리 생활
	모험의 시작	• 15소년 표류기	세계 명작 동화 • 비밀의 정원	세계 명작 동화	**국어 5-2** 7. 중요한 내용을 요약해요
	감동을 주는 교향곡	• 기악의 꽃, 교향곡	설명문 • '합창 교향곡'을 듣고	음악 감상문	**음악 5학년**
	귀를 기울이면	• 귀로 쓴 시	시 • 빗방울 하나가	시	**국어 6-1** 1. 비유하는 표현
5주	우리 역사의 시작과 발전	• 고인돌의 비밀	면담 • 고구려가 궁금해!	설명문	**사회 5-2** 1. 옛사람들의 삶과 문화
	날씨가 더워져요	• 생활 기상 지수를 활용해요	안내문 • 이산화 탄소를 줄입시다	설명문/논설문	**과학 5-2** 3. 날씨와 우리 생활
	마음을 짐작해요	• 동백꽃	현대 소설 • 사랑 손님과 어머니	현대 소설	**국어 5-2** 1. 마음을 나누며 대화해요
	독립을 위해 헌신한 분들	• 어리지만 당당했던 소녀 유관순	전기문 • 독립을 향한 집념, 안중근	전기문	**사회 5-2** 2. (2) 일제의 침략과 광복을 위한 노력
	재치 있는 행동	• 숲속의 대장간	희곡 • 아라비안 나이트	희곡	**국어 5-2** 연극. 함께 연극을 즐겨요
6주	세계 속의 고려	• 무역의 중심, 벽란도	설명문 • 고려양과 몽골풍	설명문	**사회 5-2** 1. 옛사람들의 삶과 문화
	생활 속 산과 염기	• 생활 속 산과 염기의 이용	설명문 • 산성비와 대리석 문화재	설명문	**과학 5-2** 5. 산과 염기
	교훈을 주는 시	• 혀 밑에 도끼	현대 시조 • 훈민가	고전 시조	**국어 5-1** 2. 작품을 감상해요
	소중한 우리 문화유산	• 창덕궁의 밤은 아름답다	기사문 • 정조의 계획도시, 수원 화성	설명문	**미술 5학년**
	깨달음을 주는 경험	• 다시 눈을 감아라	고전 수필 • 눈먼 암탉	고전 수필	**국어 5-2** 4. 겪은 일을 써요

초능력

국어 독해

5 단계
학년

"초능력 국어 독해"가 필요한 이유 Q&A

1 독해력이 무엇인가요?

독해는 '讀 읽을 독, 解 풀 해', 즉 글을 읽어서 그 뜻을 이해한다는 뜻의 말이에요. 따라서 독해력은 글을 읽는 능력을 뜻하지요. 독해력은 모든 공부의 기본입니다. 바르게 독해만 할 수 있다면 국어를 비롯해 수학, 사회, 과학과 같은 과목 공부도 그 내용을 정확하게 이해하고 문제를 해결할 수 있기 때문입니다.

2 독서를 많이 하면 독해력이 길러지나요?

꼭 그렇지만은 않습니다. 물론 독서는 독해력의 기본 바탕이지만, 무조건 책을 많이 읽는다고 독해력이 향상되는 것은 아닙니다. 평소 글의 중요 내용을 파악하고, 스스로 정리해 보는 습관을 가지는 것이 더 중요합니다. 또, 설명문, 논설문, 시, 동화 등 다양한 종류의 글을 매일 접하며 글의 앞뒤 맥락을 파악하고 감상하는 것이 필요합니다.

3 독해력을 기르려면 어떻게 해야 하나요?

첫째, 글의 종류에 맞는 독해 방법을 잘 알아야 합니다. 설명문, 논설문과 같은 글은 객관적인 정보나 글쓴이의 생각을 찾아보는 것이 중요합니다. 또, 시, 동화와 같은 글은 표현 방법이나 글쓴이의 마음을 이해하는 것이 중요합니다. 둘째, 처음 보는 낯선 내용의 글, 쉬운 글부터 어려운 글, 짧은 글부터 긴 글까지 꾸준히 독해 연습을 해야 합니다.

4 독해력을 기르면 어휘 능력, 글쓰기 능력도 키워지나요?

한 편의 글은 수많은 어휘가 의미 있게 모여 완성됩니다. 따라서 어휘의 뜻을 바르게 알고 있어야 독해를 제대로 할 수 있고, 글에 쓰인 다양한 어휘의 뜻을 알아 두면 자연스럽게 어휘 능력도 향상됩니다. 그리고 독해는 결국 하나의 핵심을 파악하는 것이 목적인 활동이므로, 글을 읽고 핵심 문장을 쓰는 글쓰기 능력도 함께 키울 수 있습니다.

그래서 초능력 국어 독해가 만들어졌습니다!

➡ "초능력 국어 독해"는 예비 초등 ~ 초등 6학년의 독해 수준에 맞게 단계별로 구성하여 권장 학년에 따라 학습할 수 있습니다. 독해력이 다소 부족한 경우에는 낮은 단계를 선택해 독해력을 다지기도 좋습니다. 또, 교과 연계 글을 수록하여 자연스럽게 사회, 역사, 과학, 국어, 예체능, 바슬즐 교과의 지식을 습득하고, 글을 읽는 능력까지 기르도록 하였습니다.

➡ "초능력 국어 독해"로 하루에 2개 지문을 독해, 6주 완성! 평소 긴 글을 읽기 싫어하는 친구도 60개의 폭넓은 소재로 쓰인 글을 30일이면 부담 없이 쉽고 재미있게 학습할 수 있습니다. 또, 글의 주제·구조·표현 방법·배경·인물 파악 등 다양한 유형의 독해 문제를 풀면서 중요 내용을 빠르고 정확하게 이해할 수 있습니다.

➡ "초능력 국어 독해"로 설명문, 논설문, 안내문, 광고문, 시, 창작 동화, 소설, 세계 명작 동화, 희곡, 수필 등 여러 갈래의 글을 접할 수 있습니다. 또, 사회, 역사, 과학, 문학, 인물, 예술, 스포츠 영역의 일곱 가지 주제별 글을 독해하며 배경지식까지 풍부하게 쌓을 수 있습니다.

➡ "초능력 국어 독해"로 독해를 하기 위해 꼭 필요한 어휘와 자세히 알아 두면 좋은 어휘를 간단하고 재미있는 퀴즈로 풀며 어휘 실력을 쌓을 수 있습니다. 그리고 자신이 읽은 글의 핵심 내용을 마지막으로 정리해 보는 훈련을 반복적으로 하며 논리적인 글쓰기 능력까지 기를 수 있습니다.

"초능력 국어 독해"를
학습하는 방법

글의 종류를 먼저 파악하고 그에 맞게
차분히 글을 읽으며 내용을 이해하세요.

하루 2개 지문 독해 도전

2

지문 분석 강의
QR 코드를 찍어 매일 새로운
지문의 분석 방법을 배우며
독해 연습을 꾸준히 하세요.

독해 미리보기

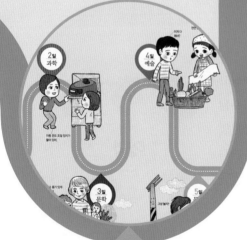

1

재미있는 그림을 보며 앞으로 읽게
될 글의 내용을 예상해 보세요.

어휘 퀴즈

❶ ㄱㄷ은 서로 대립되는
입장 때문에 생기는 충돌
이다.
☐ 감동　　☐ 갈등

❷ ㅎㅈ은 두 사람 이상이
서로 모여서 의논하여 결
정하는 것이다.
☐ 협정　　☐ 확장

3

지문 속 어휘 퀴즈

알쏭달쏭 초성 퀴즈를 풀며 중요하고
헷갈리기 쉬운 어휘의 뜻을 확인하세요.

다양하고 흥미로운 어휘 문제로
학습한 내용의 관련 어휘 실력까지 쌓으세요.

어휘로 한 주 마무리

5

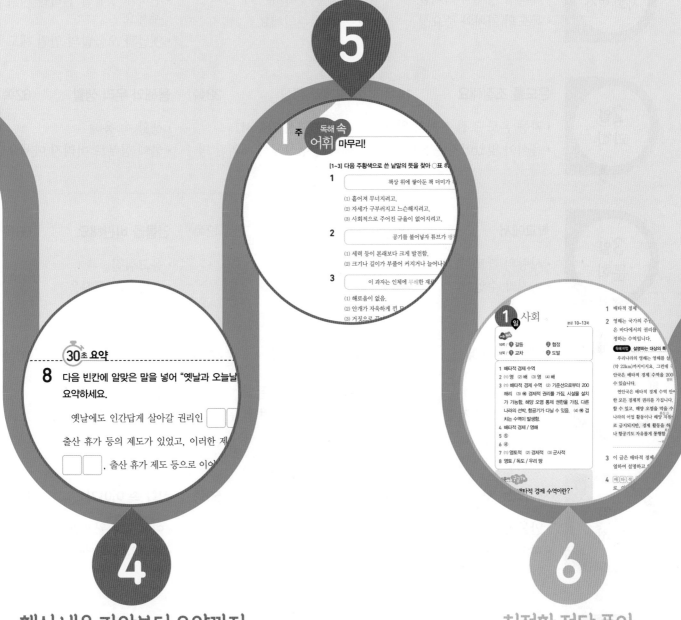

30초 요약

8 다음 빈칸에 알맞은 말을 넣어 "옛날과 오늘날
요약하세요.

옛날에도 인간답게 살아갈 권리인 ☐☐

출산 휴가 등의 제도가 있었고, 이러한 제

☐☐ , 출산 휴가 제도 등으로 이어

핵심 내용 파악부터 요약까지

4

글을 제대로 읽었는지 독해 문제로 확인하고,
글의 핵심 내용을 담은 요약 글을 완성하세요.

친절한 정답 풀이

6

'독해 비법'과 '오답을 조심해'로
문제 풀이를 완벽하게 하세요.

"초능력 국어 독해"의
차례

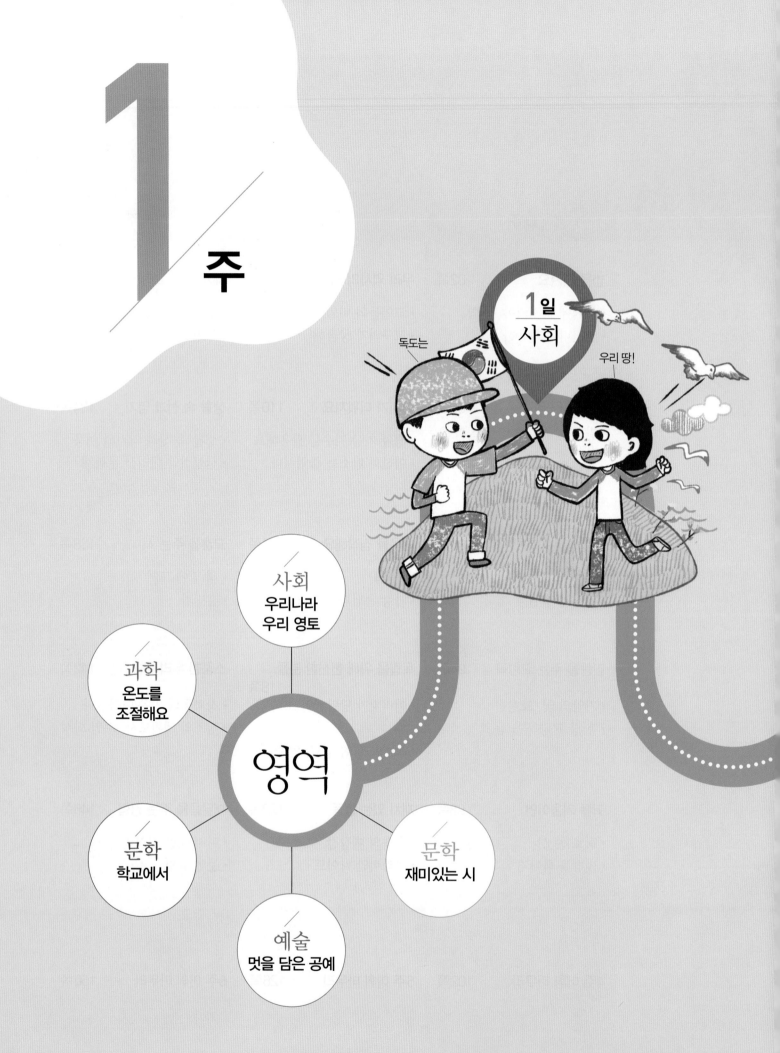

1 / 주

1일
사회

독도는

우리 땅!

사회
우리나라
우리 영토

과학
온도를
조절해요

영역

문학
학교에서

예술
멋을 담은 공예

문학
재미있는 시

지문 분석 강의

배타적 경제 수역이란?

어휘 뜻

● **수역**(水 물 수, 域 지경
역) 수면의 일정한 구역.

● **영해** 영토에 인접한
해역으로서, 그 나라의
통치권이 미치는 범위.

● **연안국** 강·바다·호수
와 맞닿아 있는 나라.

● **선포** 공식적으로 어떤
법령이나 내용을 세상
에 널리 알리는 것.

● **암초** 물속에 잠겨 보
이지 않는 바위.

● **수색** (범인이나 증거
물 등을 찾기 위해) 몸
이나 집, 특정 지역 등
을 조사하는 일.

배타적 경제 수역(EEZ)이라는 말을 들어본 적이 있나요? 배타적 경제 수역이란 세계
여러 나라가 바다에서의 권리를 조금 더 확보하기 위하여 영해 외에 설정하는 수역입니
다. '배타적'은 '남이나 남의 것을 밀어 낸다'는 뜻이에요. 경제 활동에 있어서 배타적인
수역이라는 뜻으로 이해하면 쉽습니다.

우리나라의 영해는 영해를 설정하는 기준선으로부터 12해리(약 22km)까지이지요.
그런데 국제 연합 협약에 근거하여 연안국은 배타적 경제 수역을 200해리(약 370km)
까지 선포할 수 있습니다. 영해보다 훨씬 더 넓은 범위이지요.

연안국은 배타적 경제 수역 안에서 어업 및 광물 자원에 대한 모든 경제적 권리를 가
집니다. 인공 섬과 시설물 등을 설치할 수 있고, 해양 오염을 막을 수 있는 권한을 가집
니다. 다른 나라의 어업 활동이나 해양 자원에 관한 경제 활동은 원칙적으로 금지되지
만, 경제 활동을 하지 않으면 다른 나라의 선박이나 항공기도 자유롭게 통행할 수 있습
니다. 허가를 받아야만 선박이나 항공기가 통행할 수 있는 영해와 배타적 경제 수역은
이런 점에서 다릅니다.

우리나라도 해양 자원을 확보하기 위하여 1995년 배타적 경제 수역을 선포하였습니
다. 이 수역 안에 있는 수중 암초 이어도에 2003년 해양 과학 기지를 건설하여 해양·기
상 관련 자료를 수집하고 있으며, 해양경찰의 수색 기지로도 사용하고 있습니다.

그러나 오늘날 해양 자원의 가치가 커지면서 세계 곳곳에서는 바다의 경계를 정하는
문제로 많은 갈등이 발생하고 있습니다. 특히 한국,
중국, 일본은 나라 사이의 바다가 넓지 않습니다.
각각 200해리를 배타적 경제 수역으로 설정하면 겹
치는 수역이 발생하게 됩니다. 이런 문제를 해결하
기 위해서 국가 간에 협정을 맺어 경제 수역을 정하
고 중간 수역을 공동 관리하기도 합니다.

▲ 우리나라의 영해와 배타적 경제 수역

어휘 퀴즈

❶ ㄱ ㄷ 은 서로 대립되는
입장 때문에 생기는 충돌
이다.
□ 감동   □ 갈등

❷ ㅎ ㅈ 은 두 사람 이상이
서로 모여서 의논하여 결
정하는 것이다.
□ 협정   □ 확장

1주·1일

1 이 글에서 설명하는 대상은 무엇인지 쓰세요.

(   )

2 다음을 읽고 영해의 특징이면 '영', 배타적 경제 수역의 특징이면 '배'라고 쓰세요.

(1) 기준선으로부터 12해리이다. (   )

(2) 기준선으로부터 200해리까지 선포할 수 있다. (   )

(3) 다른 나라의 선박은 허가를 받아야만 통행이 가능하다. (   )

(4) 경제 활동을 하지 않으면 다른 나라 선박도 자유롭게 통행할 수 있다. (   )

3 다음 틀에 이 글의 내용을 정리하여 쓰세요.

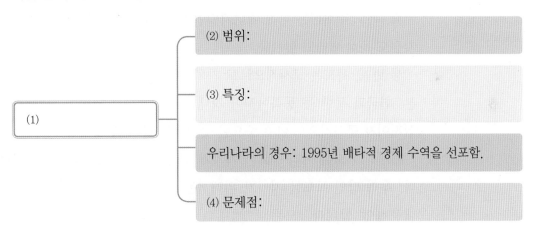

(1)

(2) 범위:

(3) 특징:

우리나라의 경우: 1995년 배타적 경제 수역을 선포함.

(4) 문제점:

30초 요약

4 다음 빈칸에 알맞은 말을 넣어 "배타적 경제 수역이란?"의 핵심 내용을 한 문장으로 요약하세요.

☐☐☐☐☐ 수역은 ☐☐ 외에 설정하는 수역으로, 연안국이 경제 활동을 하고 해양 연구 등을 하는 데 도움이 되고 있습니다.

독도의 가치와 중요성

사회
/ 우리나라
우리 영토

어휘 뜻

- **영토** 국가의 통치권이 미치는 구역. 흔히 토지로 이루어진 국가의 영역.

- **영공** 영토와 영해 위의 하늘로서, 그 나라의 주권이 미치는 범위.

- **해저(海** 바다 해, **底** 밑 저) 바다의 밑바닥.

- **엄연한** 아무도 부인할 수 없을 만큼 명백한.

- **엄중하게** (작은 실수나 잘못도 허용되지 않을 정도로) 매우 엄하게.

독도는 경상북도 울릉군에 있는 화산섬입니다. 우리나라 동쪽 끝, 울릉도에서 동남쪽으로 87.4킬로미터 떨어진 곳에 있고 천연기념물 336호로 지정되었지요. 독도는 더 말할 필요도 없이 지리적, 역사적, 국제법적으로 명백한 대한민국의 영토입니다. 그런데 일본이 일방적으로 독도가 자기네 땅이라고 우기고 있습니다. 우리 땅 독도를 지키기 위해서는 우리 스스로가 독도의 가치와 중요성을 잘 알아야 합니다. 독도는 여러 가지 측면에서 중요한 가치가 있는, 우리에게 매우 중요한 땅입니다.

우선, 독도는 영토적으로 가치가 있는 곳입니다. 한 나라의 영역에는 영토뿐만 아니라 바다인 영해, 하늘인 영공까지 포함됩니다. 독도는 우리 영토의 동쪽 끝에 있는 섬으로 영토, 영해, 영공의 범위를 정하는 기준이 되는 위치에 있어 지리적으로 매우 중요합니다.

두 번째, 독도는 경제적으로 가치가 큰 곳입니다. 독도 주변의 바다는 차가운 한류와 따뜻한 난류가 만나는 곳으로 다양한 어류들이 살기에 좋은 황금 어장입니다. 명태, 오징어, 상어, 연어 등 다양한 물고기가 잡히고 다시마, 소라, 전복 등의 해조류도 풍부하지요. 독도 주변에는 미래 에너지원인 '가스 하이드레이트'와 희귀한 금속, 망간 등 해저 자원도 묻혀 있다고 합니다.

세 번째, 독도는 군사적으로도 가치가 있는 곳입니다. 독도와 주변 해상은 러시아, 일본, 한국과 북한 등 동북아시아 강대국들의 군사적 영역이 교차하는 곳으로 동해의 중심지이자 군사적으로 아주 중요한 곳이라고 할 수 있습니다.

이처럼 독도는 여러 중요한 가치가 있습니다. 그리고 독도는 엄연한 우리의 영토입니다. 우리 땅인 독도를 지키기 위해서는 일본의 독도에 대한 도발에 단호하고 엄중하게 대응해야 합니다. 모든 국민이 독도에 대한 지식을 넓히고 독도가 한국의 땅임을 세계에 알려야 하겠습니다.

어휘 퀴즈

① ㄱㅊ 는 서로 엇갈리거나 마주치는 것이다.

☐ 고초 ☐ 교차

② ㄷㅂ 은 남을 집적거려 일이 일어나게 하는 것이다.

☐ 도발 ☐ 다발

5 이 글에 대한 설명으로 알맞은 것은 무엇인가요? (   )

① 독도에 가는 방법을 안내하는 글이다.

② 독도 전문가와 면담한 내용을 인용하고 있다.

③ 독도에 다녀온 경험을 시간 순서대로 쓴 기행문이다.

④ 독도의 역사를 과거부터 자세히 설명하고 있는 글이다.

⑤ 독도가 가진 가치를 근거로 들면서 독도의 중요성을 주장하는 글이다.

6 이 글에서 말한 독도의 가치로 알맞지 <u>않은</u> 것은 무엇인가요? (   )

① 주변 바다에 다양한 어류들이 산다.

② 우리나라 영토의 동쪽 끝에 있는 섬이다.

③ 주변 바다에 다양한 해저 자원이 묻혀 있다.

④ 날씨가 항상 따뜻하여 휴양과 해수욕을 즐기기 좋다.

⑤ 동북아시아 강대국들의 군사적 영역이 교차하는 곳에 위치한다.

7 글의 짜임을 생각하면서 빈칸에 알맞은 내용을 정리하여 쓰세요.

서론	독도는 여러 가지 측면에서 중요한 가치가 있는 섬이다.
본론	(1) 독도는 [ ]으로 가치 있는 곳이다. (2) 독도는 [ ]으로 가치 있는 곳이다. (3) 독도는 [ ]으로 가치 있는 곳이다.
결론	중요한 가치가 있는 우리 땅 독도를 지켜야 한다.

30초 요약

8 다음 빈칸에 알맞은 말을 넣어 "독도의 가치와 중요성"의 핵심 내용을 한 문장으로 요약
하세요.

우리의 [ ][ ]인 [ ][ ]는 영토적, 경제적, 군사적으로 중요한 가치가 있는

곳이므로, [ ][ ][ ]임을 세계에 알려야 합니다.

2일

자동 온도 조절 장치의 원리

지문 분석 강의

과학
／ 온도를 조절해요

어휘 뜻

● **부피** 입체가 차지하는 공간의 크기.

● **금속** 쇠·구리·금·은처럼 번들거리는 빛깔이 있고 빛이 통하지 않으며, 열과 전기를 통과시키는 성질이 있는 단단한 물질.

● **원리**(原 근원 원, 理 다스릴 리) 기본이 되는 이치나 법칙.

● **수평**(水 물 수, 平 평평할 평) 기울지 않고 평평한 상태.

● **전류**(電 번개 전, 流 흐를 류) 물질 안에서 흐르는 전기.

전기장판 등을 사용할 때 온도가 너무 높아지면 저절로 장판의 불이 꺼지고, 열이 식으면 다시 장판의 불이 켜지는 것을 본 적이 있을 것입니다. 전기장판, 전기밥솥, 전기다리미 등 이러한 ⟨　㉠　⟩를 활용한 물건들을 우리는 일상생활에서 흔히 볼 수 있지요.

이러한 자동 온도 조절 장치 중 하나가 바이메탈입니다. 대부분의 물질은 온도가 올라가면 길이와 부피가 늘어나고, 온도가 내려가면 다시 줄어듭니다. 이렇게 온도에 따라 물질의 길이와 부피가 달라지는 것을 열팽창이라고 합니다. 바이메탈은 열팽창 정도가 다른 두 금속을 맞붙인 장치예요. 주로 두 종류의 얇은 금속판을 포개어 하나로 붙여 만듭니다. 두 종류의 금속판을 붙인 뒤 열을 가하면 열팽창 정도가 작은 금속 쪽으로 휘어집니다. 예를 들어, 철과 구리 중에서 철의 열팽창 정도가 작으므로 철과 구리를 붙인 뒤 열을 가하면 철 쪽으로 휘어집니다. 이러한 원리를 이용한 것이 바로 바이메탈입니다.

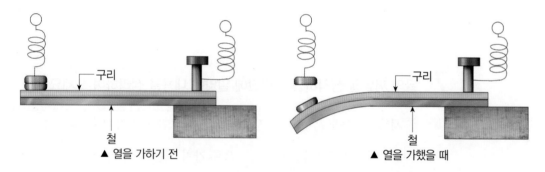

▲ 열을 가하기 전　　　　　　　　▲ 열을 가했을 때

우리 주변에는 바이메탈을 이용한 물건이 많습니다. 바이메탈은 전기장판, 전기다리미, 전기밥솥처럼 온도 조절이 필요한 물건들에 주로 쓰입니다. 이런 물건들은 바이메탈의 금속이 수평을 이루었을 때에만 전류가 흐르게 만들어 어느 한쪽으로 휘면 전류가 끊어지게 됩니다. 즉, 온도 변화에 따라 전기를 통하게도 하고, 통하지 않게도 합니다. 예를 들어 전기장판의 열선에 전류가 흐르면 온도가 올라가 바이메탈이 조금씩 휘어지면서 전류가 끊어집니다. 그리고 서서히 전기장판이 식으면 바이메탈의 금속이 수평이 되면서 다시 전류가 흐르게 되어 전기장판이 따뜻해집니다.

이렇게 자동 온도 조절 장치는 열팽창 정도가 다른 두 개의 금속이 휘어지는 원리를 이용한 것입니다. 열과 온도는 우리의 생활과 밀접한 관련이 있는 것이지요.

어휘 퀴즈

❶ ㅈㅈ은 균형에 맞게 바로잡거나 상황에 알맞게 맞추는 것이다.

☐ 조직　　☐ 조절

❷ ㅍㅊ은 크기나 길이가 부풀어 커지거나 늘어나는 것이다.

☐ 팽창　　☐ 표창

1 빈칸 ㉠에 들어갈 말로 알맞은 것을 이 글에서 찾아 쓰세요.

(   )

2 바이메탈에 대한 설명으로 알맞은 것은 무엇인가요? (   )

① 전기 없이 작동하는 물건에 활용된다.

② 두 금속의 열팽창 정도의 차이를 이용했다.

③ 온도와 관계없이 변하지 않는 물질을 사용한다.

④ 온도가 올라가면 물질의 부피가 줄어드는 현상을 이용했다.

⑤ 같은 물질이라도 모양에 따라 열팽창이 달라지는 현상을 이용했다.

3 이 글의 내용을 참고하여 다음 친구의 질문에 대답해 줄 수 있는 말을 쓰세요.

> 유미: 난 전기장판이 무서워. 전기장판을 계속 켜 놓고 있으면 장판이 너무 뜨거워져
> 서 몸에 화상을 입게 될까 봐 걱정이 돼.
>
> 나: 걱정할 필요 없어. 왜냐하면 _____
>
> _____

🕐 **30초 요약**

4 다음 빈칸에 알맞은 말을 넣어 "자동 온도 조절 장치의 원리"의 핵심 내용을 한 문장으로
요약하세요.

자동 온도 조절 장치 중 하나인 ⬜⬜⬜⬜은 두 종류의 금속판을 붙여 열

을 가했을 때 ⬜⬜⬜ 정도가 작은 금속이 휘어지는 원리를 이용한 것입니다.

음식이 맛있어지는 온도?

어휘 뜻

● **반응** 두 개 이상의 물질이 서로 영향을 미쳐 일으키는 화학적 변화.

● **분해된** 여러 부분으로 이루어진 것이 그 부분이나 성분으로 따로따로 나누어진.

● **상온** 자연 그대로의 기온. 보통 15도를 가리킴.

아나운서: 여러분은 뜨거운 음식과 찬 음식 중 어떤 음식을 더 좋아하나요? 같은 음식이라도 온도에 따라 냄새나 맛이 다르게 느껴졌던 경험이 있나요? 오늘은 요리 전문가를 모시고 온도가 음식에 어떤 영향을 미치는지 알아보겠습니다. 안녕하세요? 먼저 자기소개 부탁드립니다.

요리 전문가: 안녕하세요. 저는 온도와 음식의 관계를 연구하고 있는 김송희입니다.

아나운서: 온도와 음식의 관계를 연구하게 된 동기는 무엇인가요?

요리 전문가: 요리를 하려면 여러 가지 재료를 굽거나 끓이는 것처럼 열을 가하는 과정이 필요해요. 재료에 열을 가하면 온도가 올라가면서 재료의 구조가 바뀌고, 재료 안에 있는 성분들이 서로 반응하여 다른 맛을 내기도 해요. 같은 재료라도 열을 가하면 온도가 변하면서 맛이 달라지지요. 요리를 하면서 그런 것들에 특히 흥미를 느껴서 온도와 음식에 대해 계속 연구하고 있어요.

아나운서: 예를 좀 들어 주세요.

요리 전문가: 밀가루 반죽을 그냥은 먹을 수 없지요? 하지만 이것을 오븐에 구우면 표면이 먹음직스러운 갈색으로 변해요. 이것은 온도가 올라가면서 단백질과 당 성분이 포도당이나 아미노산 등으로 분해된 뒤에 서로 반응하여 나타나는 현상이에요. 주로 180도 정도의 온도에서 이런 현상이 나타나지요. 또한 달걀도 날로 먹으면 흐물흐물하지만 뜨거운 물에 삶아 먹으면 흰자와 노른자의 단백질이 굳으면서 흰자는 탱글탱글하고 노른자는 뻑뻑해지지요. 달걀 요리를 할 때는 온도와 시간이 모두 중요한데, 노른자가 굳어지는 정도가 시간에 따라 다르기 때문이에요.

아나운서: 아, 그래서 요리사분들이 요리를 할 때 온도계를 재료 속에 넣고 온도를 재거나 시계를 사용하는 거군요. 저도 달걀을 삶을 때는 시간에 신경을 써요. 그럼 음식을 먹을 때에도 온도가 중요한가요?

요리 전문가: 네, 당연하지요. 우리의 뇌는 온도에 따라 맛을 느끼는 정도가 다르다고 해요. 예를 들어, 커피는 상온일 때 쓴맛을 가장 강하게 느끼게 되고, 뜨겁거나 차가우면 쓴맛을 덜 느끼게 돼요. 커피가 너무 뜨겁거나 차가우면 사람들은 커피 맛보다 온도에 집중하게 되어 쓴맛을 덜 느끼는 것이지요.

아나운서: 온도가 음식 맛에 이렇게 영향을 준다니 정말 놀랍네요. 오늘 말씀 감사합니다.

어휘 퀴즈

❶ ㅇㅎ 은 어떤 것의 효과나 작용이 다른 것에 미치는 것이다.

☐ 영향   ☐ 영혼

❷ ㄷㄱ 는 어떤 일이나 행동을 하게 되는 원인이나 기회이다.

☐ 대기   ☐ 동기

5 이 면담의 주제는 무엇인지 빈칸에 알맞은 말을 쓰세요.

(   )와/과 (   )의 관계

6 온도가 음식에 영향을 주는 이유는 무엇인가요? (   )

① 사람마다 체온이 다르기 때문이다.
② 음식을 냉장고에 보관하기 때문이다.
③ 음식을 만드는 사람이 다르기 때문이다.
④ 온도가 높으면 영양소가 파괴되지 않기 때문이다.
⑤ 재료의 구조가 바뀌고 재료 안의 성분들이 서로 반응하기 때문이다.

7 이 글을 읽고 관련한 경험을 나눌 때, 바르게 이야기하지 <u>못한</u> 친구의 이름을 쓰세요.

> 호영: 한약을 상온에 식혔다 먹은 적이 있는데 뜨거울 때보다 더 써서 깜짝 놀랐어.
> 승아: 밀가루 반죽을 구우면 빵이 되는데, 열을 가해서 모양은 다르지만 맛은 반죽과 똑같은 것 같아.
> 주연: 아무 맛도 없는 밀가루 반죽을 오븐에 구우면 쫀득하고 먹음직스러운 빵이 되는 것이 신기하게 느껴졌어.

(   )

🕐**30초 요약**

8 다음 빈칸에 알맞은 말을 넣어 "음식이 맛있어지는 온도?"의 핵심 내용을 한 문장으로 요약하세요.

요리를 할 때 가하는 ☐이 재료의 성질을 변화시키고, ☐☐에 따라 사람들은 음식 맛을 다르게 느낄 수 있습니다.

사랑의 학교

에드몬드 데 아미치스

문학
/ 학교에서

어휘 뜻

- **훈장**(勳 공 훈, 章 글 장) 나라에 공이 있는 사람에게 정부에서 주는, 가슴에 다는 표시.
- **단상**(壇 단 단, 上 위 상) 연설 같은 것을 할 때 올라서는, 연단이나 교단 등의 위.
- **희생** 남을 위하여 자기의 몸·재물·이익 등의 귀중한 것을 바치는 것.
- **영광**(榮 꽃 영, 光 빛 광) 모든 사람의 칭찬이나 존경을 받아 자랑스러운 것.
- **은인**(恩 은혜 은, 人 사람 인) 은혜를 베풀어 준 사람. 큰 도움을 주어 고마운 사람.
- **환호**(歡 기뻐할 환, 呼 부를 호) 기뻐서 외치는 것.

강물에 빠진 친구를 구해 낸 소년이 있었습니다. 의로운 일을 한 그 소년이 오늘 시장님으로부터 훈장을 받게 되었습니다. 나와 친구들은 그 소년을 축하하기 위해 시청 앞 광장으로 갔습니다. 광장에는 시상식을 위한 단상이 마련되어 있었습니다. 그리고 그 앞으로 시장과 시의원들이 앉을 수 있도록 붉은색 의자가 줄지어 놓여 있었습니다. 단상 좌우로는 수많은 경찰들과 군인들이 서 있었습니다. 우리는 다른 학교 학생들과 함께 단상 앞에 앉았습니다.

시상식이 시작되었습니다. 우렁찬 박수 소리와 함께 한 소년이 단상 위로 올라갔습니다. 소년이 단상 앞에 서자, 시장이 말했습니다.

"이 소년은 친구가 물에 빠져 허우적거리는 것을 보고 강물 속으로 뛰어들었습니다. 물살이 세어 소년도 목숨을 잃을지 모르는 상황이었습니다. 그러나 소년은 있는 힘을 다하여 친구에게 헤엄쳐 갔습니다. 그리고 마침내 친구를 붙잡았습니다. 소년은 이를 악물고 헤엄쳐서 친구와 함께 간신히 물 밖으로 빠져나왔습니다. 이 소년은 우리에게 희생 정신과 용기를 보여 주었습니다."

시장은 더욱 목소리를 높이며 외쳤습니다.

"어린이 여러분, 이 소년의 자랑스러운 행동을 영원히 가슴속에 담아 두십시오. 나는 이 소년에게 이탈리아 국왕의 이름으로 훈장을 주겠습니다."

시장의 말은 우리에게 큰 감동을 주었습니다. 우리는 박수를 쳤습니다. 시장은 소년의 가슴에 훈장을 달아 주고는 그를 꼭 껴안았습니다.

"오늘의 영광을 영원히 잊지 말아라!"

시상식이 끝나자, 악대의 연주가 시작되었습니다. 이때, 한 남자아이가 객석에서 단상으로 달려나갔습니다. 소년이 강에서 구해 주었다는 바로 그 아이였습니다. 남자아이는 생명의 은인인 소년의 손등에 입을 맞추었습니다. 그러자 또다시 우렁찬 박수 소리가 터져 나왔습니다. 시청 건물 발코니에서 구경하던 사람들도 손을 흔들며 환호했습니다.

'남을 도우며 살자. 의롭고 용기 있게 행동하자.'

훈장을 받은 소년을 보며 우리는 모두 이렇게 다짐했습니다.

어휘 퀴즈

❶ ㅇㄷ은 여러 가지 악기로 음악을 연주하는 단체이다.
☐ 안대 ☐ 악대

❷ ㄱㅅ은 극장이나 경기장 등에서 구경하는 손님이 앉는 자리이다.
☐ 객석 ☐ 공석

작품의 전체 줄거리

4학년이 된 엔리코는 새로운 선생님, 친구들을 만나고 다양한 일을 겪게 됨.

겨울이 되어 친구들은 눈싸움을 하다가 노인을 다치게 하였는데, 가로피는 매일 노인에게 문병을 가고 자신이 아끼는 우표책을 드림.

수록지문 엔리코와 친구들은 의로운 일을 하여 훈장을 받게 된 소년을 축하하면서 의롭게 살기로 다짐함.

학년말 시험을 보고, 종업식을 하게 된 엔리코는 친구들과 선생님과 아쉬운 작별의 인사를 나눔.

1 이 글에서 사람들이 모인 곳은 어디인지 다섯 글자로 쓰세요.

( )

2 소년이 훈장을 받게 된 까닭은 무엇인가요? ( )

① 수영을 잘해서

② 학교 성적이 좋아서

③ 친구와 사이좋게 지내서

④ 부모님을 열심히 도와서

⑤ 물에 빠진 친구를 구해 주어서

3 소년의 모습을 보고 느낀 점을 바르게 말한 친구를 찾아 ○표 하세요.

(1) 강물에 함부로 뛰어들면 안 돼.

( )

(2) 의롭고 용기 있게 행동해야 해.

( )

(3) 착한 일은 아무도 모르게 해야 해.

( )

🕐**30초 요약**

4 다음 빈칸에 알맞은 말을 넣어 "사랑의 학교"의 핵심 내용을 한 문장으로 요약하세요.

우리는 강물에 빠진 친구를 구해 낸 소년이 □□을 받는 것을 보면서 남을 위

해 □□할 줄 아는 □□ 있는 태도를 가져야겠다고 다짐하였습니다.

마지막 수업

알퐁스 도데

문학
／학교에서

어휘 뜻

• **뒤죽박죽되어** 여럿이 마구 뒤섞이고 엉클어져.

• **말문이 막힌** 하려고 하던 말이 나오지 않게 된.

• **모국어(母** 어미 모, **國** 나라 국, **語** 말씀 어) 자기 나라의 말.

'오늘이 마지막 프랑스어 수업이라고? 아, 안 돼.'

나는 마음속으로 외쳤습니다. 나는 아직 프랑스어를 제대로 쓰고 읽을 줄 모릅니다. 그런데 이제는 프랑스어를 배울 수 없다니……

여러 가지 생각으로 머리가 뒤죽박죽되어 있는데, 선생님께서 내 이름을 부르셨습니다. / "프란츠!"

어제 내 주신 숙제를 외워야 하는 차례가 된 것입니다.

오늘이 마지막 수업인 줄 알았더라면 나는 무슨 일이 있었더라도 오늘 학교에 오기 전까지 프랑스어 동사 규칙을 분명하게 외워 왔을 것입니다. 하지만 나는 처음부터 실수를 하고 말았습니다. 말문이 막힌 나는 자리에 선 채로 몸을 비비 꼬고 있었습니다. 너무도 부끄러워 고개를 들 수도 없었습니다. 가슴속에 무거운 바윗덩어리가 얹혀진 것처럼 답답했습니다. 그런 나에게 아멜 선생님은 이렇게 말씀하셨습니다.

"프란츠, 나는 이제 더 이상 너를 야단치지는 않겠다. 너는 이미 충분한 벌을 받은 것 같구나. 너는 물론이고, 우리 모두가 날마다 이렇게 생각했지. '아직도 시간은 충분해. 공부는 내일 하면 돼.' 그렇게 생각한 결과가 바로 이렇게 나타난 거란다. 공부를 내일로 미루는 버릇이 우리 알자스 사람들의 큰 불행이었다는 사실을 깨달아야 한다는 거야." / 아멜 선생님은 잠시 숨을 돌리신 뒤에 말씀을 이어 나가셨습니다.

"우리는 지금 침략자인 프로이센 사람들에게 이런 소리를 들어도 할 말이 없단다. '너희들은 자기 나라 말도 제대로 하지 못하잖아. 그런 주제에 무슨 프랑스 사람이라는 거야?' 프란츠, 잘못은 너 혼자 한 것이 아니란다. 우리 모두가 잘못한 거야. 그러니 우리들은 지금까지 저지른 잘못을 깊이 깨닫고 뉘우쳐야 한단다."

아멜 선생님은 이어서 프랑스어에 대한 이야기를 시작하셨습니다.

"우리 모두는 힘을 합해 우리의 모국어를 지켜나가야 합니다. 배우지 못한다고 해서 우리의 말을 잊어버리면 안 됩니다. 어느 한 민족이 다른 민족의 침략을 받아 노예가 되었다 하더라도 모국어만 확실하게 지킨다면 아무 문제없습니다. ㉠모국어란 곧 자기가 갇혀 있는 감옥의 열쇠와도 같은 것이니까요."

어휘 퀴즈

❶ ㄱ ㅊ 은 여러 사람이 다 같이 지키기로 정한 법칙이다.

☐경찰 ☐규칙

❷ ㅊ ㄹ 은 남의 나라에 쳐들어가 영토를 빼앗는 짓이다.

☐침략 ☐추락

작품의 전체 줄거리

프란츠는 학교에 지각하여 서둘러 가는 중에 프로이센 군사들이 훈련하는 소리와 전쟁에 졌다는 소식을 들음.

교실에 가 조용히 앉으려 한 프란츠는 선생님께 혼나지도 않고, 교실 분위기가 심상치 않다는 것을 알게 됨.

수록지문 오늘이 마지막 수업이라는 것을 알게 된 프란츠는 프랑스어 공부를 열심히 하지 않은 것을 후회함.

아멜 선생님은 모국어의 소중함에 대해 말하고, 칠판에 '프랑스 만세'라고 쓰며 수업을 마침.

5 이 이야기의 제목이 가리키는 상황은 무엇인지 알맞은 것을 찾아 기호를 쓰세요.

> ㉮ 학생들이 모두 졸업하게 된 상황
> ㉯ 더 이상 프랑스어를 배울 수 없게 된 상황
> ㉰ 프란츠가 학교를 졸업하기 전에 마지막으로 수업을 듣는 상황

(   )

6 이 이야기에서 프란츠의 마음은 어떠한지 알맞은 것을 모두 고르세요. (, ,   )

① 부끄럽다.
② 답답하다.
③ 자랑스럽다.
④ 후회스럽다.
⑤ 자신만만하다.

7 아멜 선생님이 ㉠과 같이 말한 까닭은 무엇일지 쓰세요.

(   )

30초 요약

8 다음 빈칸에 알맞은 말을 넣어 "마지막 수업"의 핵심 내용을 한 문장으로 요약하세요.

프란츠는 마지막 ☐☐☐☐ 수업을 들으며 열심히 공부하지 않은 것을 후

회하였고, 아멜 선생님은 ☐☐☐를 지켜야 한다고 말했습니다.

냅킨 공예

지문 분석 강의

어휘 뜻

- **재활용**(再 두 재, 活 살 활, 用 쓸 용) (이미 사용했던 물건을) 가공하여 다시 사용하는 것.
- **기법**(技 재주 기, 法 법 법) 예술 작품을 만드는 기술.
- **성취감**(成 이룰 성, 就 이룰 취, 感 느낄 감) 하고자 했던 일을 이루었을 때 느끼는 흐뭇한 감정.

종이 박스나 유리병, 플라스틱 그릇이나 페트병 등을 재활용하는 방법을 생각해 본 적이 있을 것입니다. 우리 생활에서 흔히 볼 수 있거나 쉽게 버려지는 재료들을 활용하여 아름다운 예술 작품을 만들 수 있답니다. 그중에서 특별한 그림 솜씨가 없어도 누구나 멋진 작품을 만들 수 있는 냅킨 공예에 대해 알아보겠습니다.

냅킨 공예는 예쁜 그림이 인쇄된 냅킨을 원하는 재료에 붙여서 표현하는 공예로, 나무, 금속, 유리, 천, 플라스틱, 종이 등 생활 주변에 있는 다양한 재료에 붙여서 만드는 것이 특징입니다.

냅킨 공예의 준비물과 작품을 만드는 방법을 알아볼까요? 먼저, 예쁜 그림이 그려진 냅킨, 가위, 붓, 접착제, 물티슈, 코팅제, 드라이어, 작품에 사용할 종이 상자나 페트병 등의 재료를 준비합니다. 그 다음, 가위로 냅킨에 그려진 그림을 오려 냅니다. 이때 세 겹으로 된 냅킨에서 그림이 인쇄된 첫 번째 한 겹만 살살 분리해야 합니다. 이제 냅킨을 붙일 재료에 접착제를 바르고 그 위에 오려 놓은 냅킨을 붙입니다. 이때 냅킨이 구겨지지 않도록 물티슈로 살며시 누르면서 붙입니다. 냅킨이 마르면 붓으로 코팅제를 발라 줍니다. 코팅제는 그림뿐만 아니라 작품 전체에 고루 발라야 작품이 벗겨지거나 상하는 것을 막을 수 있습니다. 마지막으로 드라이어로 잘 말려 줍니다.

냅킨 공예를 할 때에는 여러 가지 기법을 사용할 수 있습니다. 유리에 냅킨을 붙이는 기법, 두 개 이상의 냅킨을 겹쳐서 표현하는 기법, 천에 표현하는 기법, 갈라지는 느낌을 표현하는 기법 등입니다.

냅킨 공예는 일상생활에서 쓰고 있는 낡고 싫증난 물건이나 재활용품으로 만들기 때문에 실용적이고 경제적입니다. 뿐만 아니라 필요한 물건을 아름답고 쓸모 있게 만드는 과정을 통해 창의력을 기르고 성취감을 느낄 수 있습니다. 냅킨 공예로 티슈 상자나 빈 우유갑 또는 페트병을 나만의 연필꽂이나 정리함 등으로 변신시켜 보면 어떨까요?

어휘 퀴즈

❶ ㄱㅇ 는 기능과 장식의 양면을 조화시켜 일상생활에 필요한 물건을 만드는 일이다.
☐ 공예　　☐ 강의

❷ ㅈㅊㅈ 은/는 두 물체를 서로 붙이는 데 쓰는 물질이다.
☐ 주차장　　☐ 접착제

1 이 글은 어떤 사람이 읽으면 좋을지 알맞은 사람에 ○표 하세요.

(1)
냅킨 공예를 직접
해 보고 싶은 사람

(   )

(2)
냅킨 공예 작품을
사고 싶은 사람

(   )

(3)
냅킨을 예쁘게
접는 방법을 알고
싶은 사람

(   )

2 이 글을 통해 알 수 있는 점이 <u>아닌</u> 것은 무엇인가요? (   )

① 냅킨 공예의 좋은 점

② 냅킨 공예를 하는 방법

③ 냅킨 공예에 필요한 준비물

④ 냅킨 공예의 여러 가지 기법

⑤ 냅킨 공예를 배울 수 있는 장소

3 냅킨 공예를 하는 차례대로 기호를 쓰세요.

ㄱ 재료를 준비한다.

ㄴ 드라이어로 잘 말려 준다.

ㄷ 붓으로 코팅제를 발라 준다.

ㄹ 냅킨을 붙일 재료에 접착제를 바르고 그 위에 냅킨을 붙인다.

ㅁ 가위로 냅킨에 그려진 그림을 오려 내고 첫 번째 겹만 분리한다.

(   ) → (   ) → (   ) → (   ) → (   )

30초 요약

4 다음 빈칸에 알맞은 말을 넣어 "냅킨 공예"의 핵심 내용을 한 문장으로 요약하세요.

우리 주변에 있는 다양한 재료와 ☐☐을 이용한 ☐☐☐☐로 나만

의 멋진 작품을 만들 수 있습니다.

쉽고 건강한 자연 염색

4일

예술
/ 멋을 담은 공예

어휘 뜻

- **염색(染** 물들일 염, **色** 빛 색**)** (천이나 머리카락 등을) 다른 색깔로 물들이는 것.
- **베갯잇** 베개의 겉을 덧씌우는 헝겊.
- **달인(達** 통달할 달, **人** 사람 인**)** 학문이나 기술, 재주 등에 남달리 뛰어난 재주를 가진 사람.
- **무해하고** 해로움이 없고.
- **아토피** 피부가 까칠까칠해지고 몹시 가려운 증세를 보이는 피부병.
- **대접** 위가 넓고 둥글게 벌어지고 뚜껑이 없으며 주로 국이나 물을 담는 데 쓰는 그릇.

진행자1: 요즘은 자연 그대로의 것을 좋아하는 사람이 많습니다. 가정에서도 자연 염색으로 생활 소품들을 만든다고 하는데 알고 계신가요?

진행자2: 자연 염색을 직접 해 보진 않았는데 자연 염색으로 만든 스카프를 구입한 적이 있어요. 색깔이 아름다운 것은 물론이고 세상에 딱 하나밖에 없는 물건이라 아주 특별하게 생각되었어요.

진행자1: 네, 그렇군요. 진달래 기자가 자연 염색으로 베갯잇, 식탁보, 커튼까지 직접 만들어 사용한다는 염색의 달인을 만나고 왔는데요, 한번 보실까요?

기자: 오늘은 자연 염색의 달인을 찾아왔습니다. 안녕하세요? 자연 염색에 푹 빠지셨다고 하던데 자연 염색에는 어떤 특징이 있나요?

자연 염색의 달인: 먼저 집에서 쉽게 재료를 구할 수 있다는 점이 있지요. 양파나 당근, 각종 과일, 꽃잎이나 식물의 줄기, 솔잎 등을 이용할 수 있어요. 이런 자연물을 이용해서 아주 다양한 색을 만들 수 있는데 색이 차분하고 은은해서 아주 아름답지요. 또 인체에 무해하고 아토피를 유발하지 않아요. 염색 방법도 쉬워서 아이들과 함께 해도 좋답니다.

기자: 쉽다고요? 그렇다면 지금 살짝 염색 방법을 알려 주실 수 있나요?

자연 염색의 달인: 물론이죠. 여기 양파 껍질 한 대접이 있지요. 먼저, 이것을 물에 넣고 끓여 줍니다. 그리고 양파 껍질을 넣고 끓인 물에 백반 한 숟갈을 녹여 줍니다. 그 다음에는 그 물에 깨끗이 빨아 놓았던 흰색 티셔츠 한 장을 넣어 주세요. 티셔츠를 충분히 적신 뒤에 말리고, 또 적시고 말리는 과정을 여러 번 반복하면 돼요. 이렇게 하면 색이 점점 진해져요.

기자: 우아, 정말 은은한 갈색으로 염색이 되었네요. 보셨죠? 집에서 직접 했는데 간단하기도 하고 정말 예쁘고 자연스러운 색의 티셔츠가 되었습니다.

자연 염색의 달인: 네, 여러분도 집에서 자연 염색에 한번 도전해 보세요.

진행자1: 네, 잘 보았습니다. 자연 염색! 아주 건강한 취미라는 생각이 드네요.

어휘 퀴즈

❶ ㅇㅂ은 어떤 사건이나 현상을 일어나게 하는 것이다.
- ☐ 유발
- ☐ 이불

❷ ㄷㅈ은 어려운 일에 용감하게 뛰어드는 것이다.
- ☐ 도장
- ☐ 도전

5 다음 중 자연 염색의 재료로 알맞은 것을 모두 찾아 ○표 하세요.

> 솔잎   과일   꽃잎   인공 색소   식물의 줄기

6 자연 염색을 하는 차례에 맞게 그림에 번호를 쓰세요.

7 자연 염색의 좋은 점으로 알맞지 <u>않은</u> 것은 무엇인가요? (   )

① 인체에 무해하다.

② 색이 차분하고 은은하다.

③ 누구나 쉽게 만들 수 있다.

④ 빠른 시간 내에 많이 만들 수 있다.

⑤ 주변에서 쉽게 재료를 구할 수 있다.

30초 요약

8 다음 빈칸에 알맞은 말을 넣어 "쉽고 건강한 자연 염색"의 핵심 내용을 한 문장으로 요약 하세요.

자연 ☐☐ 은 자연의 재료들을 이용하여 다양한 색을 만들 수 있고, 누구나 쉽게 할 수 있는 건강한 ☐☐ 입니다.

5일

지문 분석 강의

만돌이

윤동주

만돌이가 학교에서 돌아오다가
전봇대 있는 데서
돌멩이 다섯 개를 주웠습니다.

전봇대를 겨누고
돌 첫 개를 뿌렸습니다.
—딱—
두 개째 뿌렸습니다.
—아뿔싸—
세 개째 뿌렸습니다.
—딱—
네 개째 뿌렸습니다.
—아뿔싸—
다섯 개째 뿌렸습니다.
—딱—

다섯 개에 세 개……
그만하면 되었다.
내일 시험,
다섯 문제에 세 문제만 하면
손꼽아 구구를 하여 봐도
그냥 육십 점이다.
㉠볼 거 있나 공 차러 가자.

그 이튿날 만돌이는
꼼짝 못하고 선생님한테
흰 종이를 바쳤을까요.

그렇잖으면 정말
육십 점을 맞았을까요

어휘 뜻
● **아뿔싸** 일이 잘못되거나 미처 생각하지 못했던 것을 깨닫고 뉘우칠 때 가볍게 나오는 소리.
● **그만하면** 상태, 모양, 성질 등의 정도가 그러하면.
● **구구(九** 아홉 구, **九** 아홉 구) 구구법으로 셈을 하는 일.

어휘 퀴즈

❶ ㄲㅉ 못하는 것은 남의 힘에 눌려 조금도 기를 펴지 못하는 것이다.
☐ 깜짝 ☐ 꼼짝

❷ ㅇㅌㄴ 은 어떤 일이 있은 그다음의 날이다.
☐ 이튿날 ☐ 인터넷

1 이 시에서 만돌이의 상황은 어떠한지 알맞은 것에 ○표 하세요.

(1) 집안 형편이 어렵다. 　　　　　(　　)

(2) 다음날 시험이 있다. 　　　　　(　　)

(3) 시험에서 육십 점을 맞았다. 　(　　)

2 만돌이가 ㉠과 같이 생각한 까닭은 무엇일까요? (　　　)

① 공부를 열심히 했기 때문에

② 예쁜 돌멩이를 주웠기 때문에

③ 공부를 해서 시험을 잘 보고 싶었기 때문에

④ 시험날까지 아직 시간이 많이 남았기 때문에

⑤ 돌멩이를 던져 보니 육십 점은 맞을 것 같았기 때문에

3 이 시의 이어질 내용을 상상하여 시의 형식을 갖추어 쓰세요.

30초 요약

4 다음 빈칸에 알맞은 말을 넣어 "만돌이"의 핵심 내용을 한 문장으로 요약하세요.

만돌이는 　　　 공부를 하기 싫어서 전봇대에 　　　　를 던져 보고 공

을 차러 놀러갔습니다.

이 바쁜 데 웬 설사

김용택

소낙비는 오지요
소는 뛰지요
바작에 풀은 허물어지지요
설사는 났지요
허리끈은 안 풀어지지요
들판에 사람들은 많지요

어휘 뜻

- **소낙비** 갑자기 세차게 쏟아지다가 곧 그치는 비. 소나기.
- **바작** 짐을 싣기 위해 지게에 얹는 소쿠리 모양의 물건인 '발채'의 방언.
- **허물어지지요** 쌓이거나 짜이거나 지어져 있는 것이 헐려서 무너지지요.

1 ㄷㅍ은 들을 이룬 벌판이다.
　☐들판　☐대표

2 ㅅㅅ는 묽은 변이 나오는 것이다.
　☐산수　☐설사

5 이와 같은 글의 특징은 무엇인가요? (   )

① 운율이 느껴진다.

② 겪은 일을 시간 순서대로 쓴다.

③ 작가를 알 수 없는 경우가 많다.

④ 줄글로 생각과 느낌을 담아낸다.

⑤ 인물의 말과 행동을 통해 주제를 드러낸다.

6 말하는 이의 상황과 어울리는 속담은 무엇인가요? (   )

① 산 넘어 산

② 빛 좋은 개살구

③ 티끌 모아 태산

④ 빈 수레가 요란하다.

⑤ 서당 개 삼 년에 풍월을 읊는다.

7 이 시에 대한 감상을 알맞게 이야기한 친구를 찾아 이름을 쓰세요.

> 정민: 시골의 평화로운 풍경을 생생하게 그리고 있어.
>
> 선우: 말하는 이가 처한 상황을 '–지요'라는 말을 반복하며 표현하는 것이 재미있어.

(   )

⏱30초 요약

8 다음 빈칸에 알맞은 말을 넣어 "이 바쁜데 웬 설사"의 핵심 내용을 한 문장으로 요약하세요.

소낙비가 오는데 소는 뛰고 쌓아 둔 풀은 무너지고 ☐☐가 나는데 허리끈은 풀어지지 않고 들판에 ☐☐도 많은 위급한 상황입니다.

[1~3] 다음 주황색으로 쓴 낱말의 뜻을 찾아 ○표 하세요.

1

> 책상 위에 쌓아둔 책 더미가 허물어지려고 한다.

(1) 흩어져 무너지려고.   (   )
(2) 자세가 구부러지고 느슨해지려고.   (   )
(3) 사회적으로 주어진 규율이 없어지려고.   (   )

2

> 공기를 불어넣자 튜브가 팽창하기 시작했다.

(1) 세력 등이 본래보다 크게 발전함.   (   )
(2) 크기나 길이가 부풀어 커지거나 늘어나는 것.   (   )

3

> 이 과자는 인체에 무해한 재료로 만들어서 아이들도 먹을 수 있다.

(1) 해로움이 없음.   (   )
(2) 안개가 자욱하게 낀 모양.   (   )
(3) 거짓으로 꾸며 해롭게 함.   (   )

1주의 어휘

뜻을 정확하게 알고 있는 것에 ○표, 뜻이 헷갈리는 것에 △표, 뜻을 전혀 모르는 것에 ✔표 하세요.

1일
선포 ☐
갈등 ☐
영토 ☐

2일
조절 ☐
팽창 ☐
동기 ☐

3일
희생 ☐
은인 ☐
모국어 ☐

4일
재활용 ☐
염색 ☐
무해 ☐

5일
아뿔싸 ☐
이튿날 ☐
허물어지다 ☐

[4~7] 다음에서 설명한 낱말은 무엇인지 초성을 포함하여 완성하세요.

4

> 서로 대립되는 입장·견해·이해 때문에 생기는 충돌.   ㄱ ㄷ

5

> 남을 위하여 자기의 몸·재물·이익 등의 귀중한 것을 바치는 것.   ㅎ ㅅ

6

> 은혜를 베풀어 준 사람. 큰 도움을 주어 고마운 사람.   ㅇ ㅇ

7

> (이미 사용했던 물건을) 가공하여 다시 사용하는 것.   ㅈ ㅎ ㅇ

[8~10] 다음 낱말이 들어갈 문장을 찾아 선으로 이으세요.

8　영토　•

• ㉮　할머니께서 흰 머리를 갈색으로 _____ 하셨다.

9　동기　•

• ㉯　다른 나라의 _____에 들어가기 위해서는 허가를 받아야 한다.

10　염색　•

• ㉰　내가 이 책을 읽은 _____은/는 표지가 예뻤기 때문이다.

[11~12] 다음에 제시된 뜻과 예문을 참고하여 낱말을 완성하세요.

11 ㅇ ㅌ ㄴ : 어떤 일이 있은 그다음 날.

　㉫ 섣달 그믐의 _____은 1월 1일이다.

12 ㅁ ㄱ ㅇ : 자기 나라의 말.

　㉫ 언어적 감각이 뛰어난 그는 외국어를 _____처럼 잘한다.

[13~15] 다음 •보기•에서 밑줄 그은 낱말의 뜻을 찾아 번호를 쓰세요.

┌─ 보기 ─────────────────────────
│ ① 어떤 사정이나 조건에 알맞게 만드는 것.
│ ② 결합되어 있는 것을 여러 조각으로 가르는 것.
│ ③ 잘못되거나 정도를 지나칠까 봐 조마조마하는 것.
│ ④ 미처 생각지 못했던 것을 깨닫고 뉘우칠 때 내는 소리.
│ ⑤ 공식적으로 어떤 법령이나 내용을 세상에 널리 알리는 것.
└────────────────────────────────

13 <u>아뿔싸</u>, 내가 또 실수했구나!　　　　　　(　)

14 새로운 법령을 <u>선포</u>하는 행사가 열렸다.　　　(　)

15 마라톤을 할 때에는 호흡을 <u>조절</u>하는 것이 매우 중요하다.　　(　)

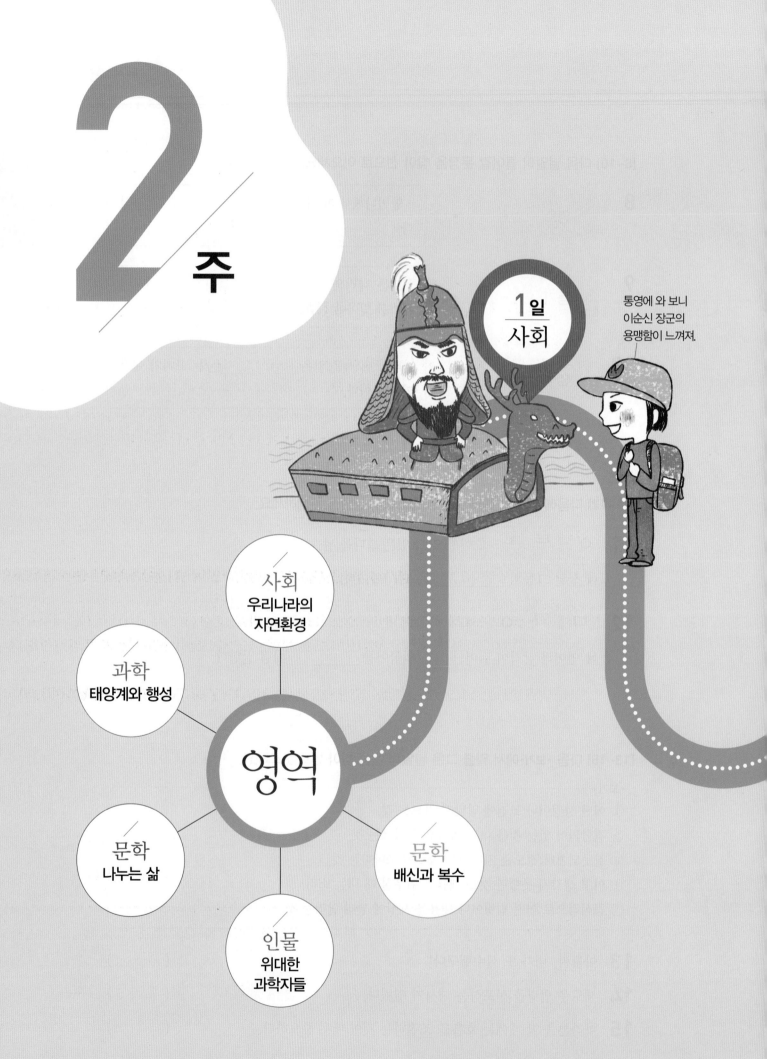

2주

1일
사회

통영에 와 보니
이순신 장군의
용맹함이 느껴져.

사회
우리나라의
자연환경

과학
태양계와 행성

영역

문학
나누는 삶

문학
배신과 복수

인물
위대한
과학자들

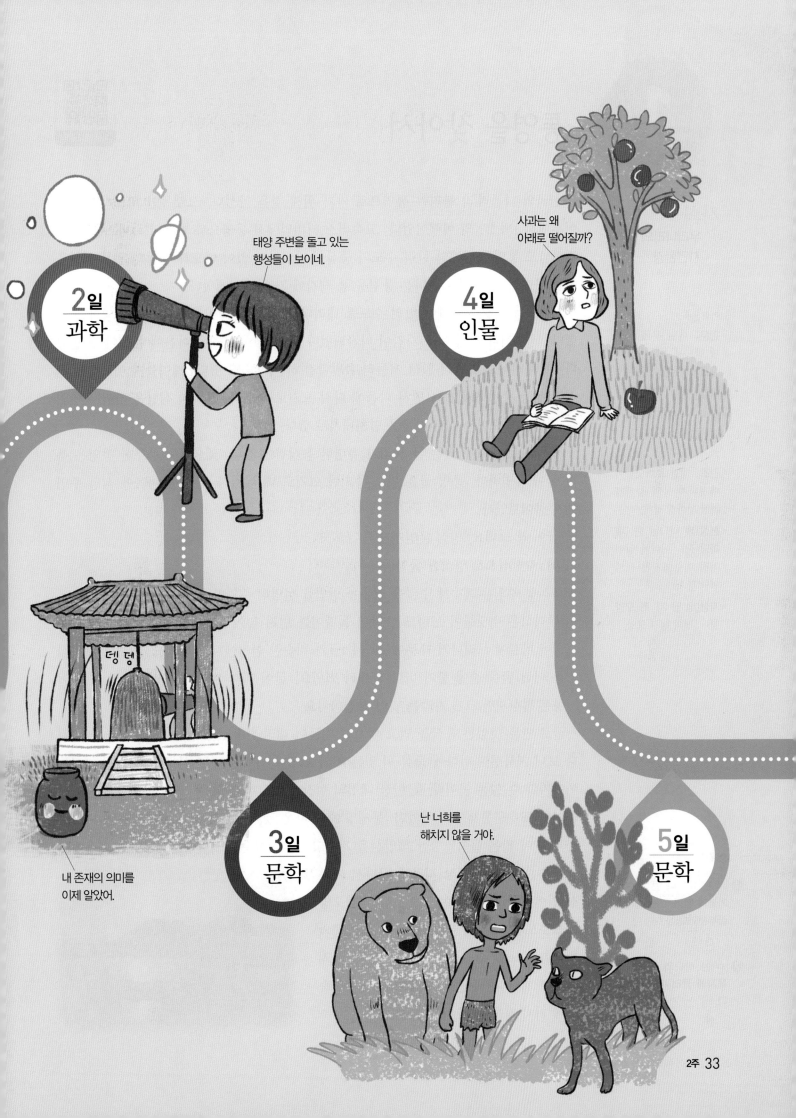

태양 주변을 돌고 있는
행성들이 보이네.

2일
과학

사과는 왜
아래로 떨어질까?

4일
인물

덩 덩

내 존재의 의미를
이제 알았어.

3일
문학

난 너희를
해치지 않을 거야.

5일
문학

1
일

통영을 찾아서

지문 분석 강의

사회
우리나라의 자연환경

어휘 뜻
- **관문** 어떤 곳에 가려면 반드시 지나야만 하는 길의 부분.
- **마감** 정한 기한의 끝.
- **양식** 물고기, 해조, 버섯 등을 인공적으로 기름.
- **간조** 썰물로 바닷물이 빠져나가 물의 높이가 가장 낮아진 상태.
- **현장(現** 나타날 현, **場** 마당 장) 어떠한 일이 직접 이루어지거나 일어난 장소.
- **지형(地** 땅 지, **形** 모양 형) 땅의 생긴 모양.

'한국의 나폴리'라 불리는 통영으로 가기 위해 길을 나섰다. 오랫동안 벼르기만 하다 이루어진 1박 2일의 여행이었다. 고속버스 터미널에서 통영으로 가는 고속버스를 탔다. 경상남도 통영은 남해안 한려 수도의 중심에 자리잡고 있어 다도해 섬들의 관문 역할을 하는 곳이다. 남해의 아름다운 풍경을 볼 생각에 가슴이 설레었다.

저녁노을이 질 무렵에야 한려 수도를 내려다볼 수 있는 케이블카의 매표소 앞에 도착했다. ㉠그러나 이미 이용 시간이 마감되었다고 했다. ㉡아쉬운 마음에 눈물이 핑 돌았다. 미리 알아보고 좀더 일찍 서둘러 출발할걸 하는 후회도 했다. 케이블카 매표소에 전시된 정상 풍경 사진을 보면서 다음에 다시 오기로 하였다. 근처의 식당을 찾아가 맛있는 저녁을 먹으며 아쉬운 마음을 떨쳐내기로 했다.

해안 도로 근처에 있는 굴 요리가 유명한 음식점에 갔다. 해산물이 풍부한 통영은 특히 굴이 유명하다. 통영 굴은 맛도 좋지만 크기도 매우 컸다. 궁금한 마음에 식당 주인에게 물어보았다.

"굴이 참 크네요. 양식 굴인가요?"

"네, 수하식으로 양식한 굴입니다."

㉢식당 주인은 계속해서 굴을 키우는 방법을 설명해 주었다.

"투석식은 바닷물이 드나드는 땅에 돌멩이를 던져 넣어 굴을 붙여 키워요. 간조에는 굴이 바깥에 드러나기 때문에 자연산 굴과 비슷한 환경에서 자라지요. 반면에 수하식은 어린 굴을 줄에 붙여 바다에 내려 키워요. 굴이 바다 바깥에 드러나는 일이 없어 향은 덜하지만 크게 자라는 것이 장점이지요."

굴로 만든 맛있는 음식을 먹고 나오니 어둠이 내려앉아 있었다. 해안 도로를 따라 걷다 보니 거북선이 바다에 둥실 떠 있는 것이 보였다. 통영은 이순신 장군을 떼어 놓고는 이야기할 수 없는 곳이다. ㉣한산 대첩의 현장이기도 한 통영은 그 이름부터 이순신 장군이 삼도수군통제사로 있었던 '통제영'에서 따온 것이라고 한다. 그리고 통영 바다는 곶과 만이 많은 들쑥날쑥한 해안선을 가지고 있다. 이순신 장군은 이 지형을 이용하여 왜적을 무찔렀다. 입장 시간이 끝나서 거북선 안에 들어가 볼 수는 없지만 ㉤겉모양만으로도 거북선의 위엄과 이순신 장군의 위대함을 느낄 수 있었다. 바닷바람도 상쾌하게 느껴졌다. 주변을 산책하다가 근처 숙소에 가서 짐을 풀고 쉬기로 했다.

어휘 퀴즈

❶ ㉠은 바다나 큰 호수로 가늘게 뻗어 있는 육지의 끝부분이다.
- ☐ 간
- ☐ 곶

❷ ㉤은 바다의 한구석이 육지에 둘러싸인 부분이다.
- ☐ 만
- ☐ 말

1 이 글에 대한 설명으로 알맞은 것은 무엇인가요? (   )

① 통영에 간 경험을 쓴 기행문이다.

② 통영의 주요 명소를 소개하는 글이다.

③ 통영의 역사적 가치를 강조하는 글이다.

④ 통영을 배경으로 하여 꾸며 낸 이야기이다.

⑤ 굴을 키우는 어부와 면담한 내용을 정리한 글이다.

2주
·
1일

2 ㉠~㉤을 보거나 들은 것을 쓴 '견문'과 생각하거나 느낀 것을 쓴 '감상'으로 나누어 쓰세요.

(1) 견문: (   )

(2) 감상: (   )

3 공간 이동에 따라 이 글의 내용을 정리하려고 합니다. 빈칸에 알맞은 말을 쓰세요.

고속버스 터미널	(2)	굴 요리 음식점	해안 도로와 거북선
(1)	이용 시간이 마감되어 매우 아쉬웠음.	(3)	(4)

30초 요약

4 다음 빈칸에 알맞은 말을 넣어 "통영을 찾아서"의 핵심 내용을 한 문장으로 요약하세요.

◻◻ 에서 ◻◻◻◻ 는 타지 못했지만 맛있는 ◻ 을 먹고, 거북선

을 보면서 ◻◻◻ 장군의 위대함을 느꼈습니다.

폭염에 주의해요

어휘 뜻

● **경보음**(警 경계할 경, 報 갚을 보, 音 소리 음) 갑작스러운 사고나 위험을 알리는 신호 소리.

● **노출** 겉으로 드러나거나 드러냄.

● **무력감** 허탈하고 맥 빠진 듯한 느낌.

● **특보**(特 특별할 특, 報 갚을 보) 특별한 보도.

● **발령**(發 쏠 발, 令 명령 령) 경보를 발하는 것.

● **맞바람** 맞은편에서 불어오는 바람.

1 폭염 주의보가 내려졌다는 뉴스를 들어 본 적이 있지요? 경보음을 울리면서 휴대 전화에 폭염에 주의하라는 문자가 오는 것을 본 적도 있을 거예요. 폭염은 인체에 나쁜 영향을 줄 수 있는 매우 심한 더위로 홍수나 태풍처럼 자연 재해에 속합니다.

2 폭염은 다양한 병의 원인이 되기도 합니다. 일사병은 고온과 강한 햇빛에 오래 노출되었을 때 체온 조절이 안 되어 발생하는데, 두통과 어지러움, 무력감을 느끼게 됩니다. 이런 증상이 나타날 때는 그늘에서 휴식을 취하고 수분을 충분히 섭취합니다. 열사병은 매우 덥고 밀폐된 곳에서 많이 발생하는데, 40도 이상의 높은 열이 나게 하나 의식을 잃게 할 수 있습니다. 열사병이 의심되면 119에 신고한 뒤 시원한 곳으로 이동하여 옷을 벗고 열을 내려야 합니다. 환자가 의식이 없을 때는 물을 먹이지 않도록 합니다.

3 이렇게 무서운 폭염으로부터 국민을 안전하게 보호하기 위해, 기상청은 6~9월 사이에 폭염이 예상되는 지역에 폭염 특보를 발령합니다. 폭염 특보에는 두 종류가 있는데, 하루 최고 기온이 33도 이상인 상태가 이틀 이상 지속될 것이 예상되면 폭염 주의보가 발령됩니다. 하루 최고 기온이 35도 이상인 상태가 이틀 이상 지속될 것이 예상되면 폭염 경보가 발령됩니다.

4 폭염 특보가 발령되었을 때는 어떤 점을 주의해야 할까요? 가정에서는 외출을 자제해야 합니다. 꼭 외출해야 하는 경우에는 가벼운 옷차림을 하고 챙이 넓은 모자를 쓰거나 양산을 준비해야 합니다. 물병을 가지고 다니면서 물을 많이 마시는 것도 좋습니다. 그리고 냉방이 되지 않는 실내는 커튼 등을 쳐서 햇볕을 가리고 맞바람이 불도록 창을 열어 환기를 합니다. 창문이 닫힌 자동차 안에 노약자나 어린이를 혼자 있게 하면 안 됩니다. 폭염 특보가 발령되면 학교에서는 단축 수업이나 휴업 등을 검토하고, 운동장에서 하는 체육 활동이나 야외 수업 활동을 자제합니다.

5 여름은 덥지만 산으로 바다로 떠나기 좋은 즐거운 계절입니다. 폭염에 대한 주의 사항을 잘 지켜서 건강하게 여름을 나도록 합시다.

어휘 퀴즈

1 ㄴㅂ은 더운 날씨에 기계를 써서 방의 온도를 낮추는 일이다.
☐ 냉방 ☐ 난방

2 ㅁㅍ는 틈이 없이 꼭 막거나 닫는 것이다.
☐ 민폐 ☐ 밀폐

5 '폭염'에 대한 설명으로 알맞지 <u>않은</u> 것은 무엇인가요? (   )

① 자연 재해이다.

② 매우 심한 더위이다.

③ 심할 때는 특보가 발령된다.

④ 다양한 병의 원인이 되기도 한다.

⑤ 최고 기온이 25도 이상일 때 특보가 발령된다.

2주·1일

6 폭염 특보가 발령되면 주의할 점으로 알맞은 것을 모두 고르세요. (,   ,   )

① 외출을 자제한다.

② 물을 마시지 않는다.

③ 외출할 때에는 모자나 양산을 쓴다.

④ 냉방이 되지 않는 곳에서는 창문을 꼭 닫는다.

⑤ 창문이 닫힌 차 안에 어린이를 혼자 두지 않는다.

7 이 글의 구조에 맞게 문단의 중심 내용을 정리하여 쓰세요.

처음	가운데	끝
1	2 3 4	5 폭염에 주의할 것을 당부

⏱30초 요약

8 다음 빈칸에 알맞은 말을 넣어 "폭염에 주의해요"의 핵심 내용을 한 문장으로 요약하세요.

매우 심한 더위인 ☐☐ 에 생길 수 있는 병을 주의하고, ☐☐☐☐ 가 발령되었을 때의 주의 사항을 잘 지키면서 건강하게 ☐☐ 을 보냅시다.

지문 분석 강의

태양계 행성 안내서

과학
/ 태양계와 행성

어휘 뜻

- **표면(表** 겉 표, **面** 낯 면) 사물의 겉으로 드러난 쪽.

- **탐사(探** 찾을 탐, **査** 조사할 사) 전에 가 보지 못한 곳을 자세히 조사하여 알아보는 것.

- **육안(肉** 고기 육, **眼** 눈 안) (확대경이나 망원경을 쓰지 않고) 직접 보는 눈.

- **위성** 행성의 주위를 도는 작은 천체.

- **밀도** 일정한 장소나 공간 안에 들어 있는 어떤 사물의 빽빽한 정도.

가 **가장 뜨거운 행성**

금성의 표면 온도는 낮이나 밤이나 약 470도가 넘습니다. 이산화 탄소가 금성의 표면을 온실처럼 덮고 있어서 태양열이 밖으로 빠져나가지 못하기 때문입니다. 이런 높은 온도 때문에 액체가 끓어서 날아가므로, 금성에는 액체 상태의 물이 없습니다. 금성은 샛별이라고도 불리는데, 초저녁이나 새벽에 유난히 빛나는 별이 바로 금성입니다.

나 **지구와 가장 가까운 행성**

화성은 영화와 소설의 소재로도 많이 등장하고 있으며, 생명이 있을 가능성이 제기되어 큰 관심을 끈 행성입니다. 많은 우주선이 화성 탐사를 하였습니다. 화성에는 대기가 아주 적고 온도도 아주 낮아 생명체가 살 수 있을 확률은 낮습니다. 하지만 액체가 흐른 흔적을 발견하는 등 화성에 대한 연구는 계속되고 있습니다.

다 **가장 큰 행성**

목성의 크기는 지구의 약 11배로, 태양계의 8개 행성 중 가장 큽니다. 거대한 목성은 육안으로도 쉽게 발견할 수 있을 만큼 밝습니다. 목성은 무려 60개가 넘는 위성을 가지고 있어서 태양계에서 가장 많은 위성을 갖고 있는 행성이기도 합니다. 위성이 많아서 작은 태양계라고 불리기도 하지요.

라 **평균 밀도가 가장 작은 행성**

토성은 목성 다음으로 큰 행성입니다. 그러나 그 크기에 비해 밀도가 가장 작습니다. 만약 토성을 물에 넣는다면 물에 뜰 정도입니다. 토성은 여러 개의 아름다운 고리를 가진 것으로도 유명한데, 이 고리는 수많은 얼음 덩어리와 눈이 얼어붙은 돌들로 이루어져 있습니다. 천왕성과 목성에도 이러한 고리가 있지요.

마 **태양에서 가장 먼 행성과 가장 가까운 행성**

해왕성은 태양에서 약 45억 킬로미터 떨어진 곳에 있어 태양계의 행성 중에서 태양과 가장 멀리 떨어져 있습니다. 그래서 태양 주위를 한 바퀴 도는 데 약 165년이 걸립니다. 태양과 가장 가까운 곳에 있는 수성은 ㉠공전하는 데 약 88일이 걸립니다.

어휘 퀴즈

1 ㅎ ㅅ 은 태양의 둘레를 도는 별로, 수성, 금성, 지구, 화성, 목성, 토성, 천왕성, 해왕성의 여덟 별이다.

☐행성   ☐학생

2 ㅎ ㅈ 은 어떤 것이 있었거나 지나가고 뒤에 남은 자국이다.

☐회전   ☐흔적

1 태양계 행성의 이름과 그 특징을 바르게 연결한 것은 무엇인가요? (   )

① 수성: 태양과 가장 먼 행성이다.

② 화성: 생명체가 살고 있는 행성이다.

③ 금성: 지구와 가장 가까운 행성이다.

④ 목성: 태양계에서 가장 큰 행성이다.

⑤ 토성: 단 하나의 크고 아름다운 고리를 가진 행성이다.

2주 · 2일

2 ㉠'공전'의 뜻을 글 **마**에서 찾아 쓰세요.

(   )

3 이 글에 각 행성의 모습을 추가하려고 합니다. 각 행성 그림에 알맞은 글의 기호를 각각 쓰세요.

태양   수성 금성   지구   화성   목성   토성   천왕성   해왕성

⏱**30초 요약**

4 다음 빈칸에 알맞은 말을 넣어 "태양계 행성 안내서"의 핵심 내용을 한 문장으로 요약하세요.

태양계의 ☐☐ 인 ☐☐, 화성, 목성, ☐☐, 해왕성, 수성 등은 각각의 특징을 가지고 있습니다.

태양계 행성에서 제외된 명왕성

어휘 뜻

- **제외**(除 섬돌 제, 外 밖 외) 어떤 대상에서 빼 놓거나 셈에서 빼는 것.
- **궤도** 사물이 따라서 움직이도록 정해진 길.
- **공전** 지구가 태양의 둘레를 돌거나 달이 지구의 둘레를 도는 것처럼, 한 천체가 다른 천체의 둘레를 일정하게 도는 것.
- **천체**(天 하늘 천, 體 몸 체) 우주에 있는 모든 물체.

태양계에는 수성, 금성, 지구, 화성, 목성, 토성, 천왕성, 해왕성 이렇게 8개의 행성이 있습니다. 2005년까지만 해도 태양계에는 명왕성이 포함되었지만 2006년에 태양계의 행성 분류법이 바뀌면서 명왕성은 태양계 행성에서 제외되었습니다.

명왕성은 태양에서 가장 먼 궤도를 도는 아주 작은 행성이었습니다. 명왕성이 태양계 행성에서 제외된 까닭은 다음과 같습니다.

첫째, 행성이라고 하기에는 명왕성의 크기가 너무 작기 때문입니다. 달에 가까운 크기라고 여겨졌던 명왕성의 실제 크기는 달 크기의 3분의 2밖에 되지 않았습니다.

둘째, 다른 행성들처럼 원 모양에 가까운 모양으로 궤도를 그리며 태양 주위를 공전해야 하는데, 명왕성은 찌그러진 타원 모양으로 태양 주위를 공전하기 때문입니다. 그래서 가끔 해왕성의 공전 궤도 안쪽으로 들어가기도 합니다. 궤도면도 다른 행성에 비해 많이 기울어져 있답니다.

셋째, 명왕성 주변의 천체를 ㉠위성으로 만들지 못했기 때문입니다. 태양계의 행성이 되려면 행성 주변에 있는 천체를 위성으로 만드는 능력이 있어야 합니다. 위성은 행성의 주위를 도는 작은 천체입니다. 지구는 ㉡달이라는 위성을 가지고 있고, 토성은 50개가 넘는 위성을 가지고 있습니다. 그러나 명왕성은 주변에 있는 천체인 카론을 위성으로 만들지 못하고 서로의 주위를 공전하는 특별한 예를 보여 주고 있습니다.

이러한 이유 때문에 명왕성은 태양계의 행성에서 제외되어 '왜소 행성'으로 분류되었습니다. 그리고 행성의 정의도 바뀌었지요. '태양을 돌면서, 충분히 큰 질량을 가져서 자체 중력 때문에 모양이 둥글며, 자신의 궤도 영역 안에서 주변의 다른 천체와 겹치지 않는 천체'를 행성이라고 하게 되었답니다.

어휘 퀴즈

1. ㅂㄹ는 종류에 따라 가르는 것이다.
   - ☐ 분류 ☐ 비료

2. ㅈㅇ는 어떤 개념의 내용이나 용어의 뜻을 다른 것과 구별할 수 있도록 명확히 한정하는 것이다.
   - ☐ 정의 ☐ 종이

5 현재 태양계의 행성으로 인정된 행성을 모두 찾아 쓰세요.

(   )

6 밑줄 그은 낱말 ㉠'위성'과 ㉡'달'의 관계와 같은 관계인 낱말은 무엇인가요? (   )

① 삶 – 죽음

② 해 – 태양

③ 과일 – 딸기

④ 기차 – 바퀴

⑤ 가을 – 겨울

7 명왕성이 태양계의 행성에서 제외된 까닭을 빈칸에 정리하여 쓰세요.

명왕성을 태양계의 행성에서 제외한다.

왜냐하면, (1) _____

(2) _____

(3) _____

그러므로 명왕성은 '왜소 행성'으로 분류한다.

⏱ **30초 요약**

8 다음 빈칸에 알맞은 말을 넣어 "태양계 행성에서 제외된 명왕성"의 핵심 내용을 한 문장으로 요약하세요.

  ☐☐☐ 은 크기가 작고, 궤도 모양이 다른 행성과 다르며, 주변의 천체를

☐☐ 으로 만들지 못했기 때문에 태양계의 ☐☐ 에서 제외되었습니다.

3일

문학
/ 나누는 삶

항아리

정호승

지문 분석 강의

어휘 뜻

● **만면**(滿 찰 만, 面 얼굴 면) 온 얼굴.

● **종각**(鐘 종 종, 閣 세울 각) 큰 종을 달아 두기 위하여 지은, 문과 벽이 없는 집.

● **우박**(雨 비 우, 雹 우박 박) 큰 물방울들이 공중에서 갑자기 찬 기운을 만나 얼어 떨어지는 얼음덩어리.

● **착각** 어떤 사물이나 사실을 실제와 다르게 생각함.

절의 주지 스님은 어떻게 하면 맑고 아름다운 소리를 내는 종을 만들 수 있을까 고민에 고민을 거듭하였습니다.

그러던 어느 날 아침이었습니다. 내 머리맡에 흰 고무신을 신은 주지 스님의 발이 와서 가만히 머물렀습니다. 주지 스님은 선 채로 한참 동안 나를 내려다보시더니 혼잣말로 중얼거렸습니다.

"으음, 이건 아버님이 만드신 항아리야. 이 항아리가 아직 남아 있다니. 이 항아리를 묻으면 좋겠군."

스님은 무슨 큰 보물을 발견이라도 한 듯 만면에 미소를 띠었습니다.

나는 두려움에 떨며 곧 종각의 종 밑에 다시 묻히게 되었습니다. 도대체 내가 무엇이 되기 위하여 종 밑에 묻히는지는 알 수 없었습니다.

그러나 그것은 그리 두려워할 일이 아니었습니다. 나를 종 밑에 묻고 종을 치자 너무나 놀라운 일이 일어났습니다. 종소리가 내 몸 안에 가득 들어왔다가 조금씩 조금씩 숨을 토하듯 내 몸을 한 바퀴 휘돌아 나감으로써 참으로 맑고 고운 소리를 내었습니다. 처음에는 주먹만 한 우박이 세상의 모든 바위 위에 떨어지는 소리 같기도 하다가, 나중에는 갈대숲을 지나는 바람이나 실비소리 같기도 하고, 그 소리는 이어지는가 싶으면 끝나고, 끝나는가 싶으면 다시 계속 이어졌습니다.

나는 내가 종소리가 된 게 아닌가 하는 착각에 몸을 떨었습니다. 그러면서 그때서야 깨달을 수 있었습니다. 내가 그토록 오랜 세월 동안 참고 기다려 온 것이 무엇이며, 내가 이 세상을 위해 소중한 그 무엇이 되었다는 것을. 누구의 삶이든 참고 기다리고 노력하면 그 삶의 꿈이 이루어진다는 것을.

고요한 산사에 종소리가 울릴 때마다 요즘 나의 영혼은 기쁨으로 가득 찹니다. 보다 아름다운 종소리를 낸다는 것. 그것이 바로 내가 바라던 ㉠내 존재의 의미이자 가치였습니다.

어휘 퀴즈

❶ ㄱㅁ은 마음속으로 괴로워하고 애를 태우는 것이다.
□ 고민 □ 구명

❷ ㅇㅎ은 육체에 들어 있어 인간의 활동을 지배하고, 죽은 후에도 따로 존재할 수 있다고 믿어지는 존재이다.
□ 약혼 □ 영혼

작품의 전체 줄거리

한 젊은이가 항아리를 만들었는데, 마음에 들지 않아 땅에 묻어 버림.	항아리는 자신이 의미 있는 존재가 되길 바랐지만 젊은이와 아이들의 오줌독이 되어 슬퍼함.	항아리는 오랜 세월을 땅 밑에 묻혀 있었고, 항아리가 있던 집에 절이 지어짐.	**수록지문** 항아리는 절의 종 밑에서 종소리를 맑게 울리게 하는 역할을 하게 되고, 비로소 존재의 의미를 찾음.

1 이 이야기의 주인공인 '나'는 무엇인지 쓰세요.

(　　　　　　　　　　)

2 ㉠이 가리키는 것은 무엇일까요? (　　　　)

① 귀한 음식을 맛있게 보관하는 것

② 땅에 묻혀서 흙으로 돌아가는 것

③ 사람들이 마실 물을 깨끗하게 보관하는 것

④ 아무도 모르는 곳에서 자연과 함께 사는 것

⑤ 종 밑에 묻혀서 종소리를 더욱 맑게 하는 것

3 다음 질문에 알맞은 작가의 답을 골라 기호를 쓰세요.

㉮ 종소리를 작게 하려면 종 밑에 항아리를 묻어야 한다는 정보를 알려 주고 싶었습니다.

㉯ 아무리 하찮게 여겨지는 것이라도 존재의 의미와 가치가 있다는 것을 말하고 싶었습니다.

(　　　　　　　　　　)

30초 요약

4 다음 빈칸에 알맞은 말을 넣어 "항아리"의 핵심 내용을 한 문장으로 요약하세요.

　☐☐☐는 ☐ 밑에 묻혀 종소리를 더욱 맑고 아름답게 울리도록 함으로써

자신의 존재 의미와 ☐☐를 찾았습니다.

만년 샤쓰

방정환

문학
/ 나누는 삶

어휘 뜻

● **샤쓰** 대개 양복 윗도
리 속에 입는 칼라가 있
고 앞에 단추가 달린 남
성용 윗옷.

● **얄따랗고** 꽤 얇고.

● **해어진** (옷, 신 등이)
다 닳아서 구멍이 나거
나 찢어진.

창남이는 웃옷을 벗었다. 아무것도 입지 않은 맨몸이었다. 선생님께서는 깜짝 놀라셨
고, 아이들은 깔깔 웃었다.

"한창남, 왜 외투 안에 옷을 입지 않았니?" / "없어서 못 입었습니다."

그때 선생님의 무섭던 눈에 눈물이 고였다. 그리고 아이들의 웃음소리도 갑자기 없어
졌다. '창남이네 집이 이렇게 어려웠구나.'라고 모두 생각하였다.

"창남아, 정말 샤쓰가 없니?" / 선생님께서는 다정한 목소리로 물으셨다.

"오늘과 내일만 없습니다. 모레는 인천에 사시는 형님이 올라와서 사 주십니다."

"그럼 웃옷을 다시 입어라. 오늘은 웃옷을 입고 운동하도록 해라."

만년 샤쓰! '비행사'라는 말도 없어지고 그날부터 '만년 샤쓰'라는 말이 온 학교 안에
퍼져서 친구들은 창남이를 만년 샤쓰라고 부르게 되었다.

이튿날, 만년 샤쓰 창남이가 교문 근처에 오자 학생들이 허리가 부러지게 웃기 시작하
였다. 창남이가 얇은 웃옷에 얄따랗고 해어진 바지를 입고, 양말도 안 신고 뚜벅뚜벅 걸
어왔기 때문이다. 떠드는 학생들 틈을 헤치고 체육 선생님께서 "무슨 일이지?"하고 들
여다보시다가 창남이의 그 모습을 보고 놀라셨다.

"한창남, 너, 옷이 왜 그 모양이야?" / "없어서 못 입고 왔습니다."

"어째 그렇게 없어지니? 날마다 한 가지씩 없어진단 말이냐?"

"네, 그렇게 하나씩 둘씩 없어집니다." / "어째서?"

"그저께 저녁, 저희 동네에 큰불이 났습니다. 저희 집도 반이나 넘게 탔어요. 그래서
모두 없어졌습니다." / "바지는 어제도 입고 있지 않았니?"

"네, 저희 집은 반만 타서 쓰던 물건을 몇 가지 건졌지만, 이웃집들은 모두 타 버려서
동네가 온통 난리입니다. 저희 집은 반이라도 남았으니까 그나마 나은 편입니다. 그런
데 동네 사람들은 이 추운 날에 집이 없어 고생을 하고 있습니다. 저희 어머니께서 우
리는 집이 있어 추운 것은 면할 수 있으니까 입을 것 한 벌씩만 남기고, 나머지는 추
위에 떨고 있는 동네 사람들에게 나누어 주자고 하셨습니다. 그래서 어머니 옷과 제
옷을 모두 동네 어른들께 드렸습니다. 바지는 제가 입고 있었는데 어제 옆집의 편찮으
신 할아버지께서 하도 추워하시기에 벗어 드렸습니다."

어휘 퀴즈

❶ ○○은 겉에 입는 옷이
다.
☐ 웃옷   ☐ 이웃

❷ ㄴㄹ는 북적대고 소란
스러운 것이다.
☐ 난로   ☐ 난리

작품의 전체 줄거리

| 창남이는 학급에서 인기가 많은 아이임. | 어느 날 체육 시간에 선생님께서 겉옷을 벗으라 하셨는데 창남이는 웃옷을 벗지 않음. | (수록 지문) 창남이는 옷이 없어 웃옷 아래 아무것도 입지 못하였고, 그날부터 창남이의 별명은 '만년 샤쓰'가 됨. | 이튿날, 창남이는 해어진 바지를 입고 오고, 창남이의 사연을 알게 된 선생님과 친구들은 숙연해짐. |

5 창남이가 '만년 샤쓰'라는 별명을 가지게 된 까닭은 무엇인가요? (   )

① 매일 똑같은 셔츠만 입어서

② 셔츠에 구멍이 많이 나 있어서

③ 셔츠에 '만년'이라고 쓰여 있어서

④ 외투 안에 셔츠를 너무 많이 입고 있어서

⑤ 외투 안에 아무것도 입지 않은 맨몸이어서

2주
·
3일

6 창남이의 말과 행동을 통해 알 수 있는 창남이의 성격은 어떠한가요? (   )

① 배려심이 깊다.

② 부끄러움이 많다.

③ 거짓말을 잘한다.

④ 잘난 척을 잘한다.

⑤ 나서기를 좋아한다.

7 창남이와 비슷한 생각을 가진 친구를 골라 이름을 쓰세요.

창수: 콩 한 쪽도 나누어 먹는다고 하듯이 작은 것도 남과 나눌 줄 아는 자세를 가져야 해.

경아: 집에서 새는 바가지가 들판에서도 새는 것처럼 평소에 행동을 바르게 해야 친구들과 사이좋게 지낼 수 있어.

(   )

30초 요약

8 다음 빈칸에 알맞은 말을 넣어 "만년 샤쓰"의 핵심 내용을 한 문장으로 요약하세요.

창남이는 집이 가난하여 외투 안에 옷을 입지 못해 ☐☐ ☐☐라는 별명

을 갖게 되었는데, 동네에 ☐이 난 어려운 상황에서도 이웃을 위해 옷을 나누어 주

었습니다.

그래도 지구는 돈다

지문 분석 강의

어휘 뜻

- **둘레** 사물의 테두리나 바깥 언저리.
- **허튼** 쓸데없거나 좋지 않은.
- **형벌(刑** 형벌 형, **罰** 죄 벌) 죄를 지은 사람에게 법에 따라 주는 벌.
- **진리(眞** 참 진, **理** 다스릴 리) 참된 이치. 거짓이 아닌 사실.
- **신념(信** 믿을 신, **念** 생각할 념) 굳게 믿어 의심하지 않는 정신.

1592년 9월, 갈릴레이는 베네치아의 파도바 대학으로 자리를 옮겼습니다. 갈릴레이는 그때쯤, 코페르니쿠스에게 빠져 있었어요. 코페르니쿠스는 지동설을 주장한 학자였습니다. 지동설이란 우주의 중심은 지구가 아니고 수성이나 금성처럼 지구도 태양의 둘레를 돈다는 주장이었어요. 하지만 그것은 매우 위험한 주장이었습니다. 당시 사람들은 지구가 우주를 중심으로 고정되어 있어서 움직이지 않으며, 지구의 둘레를 달, 태양, 행성들이 돈다는 주장인 천동설을 믿고 있었지요. 갈릴레이는 마음이 답답했지만 함부로 지동설이 옳다고 말할 수는 없었어요.

그런데 갈릴레이처럼 생각하는 사람이 또 있었습니다. 브루노라는 신부였지요.

"여러분, 지구가 움직이지 않고 가만히 있다는 이야기는 틀려요. 지금도 지구는 돌고 있습니다. 저 태양의 주위를 돌고 있단 말입니다."

브루노 신부는 광장에서 사람들에게 외쳤지만 많은 사람이 신부의 말을 믿지 않고 이상한 사람으로 여겼습니다.

얼마 후, 브루노 신부는 로마 교황청의 병사들에게 끌려갔습니다. 로마 교황은 어느 나라 왕보다도 힘이 셌습니다. 브루노 신부는 종교 재판을 받았습니다.

"하나님은 우주를 완전한 공 모양으로 만들고, 그 중심에 지구를 놓았다. 그런데 어째서 지구가 태양의 주위를 돌고 있다는 허튼 소리를 하는 건가? 하나님의 말씀을 엉터리로 만들어 버리다니 벌을 받아 마땅하다."

결국, 브루노 신부는 죽임을 당하고 말았습니다. 이 소식을 들은 갈릴레이는 가슴이 철렁했습니다. '안 되겠다. 좀 더 때를 기다리자.'

1632년 갈릴레이는 『천문대화』라는 책을 통해 지동설을 주장하였습니다. 이 소식을 들은 로마 교황청은 발칵 뒤집혔습니다.

"갈릴레이를 당장 이곳으로 잡아들여라."

로마에 간 갈릴레이는 종교 재판을 받게 되었습니다. 갈릴레이는 그곳에서 지동설을 주장할 수 없었습니다. 잘못하면 브루노 신부처럼 죽게 될지도 몰랐기 때문입니다.

㉠"그래도 지금 이 순간에도 지구는 돌고 있다."

갈릴레이는 재판정에서 나오면서 혼자 중얼거렸습니다. 갈릴레이는 비록 형벌이 두려워 거짓된 대답을 하였지만 진리에 대한 굳은 신념은 버리지 않았습니다.

 어휘 퀴즈

❶ ㄱㅈ 은 사실과 어긋난 것 또는 사실이 아닌 것을 사실처럼 꾸민 것이다.

☐ 고장　☐ 거짓

❷ ㅈㅍㅈ 은 법원이 소송 절차에 따라 재판을 하고 판결하는 곳이다.

☐ 재판정　☐ 작품집

1 이와 같은 글의 특징은 무엇인가요? (   )

① 실제 인물의 삶을 쓴 전기문이다.

② 과학적인 사실을 설명하는 글이다.

③ 있을 법한 내용을 꾸며 쓴 동화이다.

④ 책을 읽은 후 자신의 생각이나 느낌을 쓴 글이다.

⑤ 과학적인 사실을 근거로 주장을 펼치고 있는 글이다.

2주 · 4일

2 이 글에 나오는 두 가지 주장과 관련된 것을 각각 알맞게 연결하세요.

(1) 천동설 • • ㉠ 브루노 신부, 갈릴레이 • • ㉮ 지구가 태양의 주위를 돌고 있다.

(2) 지동설 • • ㉡ 로마 교황청 • • ㉯ 지구가 우주의 중심이고, 지구의 둘레를 달, 태양, 행성들이 돌고 있다.

3 갈릴레이가 ㉠과 같이 말한 까닭은 무엇일지 생각하여 쓰세요.

_____

_____

30초 요약

4 다음 빈칸에 알맞은 말을 넣어 "그래도 지구는 돈다"의 핵심 내용을 한 문장으로 요약하세요.

갈릴레이는 지구가 태양 주위를 돈다는 □□□ 을 주장하여 재판을 받게 되었고 목숨을 구하기 위해 거짓말을 하였지만, "그래도 □□ 는 돈다."라는 유명한 말을 남겼습니다.

만유인력을 발견한 뉴턴

어휘 뜻

● 만유인력(萬 일만 만, 有 있을 유, 引 끌 인, 力 힘 력) 우주에 있는 질량을 가진 모든 물체가 서로 당기는 힘.

● 공헌 가치 있는 일에 보탬이 되도록 힘써 돕는 것.

● 신비(神 귀신 신, 祕 귀신 비) 이성적·상식적으로 이해할 수도 설명할 수도 없는, 매우 놀랍고 신기한 일.

● 묘비 무덤 앞에 세우는 비석.

아이작 뉴턴은 1642년 영국의 작은 시골 마을에서 태어났습니다. 뉴턴의 아버지는 뉴턴이 태어나기 전에 돌아가셨습니다. 뉴턴은 다른 아이들보다 작고 약했습니다. 어린 시절 뉴턴은 혼자서 생각에 잠겨 있을 때가 많았습니다. 머릿속에 재미있는 생각이 떠오르면 몇 시간이고 그 생각에 푹 빠져들었습니다. 책을 읽을 때도 마찬가지였어요. 책을 읽는 동안에는 무슨 일이 일어나는지 전혀 몰랐지요.

뉴턴의 어머니는 아들이 농부가 되기를 바랐지만, 뉴턴은 양 떼를 몰고 나가서는 책에 빠져 양들을 모두 잃어버리고 말았습니다. 뉴턴의 큰아버지는 뉴턴이 학자가 되는 것이 나을 거라고 생각하여 뉴턴을 학교에 보냈어요. 공부를 열심히 한 뉴턴은 영국에서 가장 뛰어난 학생들만 들어가는 케임브리지 대학에 들어갔지요. 뉴턴은 대학에서 수학 실력을 인정받았습니다.

그러나 영국에 전염병이 번지기 시작하여 학교는 문을 닫고 뉴턴은 시골집으로 돌아왔습니다. 뉴턴은 이 시기에 몇 시간씩 한 가지 생각에 매달리거나 실험을 하면서 보냈습니다. 뉴턴의 연구는 모두 이 시기에 시작되었지요. 어느 날, 사과나무 밑에서 책을 읽고 있던 뉴턴은 우연히 사과 하나가 땅에 떨어지는 것을 보았습니다.

'사과는 왜 옆이나 위로 날아가지 않고 아래로 떨어질까?'

뉴턴은 지구가 그 위에 있는 물체들을 끌어당기는 힘이 있다는 것을 깨달았습니다. 뉴턴은 밤하늘의 달을 보면서도 생각했습니다.

'사과를 공중에서 놓으면 곧장 바닥으로 떨어져. 그런데 달은 어째서 떨어지지 않지?'

이 세상의 모든 물체는 끌어당기는 힘, 만유인력을 갖고 있지만 달은 지구와 멀리 떨어져 있기 때문에 끌어당기는 힘이 약해서 지구 주위를 빙빙 도는 것입니다. 뉴턴은 만유인력 개념으로 지구, 달, 태양계 행성 등에 작용하는 운동의 법칙을 설명하였습니다.

뉴턴은 또한 빛의 굴절을 이용하여 반사 망원경을 만듦으로써 천체 관측에도 공헌하는 등 그동안 알아내기 힘들었던 자연과 우주의 신비를 풀었습니다. 그는 자연을 정해진 법칙에 따라 움직이는 커다랗고 복잡한 기계라고 했지요.

뉴턴은 연구를 계속하다가 1727년 여든다섯 살의 나이로 세상을 떠났습니다. 많은 사람들이 위대한 과학자의 죽음을 안타까워했습니다. 뉴턴의 묘비에는 다음과 같은 글이 새겨져 있습니다.

"이렇게 위대한 인물을 가진 것은 모든 인류의 기쁨이고 영광이다!"

5 뉴턴에 대한 설명으로 알맞지 <u>않은</u> 것은 무엇인가요? (   )

① 케임브리지 대학에 다녔다.

② 작은 시골 마을에서 태어났다.

③ 호기심이 많고 집중력이 뛰어난 아이였다.

④ 자연에는 정해진 법칙이 없다고 주장하였다.

⑤ 자연과 우주의 신비를 푸는 데 많은 업적을 남겼다.

2주
·
4일

6 이 글을 정리할 때 ㉠에 들어갈 뉴턴의 업적으로 알맞은 것을 모두 고르세요.

(,   ,   )

1642년 출생 ➡ 어린 시절 ➡ 청년 시절 ➡ ㉠ ➡ 1727년 사망

① 반사 망원경을 만듦.　　　　② 운동의 법칙을 설명함.

③ 만유인력의 법칙을 발견함.　④ 떨어지지 않는 사과를 발명함.

⑤ 자신의 이름을 딴 상을 만듦.

7 이 글을 읽고 감상을 바르게 말한 친구를 찾아 이름을 쓰세요.

> 명수: 뉴턴은 평범한 과학자라는 생각이 들었어.
>
> 경훈: 뉴턴의 사과 이야기를 보고 맛있는 사과를 먹고 싶어졌어.
>
> 수진: 모든 것에 질문을 던지면서 탐구하는 뉴턴의 자세를 본받아야겠다고 생각했어.

(   )

⏱️30초 요약

8 다음 빈칸에 알맞은 말을 넣어 "만유인력을 발견한 뉴턴"의 핵심 내용을 한 문장으로 요약하세요.

　어린 시절부터 집중력이 뛰어난 아이였던 뉴턴은 ☐☐가 떨어지는 것을 보고

☐☐☐☐의 법칙을 발견하는 등 자연과 우주의 신비를 푸는 데 많은 업적

을 남겼습니다.

5일 정글북

원작: 러니어드 키플링

지문 분석 강의

문학
/ 배신과 복수

어휘 뜻

● **정글**(jungle) 열대의 밀림.

● **부족**(部 거느릴 부, 族 겨레 족) 한 지역에서 생활하면서 같은 언어와 문화를 가진 공동체.

● **현명**(賢 어질 현, 明 밝을 명)**한** 판단력이 좋고 세상 이치에 밝은.

● **배신**(背 등 배, 信 믿을 신)**하는** 자기를 믿어 주는 사람을 속이는.

표범: (걱정스럽게) 모글리, 조심해. 지금 늑대 대장은 너무 늙어서 얼마 살지 못하고 죽을 거야. 그리고 젊은 늑대들은 널 늑대가 아니라고 생각한다고.

모글리: (태평스럽게) 난 정글에서 태어나고 정글에서 자랐어. 늑대는 모두 내 형제라고.

표범: 아냐, 모글리. 넌 인간의 아이야. 언젠가 인간들에게로 돌아가야만 해. 바위산 늑대 부족 회의에서 죽지만 않는다면 말이지.

모글리: (깜짝 놀라서) 내가 죽어? 누가 죽이는데? 왜? (표범을 빤히 쳐다본다.)

표범: (눈을 피하며) 바로 그 눈빛 때문이야. 눈싸움에서 동물은 결코 사람을 이길 수 없어. 인간의 눈빛엔 지혜가 숨겨져 있거든. 네가 사람이기 때문에 너를 미워하는 거라고.

모글리: (시무룩하게) 그런 거였구나. (화를 내며) 그래도 이건 옳지 않아!

표범: 아마 다음 부족 회의에서 너를 죽이려고 할 거야. (갑자기 좋은 생각이 떠오른 듯이) 아! 마을에 가서 ㉠'빨간 꽃'을 가지고 와. 그게 너를 지켜 줄 거야.

　모글리와 표범, 퇴장한다. 밤이 되어 조명이 어두워지고 늑대들과 호랑이가 등장한다.

호랑이: 문제는 모글리야. 현명한 늑대 무리들아, 녀석을 이제 내게 넘겨라.

늑대 1: 호랑이의 말이 맞아. 우리와 상관없는 저 꼬마를 줘 버리자.

늑대 2: 모글리는 십 년 동안이나 우리와 같이 살았어. 그러면서 정글의 법칙을 크게 어긴 적이 없었어. 그리고 모글리가 여기 왔을 때 우리는 그 대가로 수소를 받았어. 표범과의 약속을 깨는 건 법칙에 어긋나.

늑대 1: 십 년이나 지난 일이야. 그 녀석은 벌거숭이 인간일 뿐이라고.

　모글리, 불 항아리를 들고 등장한다.

모글리: 너희들이 내가 사람이라는 걸 끊임없이 알려 주지만 않았더라면 나는 죽을 때까지 늑대로 살았을 거야. 이제 너희들끼리 싸울 것 없어. 내 운명은 내가 결정할 테니까. 난 사람이고, 너희들은 동물이야. 너희들이 벌벌 떠는 빨간 꽃을 가지고 왔다!

　모글리, 항아리를 떨어뜨린다. 불이 활활 타오르고, 늑대들과 호랑이는 뒷걸음친다.

모글리: 난 인간의 마을로 가겠어. 그러나 너희들처럼 배신하지는 않겠어.

 어휘 퀴즈

❶ ㅈ ㅎ 는 생활의 이치를 잘 이해하고 판단하는 능력이다.
☐ 지혜　☐ 정화

❷ ㅂ ㅊ 은 반드시 따라야 하는 것으로 주장되는 원칙이다.
☐ 변칙　☐ 법칙

작품의 전체 줄거리

| 인간 아이인 모글리는 정글에서 늑대들과 함께 자라게 됨. | 모글리는 곰과 표범의 도움으로 늑대 부족의 가족이 되고, 정글의 법칙을 익혀 감. | **수록 지문** 모글리는 젊은 늑대들이 자신을 늑대로 인정하지 않는 것을 알게 되고, 인간의 마을로 떠남. | 모글리는 인간들과 함께 호랑이 사냥을 하고, 정글로 돌아와 동물 친구들과 살아가기로 함. |

1 이 희곡의 해설 부분에 들어갈 내용으로 알맞지 <u>않은</u> 것은 어느 것인가요? (   )

① 때: 오후, 밤

② 곳: 마을에 있는 동물원

③ 등장인물: 표범, 소년 모글리, 호랑이, 늑대 여러 마리

④ 무대 곳곳에 나무, 바위, 풀 등이 있다.

⑤ 소년 모글리는 늑대와 함께 살고 있으므로 사람의 옷이 아닌 나뭇잎이나 나무 줄기 등으로 만든 옷을 입고 있다.

2 ㉠'빨간 꽃'은 무엇을 가리키는지 이 글에서 찾아 한 글자로 쓰세요.

(   )

3 다음 중 서로 생각이 같은 인물은 누구누구인지 쓰세요.

표범   호랑이   늑대 1

(,   )

30초 요약

4 다음 빈칸에 알맞은 말을 넣어 "정글북"의 핵심 내용을 한 문장으로 요약하세요.

호랑이와 늑대들은 모글리가 ☐☐이기 때문에 늑대 부족이 될 수 없다고 하고,

모글리는 ☐로 동물들을 위협한 후 인간의 마을로 떠납니다.

몬테크리스토 백작

원작: 알렉상드르 뒤마

어휘 뜻

• **억울한** 공평하지 못한 일을 당하여 속이 아픈.

• **시기한** 샘이 나서 미워한.

• **밀고장** 남의 잘못이나 죄를 관청에 몰래 일러 바치는 편지.

• **각양각색**(各 각각 각, 樣 모양 양, 各 각각 각, 色 빛 색) 서로 다른 여러 가지 모양과 색깔.

• **심문**(審 살필 심, 問 물을 문) 용의자를 다그쳐 자세히 따져서 묻는 것.

• **귀양지** 귀양살이(죄인을 멀리 떨어진 외진 곳에서 일정 기간 지내도록 함.) 하는 곳.

• **발각**(發 펼 발, 覺 깨달을 각)**되면** 숨겼던 일이 드러나서 알려지게 되면.

어둑어둑한 감옥. 단테스와 파리아 신부가 대화를 나누고 있다.

파리아 신부: (심각하게) 자네가 무죄이고 억울한 일을 당했다기에 하는 말인데, 자네가 없어짐으로써 이득을 보는 사람이 누구인가? 자네가 선장이 되는 걸 싫어하는 자가 없었는가? 또 자네의 결혼을 시기한 자는 없었는가? 잘 생각해 보게.

단테스: 선장 되는 것을 싫어한 자는 당그랄이었고, 결혼을 시기했던 자는 페르낭이었습니다. 또 저의 성공과 결혼을 시기했고, 돈을 탐내던 자는 바로 카도루스입니다.

파리아 신부: 그럼 답은 나왔군. 검사가 보여 준 밀고장은 그들이 쓴 것이 틀림없네.

단테스: 하지만 글씨체가 다른데요?

파리아 신부: 그거야 왼손으로 썼기 때문이지! (종이에 왼손으로 글씨를 써서 단테스에게 보여 주며) 오른손잡이가 오른손으로 글씨를 쓰면 각양각색의 글씨가 되지만, 왼손으로 글씨를 쓴다면 대개 비슷한 글꼴이 나오지.

단테스: 그래요! 세 사람이 함께 있는 걸 본 적이 있는데, 이상했어요. 게다가 펜과 잉크까지 있었어요. 그런데 왜 저는 단 한 번의 심문으로 감옥에 오게 되었을까요? 검사는 제가 가지고 있던 편지가 저에게 불리한 것이라며 제가 보는 앞에서 불태워 버렸거든요. 그 편지는 누군가가 전해달라고 부탁한 것이었어요.

파리아 신부: 편지 받는 사람의 이름은? 보낸 사람은?

단테스: 노왈티요. 나폴레옹이 귀양지에서 쓴 것 같았어요.

파리아 신부: (깜짝 놀라며) 노왈티? 검사 이름은 혹시 빌포르?

단테스: (고개를 끄덕인다.)

파리아 신부: (목소리를 낮추며) 세상에! 노왈티가 바로 빌포르의 아버지야! 빌포르는 그 편지가 발각되면 자기 아버지가 잡혀갈까 봐 편지를 태워 버리고 자네를 감옥에 가둔 거라고!

단테스: (㉠) 뭐라고요? 이 감옥에 온 지 2년이나 되었습니다. 더는 참을 수 없어요. (다짐한 듯이) 어떤 일이 있어도 이곳을 탈출하여 그놈들에게 복수를 하겠습니다!

어휘 퀴즈

❶ ㅁ ㅈ 는 법적으로 죄가 없는 것이다.
☐무죄 ☐무지

❷ ㅂ ㅅ 는 원수를 갚는 것이다.
☐반사 ☐복수

작품의 전체 줄거리

곧 선장이 되고, 연인과도 결혼할 예정이었던 단테스는 누명을 쓰고 감옥에 갇히게 됨.

수록지문 단테스는 감옥에서 파리스 신부를 만나 자신이 감옥에 온 까닭을 알게 되고 복수를 다짐함.

단테스는 감옥을 탈출하여 파리스 신부가 알려 준 몬테크리스토 섬의 보물을 찾아 본격적인 복수를 시작함.

단테스는 자신을 감옥에 보낸 사람 모두에게 복수하고, 이탈리아로 여행을 떠남.

5 단테스가 감옥에 오게 된 까닭을 두 가지 고르세요. (　　, 　　)

① 검사를 모욕해서

② 나쁜 죄를 지어서

③ 친구들과 다투어서

④ 밀고장을 받게 되어서

⑤ 검사의 아버지와 관계된 편지를 갖고 있어서

2주·5일

6 ㉠에 들어갈 말로 가장 알맞은 것은 무엇인가요? (　　　　)

① 흥분하여 화를 내며

② 손뼉을 치고 기뻐하며

③ 뿌듯한 미소를 지으며

④ 파리스 신부의 손을 잡으며

⑤ 눈치를 살피고 조마조마해하며

7 단테스가 앞으로 복수할 사람은 누구일지 모두 찾아 이름을 쓰세요.

(　　　　　　　　　　　　　　　　　　　　　　　)

⏱30초 요약

8 다음 빈칸에 알맞은 말을 넣어 "몬테크리스토 백작"의 핵심 내용을 한 문장으로 요약하세요.

억울하게 ☐☐ 에 갇히게 된 단테스는 자신이 감옥에 오게 된 까닭을 알고 감옥을 탈출하여 ☐☐ 하기로 다짐했습니다.

[1~3] 다음 주황색으로 쓴 낱말의 뜻을 찾아 ○표 하세요.

1

> 입장 시간이 마감되어 공연을 보지 못했다.

(1) 일을 끝맺는 것. ( )
(2) 정한 기한의 끝. ( )
(3) 최종 작업으로 겉을 덮는 작업. ( )

2

> 그는 진리를 향한 연구를 게을리하지 않았다.

(1) 참된 이치. 거짓이 아닌 사실. ( )
(2) 일이 진행되는 속도나 정도. ( )
(3) 여러 사람 앞에서 의견을 말하는 것. ( )

3

> 내 연필을 망가뜨린 짝꿍에게 복수하기로 했다.

(1) 둘 이상의 수. ( )
(2) 원수를 갚는 것. ( )
(3) 복을 부르는 일손. ( )

2주의 어휘!

뜻을 정확하게 알고 있는 것에 ○표, 뜻이 헷갈리는 것에 △표, 뜻을 전혀 모르는 것에 ✓표 하세요.

1일
마감 ☐
지형 ☐
폭염 ☐

2일
표면 ☐
행성 ☐
제외 ☐

3일
만면 ☐
착각 ☐
해어지다 ☐

4일
진리 ☐
신념 ☐
공헌 ☐

5일
배신 ☐
각양각색 ☐
복수 ☐

[4~7] 다음에서 설명한 낱말은 무엇인지 초성을 포함하여 완성하세요.

4

> 태양의 둘레를 도는 별. 태양에 가까운 차례로 수성·금성·지구·화성·목성·토성·천왕성·해왕성의 여덟 별.

ㅎ ㅅ

5

> 무엇을 오해하여 실제와 틀리게 잘못 생각하거나 느끼는 것.

ㅊ ㄱ

6

> 굳게 믿어 의심하지 않는 정신. 마음에 굳게 믿는 것.

ㅅ ㄴ

7

> 가치 있는 일에 보탬이 되도록 힘써 돕는 것.

ㄱ ㅎ

[8~10] 다음 낱말이 들어갈 문장을 찾아 선으로 이으세요.

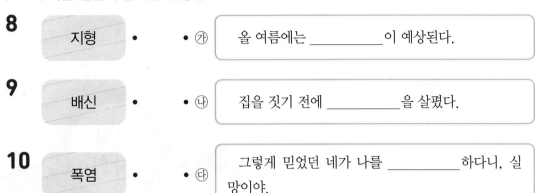

8 지형 • • ㉮ 올 여름에는 _____이 예상된다.

9 배신 • • ㉯ 집을 짓기 전에 _____을 살폈다.

10 폭염 • • ㉰ 그렇게 믿었던 네가 나를 _____하다니, 실 망이야.

2주 · 5일

[11~12] 다음에 제시된 뜻과 예문을 참고하여 낱말을 완성하세요.

11 ㄱ ㅇ ㄱ ㅅ : 서로 다른 여러 가지 모양과 색깔. 여러 가지.

예 동해에서는 조기, 갈치 등 _____의 물고기가 잡힌다.

12 ㅁ ㅁ : 얼굴 전체.

예 선생님께서 우리의 합창을 들으시고 _____에 웃음을 띠셨다.

[13~15] 다음 •보기•에서 밑줄 그은 낱말의 뜻을 찾아 번호를 쓰세요.

┌─ 보기 ─────────────────────────────┐
① 매끄럽고 빛이 나는 모양.
② 사물의 겉으로 드러난 쪽.
③ 어떤 대상에서 빼 놓거나 셈에서 빼는 것.
④ 무엇이 어떤 무리나 범위에 들어 있는 것.
⑤ (옷·신 등이) 다 닳아서 구멍이 나거나 찢어짐.
└──────────────────────────────────┘

13 오래 신은 양말이 해어져서 새로 사야겠다. ( )

14 사람들이 자주 쓰다듬어서 돌의 표면이 반들반들해졌다. ( )

15 그는 부정행위를 한 것이 발각되어 합격자 명단에서 제외되었다. ( )

3_주

억울할 땐 격쟁!

내 의견을 국민 청원
게시판에 올리자!

1일
사회

영역

사회
인권을
존중해요

과학
용해와
우리 생활

문학
인물을
비판해요

문학
신화 속 이야기

스포츠
신나는
겨울 스포츠

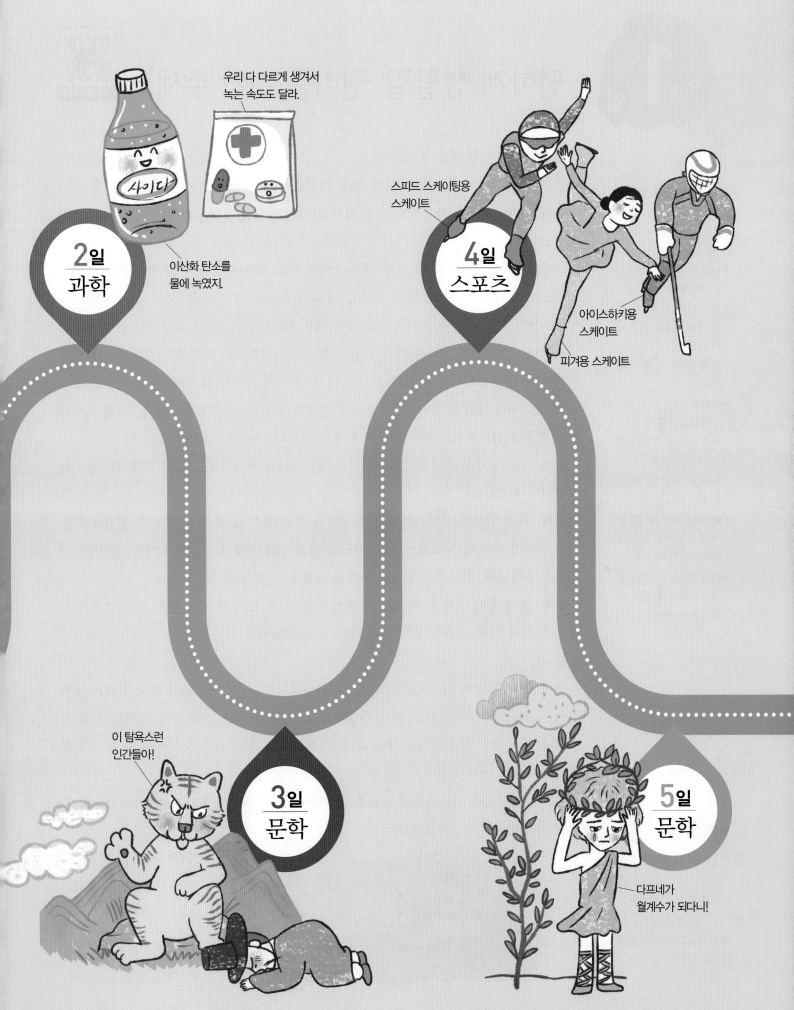

우리 다 다르게 생겨서
녹는 속도도 달라.

스피드 스케이팅용
스케이트

2일
과학

이산화 탄소를
물에 녹였지.

4일
스포츠

아이스하키용
스케이트

피겨용 스케이트

이 탐욕스런
인간들아!

3일
문학

5일
문학

다프네가
월계수가 되다니!

편하게 생활할 권리를 지켜 주세요

지문 분석 강의

사회
인권을 존중해요

어휘 뜻

- **환경권** 인간이 건강하고 쾌적한 생활을 누리기 위하여 필요한 조건을 갖춘 환경을 가질 권리.

- **신축** 건물 등을 새로 만듦.

- **중장비** 불도저나 굴착기처럼, 토목·건설 등에서 규모가 큰 일을 하는 데 쓰는 기계 장비.

- **자재(資 재물 자, 材 재목 재)** 물자와 재료.

- **쾌적(快 쾌할 쾌, 適 갈 적)한** 몸과 마음에 잘 맞아 기분이 아주 좋은.

- **인권** 사람이 사람답게 살기 위하여 당연히 가지는 기본 권리.

구청 환경과 담당자 분께

안녕하세요. 언제나 우리 마을의 환경 개선을 위해 노력해 주셔서 감사합니다. 우리 마을에 주민의 환경권을 침해하는 사례가 있어서 개선을 요구하기 위해서 편지를 쓰게 되었습니다.

○○동 150번지에서 상가 건물 신축 공사를 하고 있습니다. 하루 종일 계속되는 공사 소음으로 주변의 주민들이 많은 고통을 받고 있습니다. 공사장에 드나드는 덤프트럭과 중장비들이 학교 주변을 지나다니고 있어 매우 위험합니다. 공사 과정에서 먼지도 심하게 날려서 창문을 열 수조차 없습니다. 또한 공사장 밖 인도에 건축 자재를 쌓아놓기도 하여 통행하기 불편하고 위험합니다. 저와 우리 가족을 비롯한 우리 마을 주민들은 쾌적한 환경에서 생활할 권리, 자유롭고 안전하게 통행할 권리가 있습니다. 직접 오셔서 공사 현장을 살펴보시고 다음과 같이 환경을 개선해 주시기를 요청드립니다.

첫째, 소음 발생을 줄여 주십시오. 이른 시간이나 공휴일에는 소음이 발생하는 공사를 지양하면 좋겠습니다.

둘째, 학교 앞으로는 덤프트럭과 중장비가 통행할 수 없게 해 주셨으면 좋겠습니다. 공사 차량이 학교 앞 도로에서 제한 속도를 지키지 않는 경우도 많아 학생들이 안전하게 다니지 못합니다. 학교에서 떨어진 도로를 이용할 수 있도록 해 주십시오.

셋째, 공사 중에는 물을 뿌려 먼지 발생을 줄일 수 있게 해 주십시오. 운동장과 놀이터에 먼지가 날려서 놀이기구가 더러워지고 어린이들의 자유롭게 놀 권리가 침해되고 있습니다.

넷째, 인도에 쌓여 있는 건축 자재는 치워 주십시오. 몇몇 친구들이 건축 자재를 피하면서 등교하느라 지각하는 사례가 발생하고 있습니다. 또한 건축 자재 모서리 등에 가방이 걸려 위험한 경우도 있습니다. 건축 자재는 따로 허가받은 장소에만 둘 수 있도록 관리해 주시기 바랍니다.

주민의 환경권과 어린이들의 인권을 생각하시어 꼭 공사 환경이 개선될 수 있도록 힘써 주시기 바랍니다. 감사합니다.

20○○년 5월 20일

김민준 올림

어휘 퀴즈

❶ ㅅㅇ은 시끄러운 소리이다.
☐ 소음 ☐ 소원

❷ ㄱㅅ은 부족하거나 잘못된 것을 고쳐서 더 좋게 만드는 것이다.
☐ 개성 ☐ 개선

1 이 글의 종류는 무엇인가요? (   )

① 제안하는 글

② 설명하는 글

③ 광고하는 글

④ 소개하는 글

⑤ 안내하는 글

2 다음 낱말과 그 뜻이 바르게 연결되지 않은 것은 무엇인가요? (   )

① 침해: 함부로 남의 일에 끼어들어 해를 끼치는 것.

② 소음: 시끄러운 소리.

③ 통행: 어떤 장소를 지나다니는 것.

④ 권리: 어떤 일을 자기 마음대로 할 수 있는 올바른 자격.

⑤ 지양: 일정한 목표·방향·지점으로 향하는 것.

3 이 글의 내용을 문제 상황과 해결 방안으로 나누어 정리하려고 합니다. 빈칸에 알맞은 말을 쓰세요.

문제 상황	해결 방안
소음이 심함.	이른 시간이나 공휴일에는 공사를 지양하면 좋겠음.
(1)	(2)
(3)	(4)
인도에 건축 자재를 쌓아서 통행하기 불편함.	(5)

30초 요약

4 다음 빈칸에 알맞은 말을 넣어 "편하게 생활할 권리를 지켜 주세요"의 핵심 내용을 한 문장으로 요약하세요.

주변 공사 환경을 [ ][ ]하여 주민들이 쾌적한 환경에서 생활할 [ ][ ]를 지켜 주시기 바랍니다.

1일

사회
인권을 존중해요

어휘 뜻

- **제도**(制 억제할 제, 度 법도 도) 한 사회나 기관의 일정한 조직을 유지하고 일을 진행시키기 위하여 정한 절차·방법·원칙 등.
- **호소** 자기의 어렵거나 억울한 사정을 다른 사람에게 알려 도움을 청하는 것.
- **청원** (공공 기관이나 윗사람에게) 바라는 것을 말하여 이루어 줄 것을 요구하는 것.
- **사안**(事 일 사, 案 책상 안) 법률이나 규정 등에서 문제가 되는 일.

어휘 퀴즈

1 ㅅㄱ는 법원의 판결에 따르지 않고 고등 법원이나 대법원에 다시 판결해 줄 것을 요청하는 일이다.
 ☐ 상고 ☐ 사고

2 ㅅㅈ은 세력이나 권리 등을 늘이고 넓게 펴는 것이다.
 ☐ 신장 ☐ 시장

옛날과 오늘날의 인권 제도

인권은 인간이라면 누구나 누릴 수 있는 권리입니다. 어떤 이유로도 침해당해서는 안 됩니다. 신분 제도가 있었던 옛날에도 인간답게 사는 것은 중요했습니다. 우리의 조상들은 인권을 지키기 위해 어떤 노력을 하였을까요? 옛날과 오늘날의 인권 제도를 비교하여 살펴보겠습니다.

첫째, 옛날에는 인권이 침해되면 그 억울한 사정을 임금에게 직접 호소할 수 있는 격쟁이라는 제도가 있었습니다. 억울한 일을 당한 사람이 임금이 행차할 때 징이나 꽹과리를 쳐서 호소하였습니다. 정조는 격쟁을 통해 들어온 약 4천 4백여 건의 민원을 직접 처리하였다고 합니다. 격쟁은 우리 조상들이 그들의 억울함을 자유롭게 호소하고 전달하는

가장 중요한 수단이었습니다. 오늘날에는 컴퓨터나 스마트폰으로 국민의 의견을 호소할 수 있습니다. 대표적으로 청와대 국민 청원을 꼽을 수 있습니다. 게시판에 청원을 올리고 청원에 대하여 30일 동안 20만 명의 동의가 모이면 정부 관계자의 공식 답변을 30일 내로 들을 수 있습니다. 매일 약 700여 건의 청원이 올라온다고 합니다. 뿐만 아니라 지방 자치 단체들도 청원 게시판을 운영하고 있으며 사안에 따라 단체장이 직접 답변을 하기도 합니다.

둘째, 옛날에는 형벌로 사형을 내릴 때는 세 번의 재판을 받도록 하는 삼복제가 있었습니다. 삼복제는 억울하게 벌을 받는 일이 없도록 하기 위한 제도이지요. 이러한 제도는 오늘날에 더욱 발전하여 이어지고 있습니다. 오늘날의 사법 제도는 사형뿐만 아니라 다른 일반 사건에서도 한 번으로 판결이 확정되지 않습니다. 상급 법원으로 상고할 경우 3번까지 다시 심판할 수 있는데, 이것을 삼심 제도라도 합니다.

셋째, 조선 시대의 법전인『경국대전』을 보면 옛날에도 출산 휴가 제도가 있었다는 것을 알 수 있습니다. 노비가 아이를 낳으면 90일 동안 출산 휴가를 받을 수 있도록 하여 노비의 인권을 지켜 주었지요. 오늘날에도 회사에서 90일의 출산 휴가는 물론 1년간 육아 휴직을 할 수 있는 제도를 시행하여 산모와 아기의 인권을 지켜주고 있지요.

우리 조상들도 인권에 대해 깊이 고민하고 인권을 보호하기 위해 노력했던 것을 알 수 있습니다. 이러한 제도들이 오늘날까지 발전하여 이어지는 사례들도 많이 발견할 수 있습니다. 우리는 모두 차별받지 않고 인간답게 살 권리가 있으므로, 이러한 인권 제도들을 보완하고 발전시킴으로써 인권 신장을 위한 노력을 계속해야 할 것입니다.

5 이 글에서 가장 중요하게 쓰인 낱말을 하나 찾아 ○표 하세요.

> 옛날   오늘날   인권   재판   침해

6 이 글의 설명 방법으로 알맞은 것을 두 가지 고르시오. (,   )

① 옛날과 오늘날의 인권 제도를 비교하였다.
② 옛날에 있었던 여러 인권 제도를 나열하였다.
③ 옛날 인권 제도의 절차를 순서대로 설명하였다.
④ 인권 제도에 대한 전문가의 의견을 인용하였다.
⑤ 인권 제도의 역사를 시간의 흐름에 따라 설명하였다.

7 이 글의 내용을 바탕으로 인권 제도에 대해 더 알아보려고 합니다. 조사할 내용을 바르게 말하지 <u>못한</u> 친구는 누구인지 쓰세요.

> 아영: 삼심 제도는 어떤 절차로 이루어질까? 삼심 제도를 통해 판결이 바뀌기도 하는지 자세하게 알고 싶어.
> 혜정: 외국에는 어떤 인권 제도가 있을까? 특히 외국에도 옛날에 우리나라와 비슷한 제도가 있었는지 찾아보아야겠어.
> 준호: 옛날 사람들은 오늘날보다는 인권에 대한 인식이 부족했던 것 같아. 옛날에 이루어진 다양한 인권 침해 사례에 대해서도 조사해 보고 싶어.

(   )

30초 요약

8 다음 빈칸에 알맞은 말을 넣어 "옛날과 오늘날의 인권 제도"의 핵심 내용을 한 문장으로 요약하세요.

옛날에도 인간답게 살아갈 권리인 ☐☐ 을 지키기 위해서 ☐☐ , 삼복제, 출산 휴가 등의 제도가 있었고, 이러한 제도는 오늘날에 국민 ☐☐☐ , ☐☐☐ ☐☐ , 출산 휴가 제도 등으로 이어지고 있습니다.

생활 속 용해

지문 분석 강의

과학
／ 용해와
우리 생활

어휘 뜻
- **흡수** (밖에 있는 것을) 안으로 빨아들이는 일.
- **링거** 중환자나 출혈이 심한 사람에게 혈액 대용으로 주사하는 액체.
- **혈관**(血 피 혈, 管 피리 관) 피가 흐르는 몸속의 관.
- **기포** 액체나 고체 속에 들어 있는 기체가 작은 방울 모양을 이룬 것.
- **지방질** 성분이 지방으로 된 물질.

용해는 소금이 물에 녹는 것처럼 어떤 물질이 다른 물질에 녹아 골고루 섞이는 현상을 말합니다. 물처럼 어떤 물질을 녹이는 물질을 '용매'라고 하고, 소금처럼 녹는 물질을 '용질'이라고 합니다. 그리고 소금물처럼 녹는 물질이 녹이는 물질에 골고루 섞여 있는 물질을 '용액'이라고 합니다. 우리 생활 속에는 용해를 이용한 것들이 많습니다.

몸이 아플 때 먹는 약은 용해를 이용한 것입니다. 약의 형태는 캡슐, 알약, 가루 등 다양합니다. 약의 형태가 이렇게 다양한 이유는 몸의 상태나 치료할 부분에 따라 약이 녹는 속도가 달라야 하기 때문입니다. 몸속에 더 빨리 흡수되게 하려면 알약보다는 가루 약을 먹습니다. 가루 약이 더 빨리 녹기 때문입니다. 만약 약을 먹을 수 없는 상태라면 링거나 주사를 이용하여 액체 약을 혈관 속에 넣어 피와 섞이게 합니다. 또 약이 위에서 녹지 않고 장까지 가게 하기 위해 위에서 녹지 않는 물질로 약을 감싸기도 합니다.

설탕 같은 고체뿐만 아니라 기체도 용해됩니다. 사이다나 콜라 같은 탄산음료는 기체인 이산화 탄소를 물에 녹인 것입니다. 탄산음료를 마실 때 톡 쏘는 맛이 느껴지는 것은 이 이산화 탄소 때문입니다. 그런데 기체는 고체와 달리 온도가 높을수록 잘 녹지 않습니다. ㉠탄산음료를 차갑게 하여 마셨을 때 톡 쏘는 맛이 더 잘 느껴지는 것은 이 때문이지요. 탄산음료가 든 병을 따뜻한 물에 담그면 기포가 발생하는데, 이것은 기체가 액체 밖으로 빠져나오는 현상입니다.

어떤 물질을 녹이는 물질인 용매는 물 이외에도 여러 가지가 있습니다. 아세톤은 다른 물질과 잘 섞이며 특히 지방질을 잘 녹입니다. 그래서 물로 지워지지 않는 페인트나 매니큐어를 지울 때 유용하게 사용됩니다.

이렇게 우리 생활 곳곳에서 용해가 다양하게 활용되는 것을 볼 수 있습니다. 우리가 먹는 음식에서, 사용하는 물건에서 또 다른 예들도 한번 찾아보세요.

어휘 퀴즈

① ㅊ ㄹ 는 병원에서 병을 낫게 하는 일이다.
☐ 치료   ☐ 처리

② ㅌ ㅅ 은 이산화 탄소가 물에 녹아서 생긴 약한 산으로 청량음료에 넣어 찌르르한 맛을 낸다.
☐ 탄성   ☐ 탄산

1 다음 사진을 보고, 각각을 가리키는 말을 •보기•에서 찾아 쓰세요.

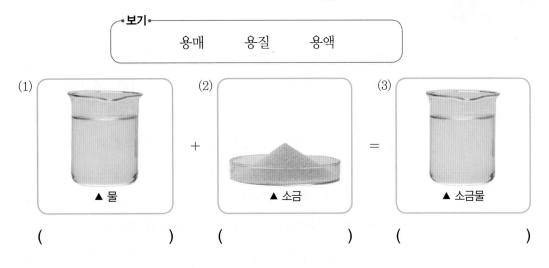

•보기•
용매　　용질　　용액

(1) ▲ 물　　　　(2) + ▲ 소금　　　　(3) = ▲ 소금물

(　　　　　　)　(　　　　　　　)　(　　　　　　　)

3주·2일

2 ㉠을 통해 알 수 있는 사실은 무엇인가요? (　　　　)

① 기체는 물에 녹지 않는다.
② 기체는 온도가 낮을수록 잘 녹는다.
③ 고체는 온도가 높을수록 잘 녹는다.
④ 액체는 다른 액체에 용해되지 않는다.
⑤ 탄산음료는 물보다 몸속에 빨리 흡수된다.

3 이 글의 내용을 다음 틀에 정리하여 쓰세요.

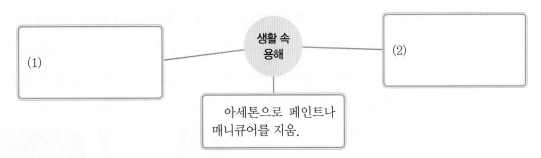

(1)　　　　　　　　생활 속 용해　　　　　　　(2)

아세톤으로 페인트나
매니큐어를 지움.

30초 요약

4 다음 빈칸에 알맞은 말을 넣어 "생활 속 용해"의 핵심 내용을 한 문장으로 요약하세요.

다양한 형태의 ☐, 사이다 같은 ☐☐☐☐, 매니큐어를 지우는 데 쓰는

아세톤 등은 모두 생활 속에서 ☐☐를 활용한 예입니다.

물에 함부로 버리지 마세요

어휘 뜻

● **생존**(生 날 생, 存 있을 존) 죽지 않고 살아 있는 것, 또는 살아남는 것.

● **직결** 무엇과 직접 연결되거나 관계가 있는 것.

● **정화**(淨 깨끗할 정, 化 될 화) 더러운 것이나 바람직하지 않은 것을 없애어 깨끗하게 하는 것.

● **배수구** 물이 빠져나가는 곳.

지구는 표면의 약 70퍼센트가 물로 이루어져 있을 정도로 물이 많은 행성입니다. 그러나 인간이 먹을 수 있는 물은 그리 많지 않습니다. 지구에 존재하는 물의 97퍼센트는 바닷물로 이루어져 있기 때문입니다. 또 먹을 수 있는 물 가운데 빙하가 약 2퍼센트를 차지하므로, 우리가 먹을 수 있는 물은 1퍼센트밖에 되지 않습니다. 우리는 이 1퍼센트의 물을 하천이나 호수, 지하수 등에서 얻습니다. 우리가 마실 수 있는 물은 지구 전체 물의 양에 비해서 매우 적습니다. 사람은 물이 없으면 살 수 없습니다. 그런데 우리의 생존과 직결되는 물이 점점 오염되어 가고 있습니다.

물을 오염시키는 원인은 여러 가지가 있는데, 우리가 쉽게 남기는 음식이나 음료수 등도 그중 하나입니다. 많은 사람이 먹다 남은 음료나 음식물 찌꺼기 등을 쉽게 물에 흘려 버립니다. 그러나 이렇게 버린 음료수나 음식물 찌꺼기는 하수구를 통해 하천이나 강으로 흘러 들어가 물을 오염시킵니다.

물의 오염을 막기 위해서는 음료수를 함부로 버리면 안 됩니다. 음료수로 오염된 물을 깨끗하게 만들기 위해서는 버린 음료수보다 훨씬 많은 양의 물을 섞어 농도를 묽게 만들어야 합니다. 예를 들어, 우유 200ml를 물에 버리면 이것을 정화하는 데 버린 우유의 2만 1천 배의 물이 필요합니다. 1.5L 병에 든 물로 계산하면 약 2800병에 해당하는 양입니다. 또 우리가 흔히 버리는 라면 국물 100ml를 정화하는 데에는 1.5L 병에 든 물이 247병 정도 필요합니다.

음식물 찌꺼기를 물에 흘려 버리는 행동도 하지 않아야 합니다. 음식물 찌꺼기가 썩으면서 물도 함께 썩기 때문입니다. 또한, 기름을 사용하여 조리한 음식물의 경우에는 그릇에 묻은 기름을 종이 등으로 잘 닦아 낸 후 설거지해야 오염을 줄일 수 있습니다. 기름은 물과 섞이지 않기 때문에 물 위를 둥둥 떠다니게 되는데, 이것이 물에 산소가 들어가는 것을 막아 물 속 생물들이 살 수 없도록 만들기 때문입니다.

먹기 싫다고 무심코 버리는 음료수, 귀찮아서 배수구에 그냥 버린 음식물 찌꺼기가 우리의 생존과 직결되는 물을 오염시킨다는 것을 꼭 기억하세요. 소중한 물이 오염되지 않도록 우리 모두 노력합시다.

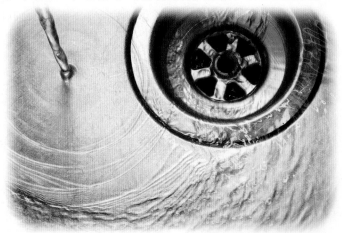

어휘 퀴즈

❶ ○○은 물·공기·흙 등이 더러워지는 것이다.

☐오염   ☐오용

❷ ㄴㄷ은/는 기체나 액체에 들어 있는 어떤 성분의 비율이다.

☐냉동   ☐농도

5 이 글의 특징으로 알맞은 것은 무엇인가요? (   )

① 정보를 전달하는 글이다.

② 자신의 주장을 강조하는 글이다.

③ 있었던 일을 육하원칙에 따라 쓴 글이다.

④ 읽는 이에게 안부와 소식을 전하는 글이다.

⑤ 읽은 책에 대한 감상을 솔직하게 쓴 글이다.

6 이 글의 내용을 바르게 이해하지 <u>못한</u> 것은 무엇인가요? (   )

① 물이 점점 오염되고 있는 것은 심각한 문제 상황이야.

② 지구에는 물이 아주 많아서 먹을 물이 부족할 일은 없어.

③ 기름은 물과 섞이지 않아서 물에 산소가 들어가는 것을 막을 수도 있어.

④ 우유를 물에 버리면 깨끗한 물로 되돌리기 위해 엄청난 양의 물이 필요해.

⑤ 앞으로는 음료수나 음식물 찌꺼기를 물에 흘려 버리지 않도록 조심해야겠어.

7 이 글의 내용을 바탕으로 물이 오염되는 것을 막기 위해 생활 속에서 실천할 수 있는 방법을 한 가지 생각하여 쓰세요.

_____

_____

⏱ **30초 요약**

8 다음 빈칸에 알맞은 말을 넣어 "물에 함부로 버리지 마세요"의 핵심 내용을 한 문장으로 요약하세요.

물이 ☐☐ 되는 것을 막기 위해서 ☐☐☐ 나 ☐☐☐ 찌꺼기를 함부로 버리지 말아야 합니다.

옹고집전

옮김: 이지원

지문 분석 강의

문학
/ 인물을 비판해요

어휘 뜻

● **성미**(性 성품 성, 味 맛 미) 사람의 성격이나 성질, 또는 쉽게 만족하지 않는 까다로운 기질.

● **때지** 아궁이나 난로에 연료를 넣고 태우지.

● **목탁** 둥근 나무토막의 속을 파서 방울처럼 만들어 나무 막대로 두드려 소리가 잘 나게 한 물건.

● **경치지** 심하게 꾸지람을 듣거나 벌을 받지.

● **동냥** 거지나 아주 가난한 사람이 돈이나 먹을 것을 달라고 빌며 다니는 것.

● **막무가내**(莫 없을 막, 無 없을 무, 可 옳을 가, 奈 어찌 내) 고집이 세어서 남의 말을 듣지 않는 것.

옹당 마을에 성은 옹, 이름은 고집인 사람이 살았다. 옹고집은 성미가 아주 고약한 데다 심술 또한 대단했다. 남이 잘되는 것을 보면 배 아파하고 풍년이 드는 것도 싫어했다. 그뿐 아니라 옳고 그른 것을 가리기는커녕 남의 말이라면 아예 들으려고 하지 않았다. 옹고집이라는 이름에 어울리게 무슨 일이나 자기가 생각한 대로 끝까지 고집으로만 버티는 그런 사람이었다. 옹고집은 떵떵거리면서 사는 큰 부자였다. 그는 돈으로 '좌수'라는 작은 벼슬을 사서 잔뜩 거드름을 피웠다.

어느 해 봄이었다. 늙은 어머니가 몸져눕자 옹고집은 불도 때지 않은 차디찬 방에 어머니를 홀로 내버려 두었다. 보다 못해 옹고집의 아내가 말했다.

"어머님이 편찮으신데 약이라도 지어 드려야죠." / 갑자기 옹고집이 눈을 부라렸다.

"약 지을 돈이 어디 있소? 해마다 이맘때면 치르는 몸살이니 저절로 낫겠지."

"닭이라도 한 마리 삶아 드리는 게……."

옹고집은 금세 얼굴이 시뻘겋게 변하며 목에 힘줄을 세웠다.

"무슨 쓸데없는 소릴……. 닭 한 마리에 나을 병이라면 그냥 낫지 않겠어!"

몸져누운 어머니는 서럽게 울었다. / "어찌 이럴 수 있단 말인가? 약은 못 지어 주더라도 끼니는 제대로 줘야지. 겨우 두 끼에 그나마도 한 끼는 죽이라니 너무 심하구나."

눈물짓는 어머니를 보고도 옹고집은 눈 하나 깜짝하지 않고 역정을 부리며 말했다.

"제발 이러지 좀 마시오. 누가 뭐랬다고 야단이오? 나 원 참."

이때 바깥에서 "딱 딱 따그르르." 하고 목탁 소리가 들려왔다.

뒤뜰에 있던 할미 종이 스님에게 허겁지겁 달려가 나직하게 말했다.

"스님, 스님, 아직 소문도 못 들었소? 경치지 않으려면 어서 돌아가시오. 우리 좌수에게 들키는 날엔 동냥은 고사하고 봉변당하고 갈 터이니 어서 바삐 돌아가소."

그러나 스님은 막무가내였다.

"허허, 이렇게 큰 부잣집에서 중 대접이 어찌 이러할까?"

곧이어 옹고집의 호통 소리가 온 집 안에 날벼락처럼 떨어졌다.

"저놈을 잡아 냉큼 이리로 끌고 오너라!" / 종들에게 끌려온 스님은 태연하게 말했다.

"덕을 쌓는 집에는 경사가 있고 악을 쌓는 집에는 악이 미친다고 했는데……."

어휘 퀴즈

❶ ㅍㄴ은 농사가 잘된 해이다.
☐ 풍년   ☐ 평년

❷ ㅂㅂ은/는 뜻밖의 변이나 망신스러운 일을 당하는 것이다.
☐ 부부   ☐ 봉변

작품의 전체 줄거리

수록지문 옹고집은 어머니가 편찮은데 끼니도 제대로 주지 않을 만큼 심술궂고 고집 센 사람임.

어느 날, 집에 찾아온 스님에게 옹고집이 매를 때리자, 스님은 옹고집에게 큰 벌을 주기로 함.

가짜 옹고집이 나타나 진짜 행세를 하기 시작하고 주변 사람들은 오히려 가짜 옹고집을 좋아함.

사또는 진짜 옹고집을 가짜라고 하며 벌을 주고, 진짜 옹고집은 그간의 죄를 뉘우치고 새사람이 됨.

1 옹고집에 대한 설명으로 알맞지 <u>않은</u> 것은 무엇인가요? (   )

① 부자이다.   ② 심술궂다.

③ 거만하다.   ④ 고집이 세다.

⑤ 과거 급제하여 벼슬을 하고 있다.

2 스님이 마지막에 한 말로 보아, 옹고집은 앞으로 어떤 일을 겪게 될까요? (   )

① 더욱 큰 부자가 될 것이다.

② 스님을 정성스럽게 대접할 것이다.

③ 스님의 도술로 옹고집이 벌을 받게 될 것이다.

④ 어머니께 효도한 것에 대한 상을 받을 것이다.

⑤ 임금님의 부름을 받아 높은 벼슬을 하게 될 것이다.

3 이 글을 바르게 감상하지 <u>못한</u> 친구를 찾아 이름을 쓰세요.

> 윤아: 편찮으신 어머니께 약도 지어 드리지 못하는 옹고집의 모습이 안타까웠어.
>
> 성빈: 돈으로 벼슬을 산 것으로 보아 당시의 신분 제도에 문제가 많았을 것 같아.
>
> 지원: 옹고집이라는 인물을 보니 예전에 읽었던 「흥부와 놀부」에서 '놀부'의 모습이 떠올랐어.

(   )

30초 요약

4 다음 빈칸에 알맞은 말을 넣어 "옹고집전"의 핵심 내용을 한 문장으로 요약하세요.

옹고집은 [   ][   ]이 세고 심술궂은 인물로, 어머니가 편찮으신데도 [   ]을 지어

드리지 않고, 동냥하러 온 [   ][   ]에게도 호통을 쳤습니다.

호랑이의 꾸짖음

원작: 박지원, 옮김: 정우봉

문학
인물을 비판해요

어휘 뜻

● **함정** 짐승을 잡기 위해 파 놓은 구덩이.

● **조아리며** (상대를 매우 존경하거나 어려워하여) 이마가 바닥에 닿을 만큼 머리를 계속해서 숙이며.

● **엄숙한** 매우 진지하고 위엄이 있는.

● **두텁다** 두껍다.

"우리 호랑이 몸의 얼룩무늬는 얼마나 멋진가. 우리 발톱과 이빨은 아주 날카로워 칼한 자루 없이도 용맹을 떨친다. 굶주린 자나 병든 자나 집안의 식구가 죽은 가엾은 자는 잡아먹지 않는다. 얼마나 어질고 의로우냐. 그런데 너희 인간들은 먹이를 어떻게 얻느냐? 덫이나 함정을 놓는 것은 물론이고, 새, 노루, 물고기를 잡는 온갖 그물을 만들어서는 작은 새끼까지 모조리 잡아들이고 있지 않느냐? 그뿐이겠느냐. 날카로운 칼이며 창도 있고, 한 번 쏘면 큰 소리를 내는 총도 가지고 있어, 닥치는 대로 사냥하지 않느냐? 그것으로 모자라서 너희들은 부드러운 털로 뾰족한 붓을 만들어 냈지. 그 붓에 먹을 찍어서는 서로를 욕하고 흉보고 미워하는 글을 마구 써 대더구나. 그러니 이세상에 너희 인간들보다 더 잔인하고 탐욕스럽고 악한 것이 또 어디 있겠느냐?"
호랑이의 말에 북곽 선생은 머리를 더욱 조아리며 말했다.

㉠"옛 사람이 말하기를, 비록 악한 사람이라도 몸과 마음을 깨끗하게 하면 옥황상제를 섬길 수 있다고 했습니다. 그저 저같이 천한 선비는 호랑님의 아랫자리에 서 있겠으니 무슨 일이든지 명령만 내리십시오."

그러고는 호랑이의 명령을 기다리며 숨을 죽이고 가만히 엎드려 있었다. 그러나 호랑이는 아무 말도 하지 않았다. 북곽 선생은 두렵고 무서운 마음에 감히 고개를 들지도 못하고 계속 엎드려 있었다.

동녘 하늘에 해가 부옇게 떠오를 때까지 엎드려 있던 북곽 선생이 조심스럽게 고개를 들어 보니, 호랑이는 벌써 어디론가 가 버리고 없었다.

그때 마침 밭을 갈러 나오던 농부가 북곽 선생이 들판에 엎드려 있다가 일어나는 모습을 보았다.

"선생님, 이렇게 이른 새벽에 들에 나와 무슨 절을 하고 계신지요?"
그러자 북곽 선생은 허리를 꼿꼿이 펴고 엄숙한 말투로 근엄하게 말했다.

㉡"옛글에 이르길 '하늘이 높다 해도 머리를 굽히지 않을 수 없고, 땅이 두텁다 해도 조심스럽게 걸을 수밖에 없다.'고 했네. 나도 높은 하늘 아래 한번 엎드려 절을 해 본 것이라네." / 하고는 아무 일도 없었던 척하며, 부지런히 자기 집을 향해 걸어갔다.

어휘 퀴즈

❶ ㅌㅇ은 재물 등을 몹시 가지고 싶어 하는 욕심이다.
☐ 탈옥   ☐ 탐욕

❷ ㄱㅇ한 것은 신중하고 엄숙한 것이다.
☐ 근엄   ☐ 고유

작품의 전체 줄거리

호랑이가 먹이를 찾아 나서고, 귀신들이 책만 읽고 좋은 말을 하는 선비를 잡아먹을 것을 추천함.

어느 마을에 북곽 선생이라는 존경 받는 선비가 살았는데, 동리자라는 과부의 방에서 밤을 보냄.

과부의 아들들은 여우가 북곽 선생으로 둔갑한 것이라 믿고 북곽 선생을 공격하고, 북곽 선생은 이를 피하다 똥통에 빠짐.

수록지문 마침 호랑이를 만난 북곽 선생은 비굴하게 굴고, 호랑이는 인간을 꾸짖음. 호랑이가 사라지자 북곽 선생은 다시 근엄한 행세를 함.

5 이 글에서 호랑이는 누구를 꾸짖고 있는지 쓰세요.

(   )

3주·3일

6 ㉠과 ㉡을 통해 알 수 있는 북곽 선생의 됨됨이는 어떠한가요? (   )

① 아는 것이 많고 지혜롭다.
② 욕심이 많고 으스대기를 좋아한다.
③ 자신보다 못한 사람에게 자비를 베풀 줄 안다.
④ 강자에게는 꼼짝도 못하면서 양반의 체면을 차리려 한다.
⑤ 상대가 호랑이처럼 무서워도 자신의 뜻을 굽히지 않는다.

7 작가가 이 이야기를 통해 말하고 싶은 주제는 무엇일까요? (   )

▲ 박지원

① 호랑이를 조심해야 한다.
② 체면만 차리는 양반을 비판한다.
③ 밤늦게까지 돌아다니면 위험하다.
④ 농부처럼 부지런하게 살아야 한다.
⑤ 자연을 소중하게 여기고 감사해야 한다.

30초 요약

8 다음 빈칸에 알맞은 말을 넣어 "호랑이의 꾸짖음"의 핵심 내용을 한 문장으로 요약하세요.

☐☐☐가 ☐☐의 나쁜 점을 꾸짖자 ☐☐☐☐은 절을 하며 빌었는데, ☐☐가 사라지자 아무 일도 없었던 척하며 양반의 체면을 차렸습니다.

얼음 위를 달려요

지문 분석 강의

스포츠
/ 신나는
겨울 스포츠

어휘 뜻
● 지치는 (얼음 위를) 미
끄러져 달리는.
● 빙상(氷 얼음 빙, 上 위
상) 얼음판의 위.
● 스피드 스케이팅 속도
로 승부를 겨루는 스케
이트 종목.
● 피겨 동작의 아름다움
과 기술을 겨루는 스케
이트 종목.
● 아이스하키 얼음 위에
서 스케이트를 신고 하
는 경기. 여섯 사람이
한 편이 되어, 각 선수
가 막대기를 가지고 얼
음 위를 지치며 고무로
된 퍽을 쳐서 상대편의
골에 넣는 스포츠.

가장 좋아하는 겨울철 스포츠는 무엇인가요? 스케이트를 타 본 적이 있나요? 스케이
트를 신고 얼음 위를 씽씽 달리다 보면 아무리 추운 날이어도 땀방울이 송글송글 맺힙니
다. 멋지고 다양한 스케이트에 대해 알아봅시다.

스케이트는 아주 오래 전부터 있었습니다. 석기 시대의 스케이트는 동물의 뼈를 가죽
끈으로 묶어서 사용한 것이었습니다. 이때의 스케이트는 언 호수를 건너기 위한 생활
수단이었답니다. 생활 수단이었던 스케이트가 놀이 도구로 바뀌기 시작한 것은 유럽의
중세 시대부터이지요. 그 후 스케이트 날의 재료는 동물의 뼈에서 나무로, 나무에서 철
로 변했습니다. 1924년에는 스케이트 경기가 올림픽 정식 종목으로 채택되었고 과학 기
술의 도움으로 스케이트는 나날이 발전해 가고 있습니다.

신발 바닥에 쇠 날을 붙이고 얼음판 위를 지치는 운동 기구인 빙상 스케이트의 종류에
는 어떤 것들이 있을까요? 스피드 스케이팅용 스케이트, 피겨용 스케이트, 아이스하키
용 스케이트가 있습니다. 스피드 스케이팅용 스케이트는 최대한 빠른 속도를 낼 수 있
게 만들어졌습니다. 신발의 무게는 가볍고 신발의 목이 짧습니다. 날은 길고 평평합니
다. 피겨용 스케이트는 발목을 지지할 수 있도록 신발의 목이 길고 단단합니다. 스케이
트의 날은 짧고 양쪽 끝이 위로 약간 휘어져 회전에 유리합니다. 앞쪽 날 끝부분에는 이
모양의 토픽이 있습니다. 토픽은 도약하거나 회전할 때 사용합니다. 아이스하키용 스케
이트는 빠른 스피드와 급회전이 모두 필요하므로 스피드 스케이팅용 스케이트와 피겨용
스케이트의 특징을 모두 가지고 있습니다. 피겨용 스케이트보다는 날이 약간 긴 편이고
스피드 스케이팅용 스케이트보다는 날이 짧습니다. 그리고 회전을 자유롭게 하기 위해
날이 약간 휘어 있습니다.

스케이트를 타면 하체 근력과 집중력을 키울 수 있습니다. 또한 심폐 기능 향상에도
효과가 있다고 합니다. 올 겨울에는 가까운 스케이트장을 찾아가 스케이트를 타면서 체
력도 키우고 스트레스도 날려 보면 어떨까요?

어휘 퀴즈

❶ ㄱㄹ은 근육의 힘이다.
☐ 가락   ☐ 근력

❷ ㅅㅍ은/는 심장과 폐를
아울러 이르는 말이다.
☐ 소품   ☐ 심폐

스피드 스케이팅용 스케이트

피겨용 스케이트

아이스하키용 스케이트

1 이 글에 대한 설명으로 알맞은 것은 무엇인가요? (   )

① 일이 일어난 차례대로 자세하게 설명하였다.

② 문제 상황을 제시한 후, 그에 대한 해결 방안을 제안하였다.

③ 누구나 아는 사실을 설명한 뒤 이를 반박하는 주장을 하였다.

④ 유명한 사람의 말을 인용하여 신뢰를 얻은 후, 설명 대상을 소개하였다.

⑤ 좋아하는 스포츠를 물어보면서 흥미를 유발한 후, 설명 대상을 소개하였다.

3주
4일

2 이 글의 내용과 일치하지 <u>않는</u> 것은 무엇인가요? (   )

① 중세 시대부터 스케이트를 탔다.

② 스케이트 경기는 올림픽 정식 종목이다.

③ 스피드 스케이팅용 스케이트는 날이 길고 평평하다.

④ 피겨용 스케이트는 날이 짧고 양쪽 끝이 약간 휘어져 있다.

⑤ 아이스하키용 스케이트는 피겨용보다는 날이 길고 스피드 스케이팅용보다는 날이 짧다.

3 이 글에 나온 스케이트의 종류를 정리하려고 합니다. 빈칸에 알맞은 말을 쓰세요.

종류	스피드 스케이팅용 스케이트	(1)	아이스하키용 스케이트
날의 모양	(2)	(3)	피겨용과 스피드 스케이팅용의 중간 형태임.
특징	(4)	회전에 유리함.	(5)

⏱️30초 요약

4 다음 빈칸에 알맞은 말을 넣어 "얼음 위를 달려요"의 핵심 내용을 한 문장으로 요약하세요.

☐☐☐☐는 오래 전부터 즐겨온 스포츠로, 스피드 스케이팅용, ☐

☐☐, 아이스하키용 등의 스케이트를 사용하고, 체력을 길러 주는 운동입니다.

안전하게 스키를 타요

어휘 뜻

- **방한(防** 막을 방, **寒** 찰한) 추위를 막는 것.
- **고글(goggles)** 먼지나 강한 빛 따위로부터 눈을 보호하는 데 쓰는 안경.
- **폴(pole)** 스키 등의 운동 경기에서 쓰는 장대.
- **리프트(lift)** 스키장 등에서 낮은 곳에서 높은 곳으로 또는 그 반대로 사람을 실어 나르는 의자식의 탈것.
- **슬로프(slope)** 스키장에서 스키를 탈 수 있는 경사진 곳.

1 스키는 좁고 긴 판자에 신발이 붙어 있는 기구인 스키를 신고 눈 위를 달리는 스포츠입니다. 눈 위를 달리는 스포츠이다 보니 조심하지 않으면 뼈가 부러지거나 다리를 삐는 등의 사고가 발생할 수 있습니다. 스키를 탈 때에는 무엇보다 안전에 신경을 써야 합니다. 스키를 탈 때 주의해야 할 점에는 어떤 것들이 있을까요?

2 먼저 스키를 타기 전에 꼭 필요한 준비물들을 확인합니다. 방한, 방수 기능이 있는 스키복과 장갑을 착용하여 체온을 유지해야 합니다. 머리와 눈을 보호할 헬멧과 고글도 착용합니다. 강한 자외선으로부터 피부를 보호하기 위해서는 자외선 차단제도 바릅니다. 신발을 신고 스키와 폴을 들고 이동할 때에는 다른 사람에게 피해를 주지 않도록 조심해야 합니다. 그리고 스키를 타기 전에 반드시 준비 운동을 하여 몸을 충분히 풀어 주도록 합니다. 준비 운동은 몸을 따뜻하게 데워 주어 갑작스런 근육의 경련 등을 막아 줍니다.

3 리프트를 타고 내릴 때는 추락 사고가 발생할 수 있으니 꼭 안내 요원의 지시에 따라야 합니다. 먼저 폴을 한 손에 모아 잡고 정지선 앞에 서서 리프트를 기다립니다. 리프트가 도착하면 의자에 깊숙이 앉아 천천히 안전 바를 내리고 스키를 발걸이 위에 올립니다. 리프트에서 내릴 때가 되면 도착 직전에 안전 바를 올리고 준비를 합니다. 내리는 지점에 발이 닿으면 의자를 한 손으로 밀면서 똑바로 미끄러지듯 이동합니다.

4 슬로프를 선택할 때에는 자기 실력에 맞는 코스를 선택합니다. 으스대고 싶은 마음에 자신의 실력보다 높은 슬로프에 올라가는 사람을 종종 볼 수 있습니다. 그러나 그것은 자기 자신은 물론 남들에게도 위험할 수 있습니다. 슬로프에서 스키를 탈 때는 앞 사람과의 안전거리를 꼭 유지해야 합니다. 또한 스키를 타다가 넘어질 때에는 절대 손을 사용하면 안 됩니다. 손을 잘못 짚으면 손목이 다칠 수 있기 때문이지요. 반드시 엉덩이부터 주저앉듯이 넘어져야 합니다.

5 주의 사항을 잘 기억하면서 스키를 타면 더욱 재미있고 안전하게 겨울 스포츠를 즐길 수 있습니다. 스키를 신고 눈밭을 신나게 달리며 추억을 만들어 보세요.

5 이 글에 대한 설명으로 알맞은 것은 무엇인가요? (   )

① 스키 타기 좋은 장소를 추천하는 글이다.

② 스키를 타면 좋은 점을 소개하는 글이다.

③ 스키장에 간 일을 시간 순서대로 쓴 글이다.

④ 스키를 탈 때 주의할 점을 안내하는 글이다.

⑤ 스키를 탈 때의 여러 가지 자세를 설명하는 글이다.

6 리프트를 타고 내릴 때의 주의 사항에 맞게 행동한 것 두 가지를 찾아 ○표 하세요.

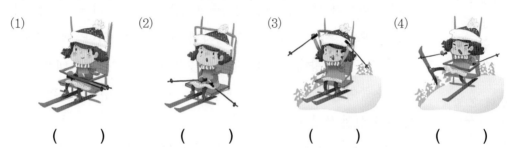

(1)   (2)   (3)   (4)

(   )   (   )   (   )   (   )

7 각 문단의 중심 내용을 알맞게 정리하지 <u>못한</u> 것은 무엇인가요? (   )

① 문단 **1**: 스키를 탈 때에는 안전에 신경 써야 한다.

② 문단 **2**: 스키를 타기 전에 준비물을 확인하고 준비 운동을 한다.

③ 문단 **3**: 리프트를 타고 내릴 때 안내 요원의 지시에 따른다.

④ 문단 **4**: 슬로프를 선택할 때 실력보다 어려운 곳을 고른다.

⑤ 문단 **5**: 주의 사항을 지키면 안전하게 스키를 즐길 수 있다.

⏱30초 요약

8 다음 빈칸에 알맞은 말을 넣어 "안전하게 스키를 타요"의 핵심 내용을 한 문장으로 요약하세요.

　□□　를 탈 때에는 준비 운동을 충분히 하고, 안전하게　□□□　를 타고 내리며, 자기 실력에 맞는　□□□　를 선택해야 합니다.

지문 분석 강의

아폴론과 월계관

어휘 뜻
● 화살촉 화살 끝에 붙인 뾰족한 돌이나 쇳조각.

● 홀딱 정신없이 몹시 반하거나 여지없이 속아 넘어가는 모양.

● 반하여 어떤 사람이나 사물 등에 마음이 홀린 것같이 쏠려.

● 애걸(哀 슬플 애, 乞 빌 걸)했다 어떤 요구나 소원을 들어 달라고 애처롭고 간절하게 빌었다.

● 월계수 지중해 지역에서 나는, 잎이 둥글고 윤이 나는 늘푸른나무.

❶ ㅎㅅ 은 활로 쏘아 목표물을 맞히도록 만들어진 물건이다.
☐ 햇살 ☐ 화살

❷ ㄱㄱ 는 운동이나 기술 등에서 재주나 능력을 서로 겨루는 일이다.
☐ 경기 ☐ 계기

전쟁에 승리하여 돌아오던 아폴론이 에로스를 보고 비웃었다.

"얘, 꼬마야, 그렇게 위험한 장난감을 가지고 놀면 못 써! 그런 활은 나 같은 용사에게나 어울리는 것이란다."

그러자 에로스도 지지 않고 대꾸했다.

"아폴론 님, 당신은 활의 신이니까 활을 잘 쏘는 것은 당연하지 않나요? 하지만 나도 이 조그만 화살로 당신의 가슴을 맞힐 수가 있답니다."

에로스는 화살집에서 두 개의 화살을 꺼냈다. 하나는 황금 화살촉이 박힌 것인데, 사랑하는 마음이 생기게 하는 신기한 화살이었다. 또 다른 하나는 납으로 만든 화살촉이 박힌 것으로, 사랑을 무조건 뿌리치게 하는 화살이었다. 에로스는 강의 신 페네이오스의 딸 다프네를 향해 납으로 된 화살을 '피융' 날렸다. 다프네는 숲속을 뛰어다니며 사냥하기를 좋아하는 아름다운 아가씨였다. 에로스는 이번에는 황금 화살을 아폴론의 가슴을 향해 힘껏 쏘았다.

화살을 맞은 아폴론은 아름다운 다프네에게 홀딱 반하여 뒤쫓아갔다. 그러나 다프네는 겁을 먹고 도망치기 시작했다. 아폴론은 숨을 헐떡이면서 외쳤다.

"아가씨, 제발 나의 사랑을 받아 주시오. 나의 아버지는 제우스이고 나는 활의 신 아폴론이랍니다. 나를 두려워하지 마세요."

그러나 다프네는 아폴론의 말을 들은 척도 하지 않고 더 빨리 달려 강가에 닿았다. 힘껏 뒤쫓아간 아폴론이 다프네를 붙잡으려고 하자, 다프네는 아버지인 강의 신에게 애걸했다. / "아버지, 살려 주세요! 강물을 열고 저를 감추어 주세요. 그게 어려우면 제 모습을 바꾸어 주세요. 제발……."

그 말이 끝나기가 무섭게 다프네의 몸이 점점 굳어지기 시작했다. 금빛 머리카락은 푸른 나뭇잎이 되고, 두 팔은 나뭇가지가 되었다. 다리는 땅속에 박혀 뿌리가 되었다.

아폴론은 나무로 변해 버린 다프네를 보고 슬픔에 빠졌다.

"사랑스런 다프네! 이렇게 나무로 변해 버리다니……. 나는 당신을 잊지 않기 위해 이 아름다운 잎으로 왕관을 만들어 언제나 쓰고 있을 거요. 또한 당신이 언제까지나 시들지 않고 푸르도록 지켜 줄 것이오."

아폴론은 이 나무를 궁전 안에다 옮겨 심고 소중히 가꾸었다. 이 나무의 이름이 월계수이다. 아폴론의 말대로 월계수의 잎은 1년 내내 푸르렀다. 아폴론은 경기의 신이기도 해서, 이때부터 경기에서 승리한 사람의 머리에는 월계관을 씌워 주게 되었다.

1 이 글의 중심 인물은 누구인지 쓰세요.

(   )

2 에로스가 사용한 두 가지 화살에 대한 설명으로 알맞은 것끼리 연결하세요.

(1) 황금 화살촉 ・

・㉠ 사랑하는 마음이 생김. ・

・㉮ 다프네에게 쏨.

(2) 납 화살촉 ・

・㉡ 사랑을 뿌리치게 함. ・

・㉯ 아폴론에게 쏨.

3 다음 우표에 나타난 것처럼 올림픽의 상징으로 월계관이 사용되는 까닭을 쓰세요.

_____

_____

30초 요약

4 다음 빈칸에 알맞은 말을 넣어 "아폴론과 월계관"의 핵심 내용을 한 문장으로 요약하세요.

에로스의 ☐☐을 맞은 아폴론은 다프네를 따라다녔지만 도망치던 다프네는

☐☐☐로 변하였고, 아폴론은 이 나무로 ☐☐☐을 만들어 썼습니다.

황금알에서 태어난 수로

원작: 일연, 옮김: 신동흔

문학
／신화 속 이야기

어휘 뜻

● **촌장(村** 마을 촌, **長** 길
장) 한 마을의 우두머
리.

● **위엄** 존경이나 우러러
보는 마음을 일으킬 만
한 어른의 태도나 분위
기.

● **소박(素** 흴 소, **朴** 후박
나무 박)**하고** 꾸밈이
없고 수수하며 순수하
고.

● **검소(儉** 검소할 검, **素**
흴 소)**하게** 낭비하거
나 사치스럽지 않고 수
수하게.

백제와 신라 사이, 가야의 옛 땅에는 아직 나라 이름도 없고 왕과 신하도 없었다. 아홉 명의 촌장이 백성들을 이끌었는데, 사람들은 산과 들을 떠돌면서 아무렇게나 살았다. 배가 고프면 땅에 난 풀을 뜯어 먹고 목이 마르면 강물을 퍼 마셨다.

이들이 사는 땅 북쪽에 산봉우리가 하나 있었는데, 거북이 납작 엎드려 있는 모양이어서 '구지봉'이라고 불렸다. 어느 날, 구지봉에서 이상한 소리가 나기 시작했다. 꼭 사람의 목소리 같은데, 봉우리 어디에도 사람의 모습은 눈에 띄지 않았다.

이상하게 생각한 촌장들은 한데 모여 구지봉으로 올라갔다. 그들이 봉우리 꼭대기에 올랐을 때, 위엄을 갖춘 말소리가 또렷하게 들려왔다.

"여기 누가 있는가?"

촌장들이 깜짝 놀라 대답했다.

"저희들이 여기 있습니다."

"이곳이 어디지?" / "이곳은 구지봉입니다."

"그렇구나. 하늘이 나에게 여기에 나라를 세워 왕이 되라고 하셨다. 그대들이 사람을 불러 모아 춤을 추며 노래를 부르면, 하늘에서 왕이 내려올 것이야."

촌장들은 기뻐하며 마을 사람들을 불러 모았다. 그러고는 하늘을 쳐다보면서 즐겁게 춤을 추고 노래를 불렀다. 봉우리의 목소리가 가르쳐 준 노래였다.

거북아 거북아, 머리를 내놓아라.

내놓지 않으면 구워 먹겠다.

그렇게 한창 노래를 부르며 춤을 추니까 하늘이 발긋해지더니 붉은 줄 하나가 땅으로 내려왔다. 사람들이 그 곳으로 가 보니 줄 끝에 붉은 색 보자기로 싼 상자가 달려 있었다. 조심스레 상자를 열자 그 속에는 해처럼 둥근 황금알 여섯 개가 들어 있었다.

그로부터 12일이 지나자, 황금알 여섯 개는 여섯 명의 사내아이로 변했다. 아이들의 얼굴에서는 맑은 빛이 나고 몸에서는 향기로운 냄새가 났다.

아이들은 무럭무럭 자라나 열흘 만에 어른들보다 더 커졌다. 용 같은 얼굴에 눈동자가 두 겹이었고, 눈썹에서 여덟 가지 빛이 났다.

사람들은 알에서 가장 먼저 나온 이를 '수로'라고 불렀다. 수로는 큰 보름달이 뜨던 날, 새로운 나라 대가야의 왕으로 모셔졌다. 나머지 다섯 사람도 모두 가야국의 왕이 되었다. 이렇게 해서 여섯 개의 가야국이 생겼다.

수로왕은 소박하고 검소하게 생활하며 나라를 잘 다스렸다. 그가 나라를 다스리자 세상에 질서가 잡히고 평안해졌다.

어휘 퀴즈

❶ ㅂ ㅇ ㄹ 는 산에서 가장
높은 부분이다.

☐ 병아리 ☐ 봉우리

❷ ㅍ ㅇ 은 마음에 걱정이
없는 것이다.

☐ 평안 ☐ 평일

5 이와 같은 글의 특징으로 알맞은 것을 모두 고르세요. (　　,　　,　　)

① 실제로 일어난 일이다.

② 주인공의 신분이 낮다.

③ 주인공의 탄생이 평범하지 않다.

④ 한 나라가 건국되는 과정을 담고 있다.

⑤ 주인공이 신의 자손이거나 하늘에서 내려온다.

3주
·
5일

6 일어난 일의 차례대로 기호를 쓰세요.

> ㉠ 촌장들이 구지봉에 올라감.
> ㉡ 하늘에서 보자기로 싼 상자가 내려옴.
> ㉢ 구지봉에서 이상한 소리가 나기 시작함.
> ㉣ 상자 안에 있던 황금알이 사내아이로 변함.
> ㉤ 마을 사람들이 모여 노래를 부르면서 춤을 춤.
> ㉥ 구지봉 꼭대기에서 왕이 내려올 것이라는 음성이 들림.

(　　　) → (　　　) → (　　　) → (　　　) → (　　　) → (　　　)

7 이 이야기를 읽고 생각한 점을 바르게 말한 것에 ○표 하세요.

(1) 나라를 건국한 정당성을 강조하고 있어.

(　　　)

(2) 왕은 권력은 없지만 상징적인 존재임을 알 수 있어.

(　　　)

(3) 구지봉에서 유래된 속담을 확인할 수 있어.

(　　　)

30초 요약

8 다음 빈칸에 알맞은 말을 넣어 "황금알에서 태어난 수로"의 핵심 내용을 한 문장으로 요약하세요.

사람들이 ☐☐☐ 에서 노래를 부르고 춤을 추자 하늘에서 상자가 내려왔고, 그 안에 있던 ☐☐☐ 에서 가장 먼저 태어난 '☐☐'가 ☐☐☐ 의 왕이 되었습니다.

[1~3] 다음 주황색으로 쓴 낱말의 뜻을 찾아 ○표 하세요.

1

> 날씨가 추워지니 방한 용품이 잘 팔린다.

(1) 추위를 막는 것.   (   )

(2) 한국에 방문하는 것.   (   )

(3) 하지 못하게 막는 범위.   (   )

2

> 그는 스케이트 같은 빙상 스포츠를 매우 좋아한다.

(1) 얼음판 위.   (   )

(2) 얼음과 같은 맑은 돌.   (   )

(3) 북극이나 남극의 바다에 떠 있는 매우 큰 얼음덩어리.   (   )

3

> 그는 청원 게시판에 자신의 억울함을 호소하였다.

(1) 불러 내거나 불러 옴.   (   )

(2) 늪과 호수를 아울러 이르는 말.   (   )

(3) 자기의 어렵거나 억울한 사정을 다른 사람에게 알려 도움을 청하는 것.
                                                         (   )

3주의 어휘

뜻을 정확하게 알고 있는 것에 ○표, 뜻이 헷갈리는 것에 △표, 뜻을 전혀 모르는 것에 ✓표 하세요.

1일
인권 ☐
호소 ☐
청원 ☐

2일
흡수 ☐
기포 ☐
정화 ☐

3일
성미 ☐
막무가내 ☐
탐욕 ☐

4일
빙상 ☐
근력 ☐
방한 ☐

5일
애걸 ☐
위엄 ☐
소박하다 ☐

[4~7] 다음에서 설명한 낱말은 무엇인지 초성을 포함하여 완성하세요.

4

근육의 힘.   ㄱ ㄹ

5

사람이 사람답게 살기 위하여 당연히 가지는 기본
권리.   ㅇ ㄱ

6

(밖에 있는 것을) 안으로 빨아들이는 일.   ㅎ ㅅ

7

사람의 성격이나 성질, 또는 쉽게 만족하지 않는 까
다로운 기질.   ㅅ ㅁ

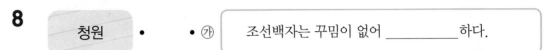

[8~10] 다음 낱말이 들어갈 문장을 찾아 선으로 이으세요.

8　청원　•

　•㉮　조선백자는 꾸밈이 없어 _____ 하다.

9　정화　•

　•㉯　오염된 물을 _____ 하려면 많은 양의 물이 필요하다.

10　소박　•

　•㉰　학교의 낡은 시설을 교체해 달라고 교장 선생님께 _____ 하였다.

3주·5일

[11~12] 다음에 제시된 뜻과 예문을 참고하여 낱말을 완성하세요.

11 ☐ ☐ ☐ ☐ 　ㅁ ㅁ ㄱ ㄴ : 고집이 세어서 남의 말을 듣지 않는 것.

　예 나는 장난감을 가지고 싶어서 _____ 로 부모님을 졸랐다.

12 ☐ ☐ 　ㄱ ㅍ : 액체나 고체 속에 들어 있는 기체가 작은 방울 모양을 이룬 것.

　예 탄산음료의 뚜껑을 따자 _____ 가 뽀글뽀글 올라왔다.

[13~15] 다음 •보기•에서 밑줄 그은 낱말의 뜻을 찾아 번호를 쓰세요.

　┌─ 보기 ─
　① 꾸밈이 없고 수수하며 순수함.
　② 재물 등을 몹시 가지고 싶어 하는 욕심.
　③ 함부로 남의 일에 끼어들어 해를 끼치는 것.
　④ 어떤 요구나 소원을 들어 달라고 애처롭고 간절하게 비는 것.
　⑤ 존경이나 우러러보는 마음을 일으킬 만한 어른의 태도나 분위기.

13 남의 물건에 탐욕을 부리지 말아라.　　　　　　　(　　　)

14 동생은 게임을 한번만 하게 해 달라고 애걸을 했다.　(　　　)

15 할아버지께서 위엄 있게 말씀하시자 가족 모두 아무 소리도 하지 못했다.

　　　　　　　　　　　　　　　　　　　　　　　(　　　)

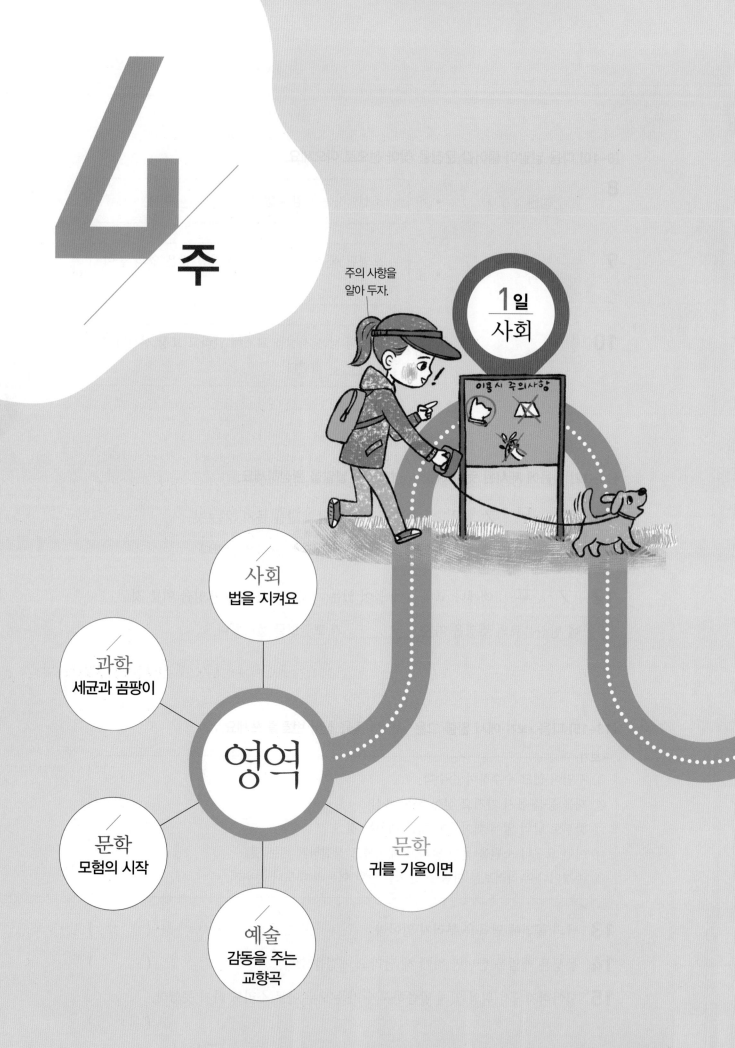

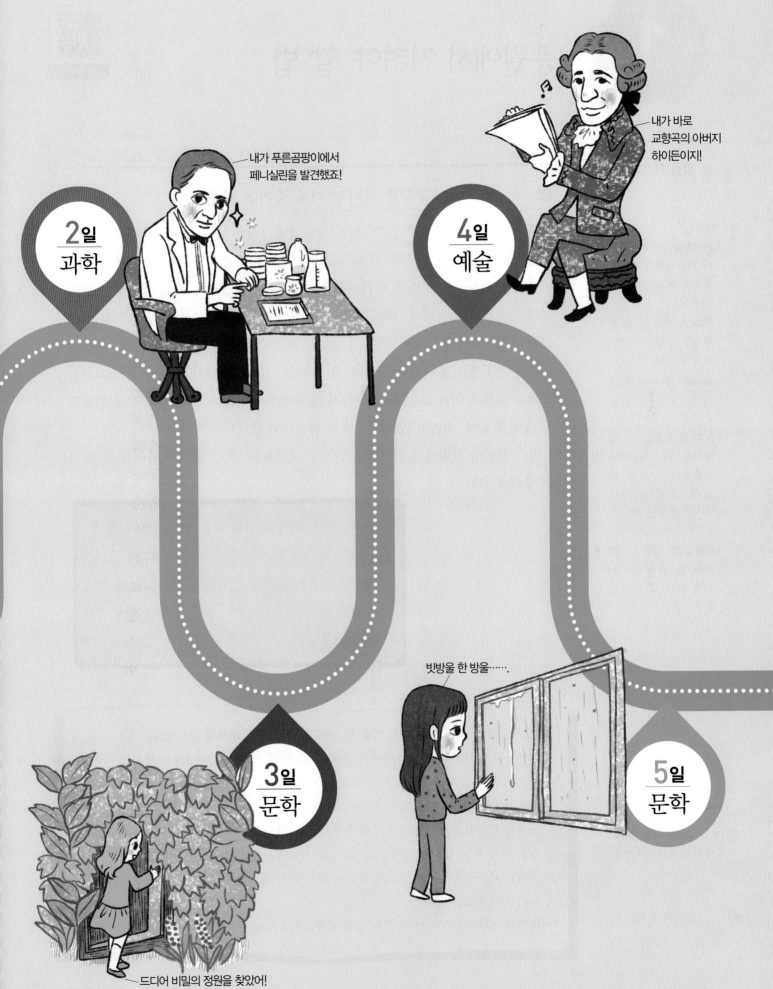

공원에서 지켜야 할 법

지문 분석 강의

어휘 뜻

- **반려동물** 집에서 가까이 두고 기르며 짝이 될 정도로 친밀하게 여기는 동물.
- **인파(人 사람 인, 波 물결 파)** 수많은 사람이 모여 움직이는 모양.
- **배설물** 몸 밖으로 내보내는 똥이나 오줌 같은 물질.
- **녹지(綠 초록빛 녹, 地 땅 지)** 도시 가운데나 주변에 미관, 보건, 재난 방지를 위하여 풀이나 나무를 많이 심어 놓은 지역.
- **이물질(異 다를 이, 物 만물 물, 質 바탕 질)** 함께 섞이면 안 될 다른 물질.

가족 신문　　　　　　　　　제1호 20○○년 ○○월 ○○일 ○요일

가　　　　**규칙을 지키면 더욱 즐거운 나들이**

　우리 가족은 지난 주말인 ○○월 ○○일 오후 1시에 들꽃 공원에서 산책도 하고 공놀이도 하기 위해 즐거운 마음으로 나들이를 갔습니다. 이번 나들이에는 우리 가족의 반려동물인 뽀미도 함께하였습니다. 날씨가 좋아서 들꽃 공원에는 많은 인파가 모여 있었습니다. 반려 동물을 데리고 나온 사람도 눈에 많이 띄었는데, 그와 관련한 예절을 갖추지 못하여 눈살을 찌푸리게 하는 경우도 있었습니다.

　공원 곳곳에는 공원에서 지켜야 할 규칙을 나타낸 팻말이 설치되어 있습니다. 그러나 이를 눈여겨 보는 사람이 많지 않아 안타까웠습니다. 공원 규칙은 법으로도 정해져 있어, 지키지 않으면 처벌을 받는다고 합니다.

　많은 사람이 공원에서 편안하고 안전한 시간을 보낼 수 있도록 규칙을 잘 지키면 좋겠습니다.

> - 반려동물과 함께 출입할 때는 반려동물에 목줄을 채우고, 배설물 처리 도구를 준비합니다.
> - 심하게 소음을 내거나 악취를 풍기지 않습니다.
> - 나무를 훼손하거나 식물의 꽃과 열매를 따는 일을 금지합니다.

나 도시공원 및 녹지 등에 관한 법률 제 49조 (도시공원 등에서의 금지 행위)

　누구든지 도시공원 또는 녹지에서 다음 각 호의 어느 하나에 해당하는 행위를 하여서는 아니 된다.
- 공원시설을 훼손하는 행위
- 나무를 훼손하거나 이물질을 주입하여 나무를 말라죽게 하는 행위
- 심한 소음 또는 악취가 나게 하는 등 다른 사람에게 혐오감을 주는 행위
- 동반한 애완동물의 배설물(소변의 경우에는 의자 위의 것만 해당한다)을 수거하지 아니하고 방치하는 행위
- 동반한 애완견을 통제할 수 있는 줄을 착용시키지 아니하고 도시공원에 입장하는 행위

어휘 퀴즈

❶ ㅎ ㅅ 은 헐거나 함부로 다루어 못 쓰게 만드는 것이다.
　☐ 해산　　☐ 훼손

❷ ㅅ ㄱ 는 거두어 가는 것이다.
　☐ 수거　　☐ 수고

1 글 ⟨가⟩에서 가족이 지난 주말에 한 일을 육하원칙에 따라 정리하세요.

누가	(1)	무엇을	(2)
언제	(3)	어떻게	(4)
어디서	(5)	왜	(6)

2 글 ⟨가⟩의 가족이 반려동물과 같이 공원을 산책할 때 챙겼을 물건을 두 가지 고르세요.

(　 , 　)

① 목줄　　　　　② 마이크　　　　　③ 음식물 쓰레기

④ 휴대용 가스렌지　　⑤ 배설물 처리 도구

3 다음은 공원에서 본 모습입니다. 글 ⟨나⟩의 내용을 참고하여 법을 어긴 사람 두 명을 찾아 기호를 쓰세요.

(　　　　　　　　)

🕐30초 요약

4 다음 빈칸에 알맞은 말을 넣어 "공원에서 지켜야 할 법"의 핵심 내용을 한 문장으로 요약하세요.

우리 가족은 주말에 ☐☐☐☐ 과 함께 ☐☐ 으로 나들이를 다녀왔고, 공원에서 ☐☐ 을 잘 지켰으면 좋겠다고 생각했습니다.

안전띠를 착용하자

사회
법을 지켜요

어휘 뜻

- **안전띠** 차나 비행기 등에서 승객의 안전을 위해 몸을 좌석에 붙들어 매는 띠. 안전벨트.
- **착용** 옷이나 장신구 등을 입거나 몸에 지니거나 걸치는 것.
- **개정(改** 고칠 개, **定** 정할 정**)** 지금 있는 법이나 제도를 바꾸어 다시 정하는 것.
- **탑승자** 배나 비행기, 차 등에 타고 있는 사람.
- **과태료** 법적으로 해야 할 일을 하지 않았거나 질서를 위반한 사람 등에게 매기는 벌금.

"안녕하세요. 버스 터미널로 가 주세요. 소라야, 얼른 안전띠 매야지."

택시를 타고 엄마가 말씀하셨습니다.

"아이고, 알아서 척척 매주시니 감사합니다."

택시 기사님이 뒤를 돌아보시면서 말씀하셨습니다.

"안전띠는 생명 띠인데 요즘도 안전띠를 매지 않는 사람이 있나요?"

"그럼요, 있고말고요. 매지 않으면 벌금이 3만원이라고 말을 해도 불편하고 답답하다고 안 매는 사람이 있답니다."

일상생활을 하면서 꼭 지켜야 할 법들이 있습니다. 위 대화에 나오는 것처럼 차량을 이용할 때 안전띠를 착용하는 일도 꼭 지켜야 할 법 가운데 하나이지요. 그런데 이런 법들을 지키지 않는 사람들이 아직 많다고 합니다.

교통안전 문화 연구소가 2019년 1월 서울을 드나드는 주요 고속 도로 요금소 네 곳에서 승용차를 조사해 보았습니다. 그 결과 뒷좌석에서 안전띠 착용하는 비율이 54.9퍼센트로 나타났습니다. 교통 선진국의 뒷좌석 안전띠 착용 비율은 독일이 97퍼센트, 캐나다가 95퍼센트, 스웨덴이 94퍼센트입니다.

2018년 9월에 개정된 도로교통법 시행으로 차량 내 전 좌석에서 안전띠를 착용해야 합니다. 모든 좌석에서 탑승자가 안전띠를 매지 않으면 단속 대상이 되지요. 단속 시에는 운전자가 과태료 3만 원을 내야 합니다. 특히 13세 미만의 어린이가 안전띠를 매지 않은 경우에는 과태료 6만 원을 내야 하지요. 이 법은 우리의 생명을 지키기 위해 만들어진 것입니다.

안전띠를 착용하지 않으면 안전띠를 착용했을 때보다 교통사고 사망률이 무려 26배나 높다고 합니다. 안전띠 착용은 교통사고가 발생했을 때 생사를 가르는 결정적 요인 가운데 하나입니다.

자신과 함께 차를 타고 있는 사람들의 생명과 안전을 지키기 위해 전 좌석 안전띠 착용을 실천해야 하겠습니다.

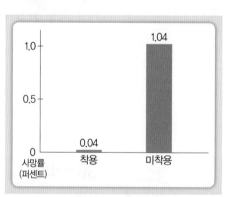

▲ 안전띠 착용에 따른 사망률

어휘 퀴즈

❶ ㄷㅅ은 법률, 규칙, 명령 등을 어기지 않도록 통제하는 것이다.

☐단속 ☐단순

❷ ㅅㅅ는 삶과 죽음이다.

☐상사 ☐생사

5 이 글에서 글쓴이가 지키자고 한 법은 무엇인지 쓰세요.

　　　　　　　　　　　　(　　　　　　　　　　　)를 착용하는 것에 관한 법

6 이 글에서 주장을 뒷받침하기 위해 근거로 든 내용을 모두 고르세요. (　　,　　,　　)

① 안전띠의 종류

② 안전띠의 위치와 착용 방법

③ 개정된 도로교통법의 내용

④ 나라별 안전띠 착용 비율 비교

⑤ 안전띠를 착용하지 않았을 때의 교통사고 사망률

4주·1일

7 이 글에서 주장하는 내용을 강조할 수 있는 표어를 만들어 쓰세요.

　

30초 요약

8 다음 빈칸에 알맞은 말을 넣어 "안전띠를 착용하자"의 핵심 내용을 한 문장으로 요약하세요.

　　많은 사람의 생명을 지키기 위해서, 자동차를 탈 때에는 개정된 도로교통 [　] 에 따라 전 좌석에서 [　][　][　] 를 착용하도록 합시다.

2일

지문 분석 강의

박람회에 놀러 오세요

과학
／ 세균과 곰팡이

어휘 뜻

• **박람회** 일정 기간 동안 홍보나 판매 등을 목적으로 공업, 농업, 상업 등의 온갖 물품을 사람들에게 보이는 행사.

• **삭혀서** 김치나 젓갈 등의 음식물을 발효되어 맛이 들게 하여.

• **미생물**(微 작을 미, 生 날 생, 物 만물 물) 맨눈으로 볼 수 없는 아주 작은 생물.

• **사전**(事 일 사, 前 앞 전) 어떤 일이 있기 전. 어떤 일을 시작하기 전.

여러 나라의 발효 식품을 한눈에 볼 수 있는 박람회에 여러분을 초대합니다. 발효 식품은 발효 과정에서 특유의 냄새가 나지만 오래 저장할 수 있을 뿐 아니라 영양가도 높고 건강에 좋아서 인기가 많답니다. 여러 나라에서 장수의 비결로 인정받고 있기도 하지요.

이번 박람회에서는 우리나라의 대표적인 발효 식품인 된장, 고추장, 청국장, 식혜, 김치, 막걸리 등을 선보입니다. 뿐만 아니라 아래와 같은 다른 나라의 발효 식품도 다양하게 맛볼 수 있습니다.

• 일본: 달짝지근한 일본식 된장 '미소'
• 중국: 두부를 소금에 절여 발효시킨 '쑤푸'
• 프랑스: 흰 곰팡이로 숙성시켜 만든 '카망베르 치즈'
• 불가리아: 산양 젖을 항아리에서 낮은 온도에 발효시킨 '요구르트'
• 베트남: 작은 생선을 몇 달 동안 소금에 삭혀서 만든 '느억맘'
• 이탈리아: 포도즙을 나무통에 여러 번 옮겨 가며 숙성시킨 '발사믹 식초'
• 터키: 양젖을 발효시켜 물과 소금을 섞어 만든 신맛의 음료 '아이란'

발효 식품을 먹으면 미생물이 장을 튼튼하게 해 주고, 소화와 혈액 순환이 잘되게 도와줍니다. 또 각종 암과 성인병을 예방해 줍니다.

발효 식품에 관심 있는 분들의 많은 참여 바랍니다.

▶ 때: 20○○년 6월 2일 ~ 6월 7일
▶ 장소: 나눔 정보 센터 1층 전시장
▶ 입장료: 성인 – 5000원
　　　　　어린이, 청소년 및 노약자 – 3000원
* 5월 20일까지 사전 신청하신 분들은 무료로 입장하실 수 있습니다.

어휘 퀴즈

❶ ㅂㅎ는 효모나 미생물에 의해 유기물이 분해되고 변화하는 작용이다.
　☐ 발효　☐ 보호

❷ ㅇㅂ은 질병이나 재해가 일어나기 전에 미리 대처하여 막는 일이다.
　☐ 여분　☐ 예방

1 제목의 빈칸에 들어갈 말은 무엇인지 이 글에서 찾아 쓰세요.

(   )

2 발효 식품의 좋은 점으로 알맞은 것을 모두 고르세요. (,   ,   )

① 장을 튼튼하게 해 준다.

② 각종 병을 예방해 준다.

③ 냄새가 전혀 나지 않는다.

④ 누구나 금방 만들 수 있다.

⑤ 소화와 혈액 순환을 돕는다.

4주
·
2일

3 이 박람회에 관심이 있는 친구들끼리 대화를 나누었습니다. 바르게 말하지 <u>못한</u> 친구의 이름을 쓰세요.

> 유진: 6월 2일부터 열리는 발효 식품 박람회에 가 보고 싶은데, 너희는 관심 없니? 다양한 나라의 발효 식품을 맛볼 수 있대.
>
> 상우: 응, 난 이미 사전 신청을 해 두었지! 사전 신청을 하면 무료로 입장할 수 있다고 하더라.
>
> 준이: 나눔 정보 센터는 우리 집에서 아주 가까운 곳이라서 우리 가족도 박람회를 다들 기대하고 있어.
>
> 경진: 난 우리 반 친구들과 체험 활동으로 박람회에 참여하려고 해. 사전 신청을 하지 못해서 입장료 5000원이 약간 부담되지만 그래도 가 보려고 해.

(   )

⏱30초 요약

4 다음 빈칸에 알맞은 말을 넣어 이 글의 핵심 내용을 한 문장으로 요약하세요.

여러 나라의 다양한 ☐☐☐☐ 을 구경하고 맛볼 수 있는 ☐☐☐ 에 초대합니다.

세균을 죽이는 곰팡이, 페니실린

어휘 뜻

● **염증** 세균이나 상처 또는 그 밖의 원인으로 몸의 어떤 부분이 붓고 곪아, 열이나 통증 등을 일으키는 증상.

● **치명적인** 생명을 위협하는.

● **항균** 균에 저항함.

● **내성** 세균이나 해충 등이 계속 사용되는 약에 대해서 저항하는 성질.

● **두드러기** 살갗에 아주 작은 붉은 혹들이 한데 몰려 생겨서 몹시 가려운 병.

1 감기에 걸려 기관지에 염증이 생기거나 몸속에 치명적인 염증이 생겼을 때 우리는 항생제를 먹습니다. 항생제는 세균에 의한 감염을 치료하는 약물로, 생명을 살리는 데 무척 중요한 역할을 합니다.

2 항생제 중에서 가장 먼저 발견되고 가장 널리 사용되는 것은 영국의 세균학자인 플레밍이 발견한 페니실린입니다. 페니실린이 발견되기 전까지는 가벼운 상처에도 세균에 감염되어 목숨을 잃는 경우가 많았습니다. 하지만 페니실린의 발견으로 30퍼센트에 불과하던 환자들의 생존율이 80퍼센트까지 증가하였습니다.

3 페니실린은 아주 우연히 발견되었습니다. 플레밍은 제1차 세계 대전 때 군인 병원에서 의사로 일하면서 상처를 입은 병사들이 세균 감염으로 죽어 가는 것을 보았습니다. 플레밍은 콧물 속에서 세균을 죽이는 물질을 발견했지만 의약품으로 쓰기에는 부족했습니다. 플레밍은 세균을 죽이는 방법을 연구하다 1928년에 실험실을 비우고 잠시 휴가를 떠났습니다. 며칠 뒤 실험실에 돌아오니 접시에 푸른곰팡이가 피었는데, 놀랍게도 푸른곰팡이 주변에 있던 세균이 모두 죽어 있었습니다. 플레밍은 푸른곰팡이 때문에 세균이 죽었다는 것을 깨닫고, 오랜 연구 끝에 푸른곰팡이에서 세균을 죽이는 물질을 뽑아냈습니다. 그리고 이 물질에 '페니실린'이라는 이름을 붙여 주었습니다.

4 페니실린은 여러 종류의 세균에 대한 항균 작용을 하였는데, 특히 인간과 가축에 무서운 전염병을 일으키는 병원균에 효과가 컸습니다. 연구를 거듭하여 1943년부터 일상적으로 사용할 수 있게 된 페니실린은 수많은 전염병 환자들의 목숨을 구하였습니다. 이 이후에도 여러 가지 곰팡이와 미생물을 이용한 항생제들이 많이 개발되었습니다.

5 항생제는 세균 감염을 치료하는 뛰어난 효과가 있지만 함부로 먹으면 안 됩니다. 어떤 세균은 항생제를 먹어도 죽지 않고 살아남아서 더 많은 세균을 만들어 내기도 합니다. 이런 현상을 '항생제 내성'이라고 합니다. 항생제를 많이 먹으면 항생제 내성이 생기므로 주의해야 합니다. 또한 항생제 부작용으로 알레르기 반응, 설사, 두드러기 등이 일어날 수 있으므로 꼭 의사의 처방에 따라 약을 먹어야 합니다.

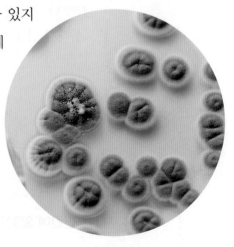

▲ 푸른곰팡이

어휘 퀴즈

1 ㄱㅇ 은 병균이 몸에 옮아서 병에 걸리는 것이다.
☐ 감염　　☐ 계약

2 ㅊㅂ 은 병을 치료하기 위한 수단과 방법이다.
☐ 책방　　☐ 처방

5 다음 설명에 해당하는 낱말을 이 글에서 찾아 쓰세요.

> 다른 미생물이나 생물 세포를 억제하거나 죽여 세균에 의한 감염을 치료하는 약으로, 몸에 염증이 생겼을 때 먹는다.

(   )

6 페니실린에 대한 설명으로 알맞지 <u>않은</u> 것은 무엇인가요? (   )

① 플레밍이 발견하였다.
② 콧물 속에 있던 물질에서 뽑아냈다.
③ 전염병을 일으키는 병원균에 특히 효과가 컸다.
④ 1943년부터 사용할 수 있게 되어 많은 환자들의 목숨을 살렸다.
⑤ 발견자가 휴가를 다녀온 사이에 생긴 푸른곰팡이에서 우연히 발견되었다.

7 각 문단의 중심 내용을 정리하여 쓰세요.

처음	(1) **1**:
가운데	**2**: 최초의 항생제, 페니실린
	(2) **3**:
	4:
끝	(3) **5**:

30초 요약

8 다음 빈칸에 알맞은 말을 넣어 "세균을 죽이는 곰팡이, 페니실린"의 핵심 내용을 한 문장으로 요약하세요.

□□□□은 최초의 □□□로, 플레밍에 의해 우연히 발견되어 많은 □□□ 환자들의 목숨을 구했습니다.

15소년 표류기

지문 분석 강의

쥘 베른

어휘 뜻

● **식량**(食 밥 식, 糧 양식 량) 사람이 살아가기 위해 필요한 곡식 등의 먹을거리.

● **어귀** 일정한 지역으로 드나들 때 지나게 되는 지점.

● **위급**(危 위태할 위, 急 급할 급)할 일의 상황이나 상태가 아주 위험하고 급함.

● **방수복**(防 둑 방, 水 물 수, 服 옷 복) 물이 스며들거나 새는 것을 막을 수 있는 옷.

해변에는 사람의 발자국도 눈에 띄지 않았다. 어디를 돌아봐도 집 한 채 없고, 주위는 고요하기만 했다.

"아무도 살지 않나 봐. 여기는 무인도 같아." / 고든이 걱정스럽게 말했다.

"이곳이 무인도이건 아니건 우린 당장 살 곳을 찾아야 해."

"그래. 당분간은 식량과 탄약이 있으니까 잠잘 곳을 찾아보자."

브리앙과 고든은 벼랑과 강 어귀의 기슭 사이에 펼쳐져 있는 숲속으로 가 보았다. 울창한 숲속에는 나뭇잎이 수북이 쌓여 있을 뿐, 사람이 지나다닌 흔적은 없었다. 숲을 나와 벼랑 뒤쪽으로 걸어가 보았지만 그곳에도 동굴 같은 것은 보이지가 않았다. 브리앙과 고든은 일단 배로 되돌아와 소년들에게 말했다.

"일단은 배에서 지내는 게 좋겠어."

배는 밑바닥이 부서지고 한쪽으로 기울기는 했지만, 잠시 동안 지내기에는 괜찮아 보였다. 저녁에는 모코가 만들어 준 요리를 먹으며 모두들 즐거워했다.

다음 날, 해가 뜨자 소년들은 일을 시작했다. 무엇보다 배에 있는 식량을 조사하는 게 중요했다. 비스킷은 충분히 있었으나 통조림, 햄, 말린 고기, 소금에 절인 돼지고기, 연기에 그을린 생선 등은 두 달 정도의 식량쯤 되어 보였다.

"만약을 대비해서 식량을 최대한 아껴야 해. 그리고 이 근처에 먹을 만한 것들이 있는지 알아보는 게 좋겠어." / 고든이 말했다.

"그래. 새알이나 조개로 식량을 하면 어떨까?" / "그게 좋겠다."

몇몇 어린 소년들은 조개를 캐러 나갔다. 그사이에 큰 소년들은 배 안을 꼼꼼히 조사하기 시작했다. 배의 창고에는 위급할 때를 대비한 돛, 닻줄, 밧줄 등의 여러 가지 도구들이 갖추어져 있었다. 작은 대포와 총, 탄약 같은 무기도 넉넉히 있었다. 무엇보다 바지, 외투, 방수복, 두꺼운 스웨터 등 입을 옷이 많아 기뻤다.

그 밖에 기압계, 온도계, 시계, 망원경, 실과 바늘, 성냥, 나침반 등 여러 가지 물건들이 우르르 쏟아져 나왔다. 배의 도서실에는 책들이 가득 차 있었고, 펜과 잉크, 종이 등 필기도구도 잘 갖추어져 있었다. 그리고 금고에는 500파운드의 금화가 들어 있었다.

고든은 이 모든 것을 하나하나 세어 가며 꼼꼼히 적어 두었다.

어휘 퀴즈

❶ ㅁㅇㄷ는 사람이 살지 않는 섬이다.

☐ 미인도 ☐ 무인도

❷ ㄱㄱ는 보석 등을 도둑으로부터 안전하게 보관하는 데에 쓰이는 쇠붙이 상자이다.

☐ 가게 ☐ 금고

작품의 전체 줄거리

수록지문 15명의 소년이 항해를 준비하다가 배가 폭풍을 만나 무인도에 가게 됨.

소년들은 동굴을 찾아 보금자리를 꾸미고 섬 주변을 탐험함.

모래밭에서 낯선 배를 발견한 소년들은 악당이 자신들을 노린다는 것을 알게 됨.

소년들은 지혜를 발휘하여 악당을 물리치고, 배를 고쳐서 2년 만에 집으로 돌아감.

1 이 글의 소년들이 가게 된 곳은 어디인지 찾아 쓰세요.

(   )

2 이 글의 내용으로 알맞지 <u>않은</u> 것은 무엇인가요? (   )

① 어린 소년들은 조개를 캐러 갔다.
② 소년들은 배 안에서 식량을 찾았다.
③ 섬에는 숲이 있었지만 동굴은 없었다.
④ 배 안에는 여러 가지 도구와 무기가 있었다.
⑤ 배가 완전히 부서져서 소년들은 배 안에서 지낼 수 없었다.

4주·3일

3 글의 내용을 바탕으로 앞으로 일어날 일을 알맞게 짐작하지 <u>못한</u> 친구를 찾아 이름을 쓰세요.

> 서율: 소년들은 무인도에서 생활하면서 힘든 일을 겪게 될 것 같아.
> 정아: 소년들은 해변의 사람 발자국을 따라가서 마을을 발견하게 될 것 같아.
> 범준: 고든이 배 안에서 조사한 내용을 적는 것으로 보아 소년들을 이끄는 대장의 역할을 하게 될 것 같아.

(   )

30초 요약

4 다음 빈칸에 알맞은 말을 넣어 "15소년 표류기"의 핵심 내용을 한 문장으로 요약하세요.

사람이 없는 □□□ 에 가게 된 소년들은, 생활에 필요한 식량과 물건을 구하기 위해 □ 안을 조사하였습니다.

비밀의 정원

프랜시스 호즈슨 버넷

메리가 무심코 울새의 발밑으로 눈을 돌렸을 때, 흙 속에 반쯤 묻혀 있는 무언가가 보였다. 녹슨 고리 같았다. / "이게 뭘까?"

메리는 그 고리를 뽑았다. 그건 단순한 고리가 아니었다. 낡은 열쇠가 달려 나왔다.

'아마 10년 동안 묻혀 있었는지도 몰라. 이게 그 정원의 열쇠가 아닐까?'

메리는 한참 동안 열쇠를 이리저리 만져 보면서 생각했다.

'만약 이 열쇠가 그 정원의 열쇠라면……. 정원의 문은 도대체 어디 있을까?'

메리는 산책길을 느긋하게 걸으면서 담쟁이덩굴이 우거진 담을 살펴보았다. 그러나 아무리 찾아보아도 푸른 잎밖에 보이지 않았다. 메리는 집으로 돌아가면서 숨어 있는 문을 찾기만 하면 언제든 들어갈 수 있도록 항상 열쇠를 지니고 다니기로 다짐했다.

마사는 자기 집에서 하룻밤을 자고 아침 일찍 돌아왔다. 마사는 신이 난 듯 앞치마 속에서 줄넘기 줄을 꺼내 내밀었다. / "이게 어디에 쓰는 거야?"

"정말 몰라유? 이건 이렇게 하는 거지유. 봐유."

마사는 방 한가운데로 가더니 양손에 손잡이를 잡고는 줄을 넘기 시작했다. 줄넘기 줄은 정말 멋진 물건이었다. 메리는 뺨이 빨갛게 될 때까지 수를 세며 줄을 넘었다. 이렇게 재미있기는 태어나서 처음이었다. / "마사, 정말 고마워!"

메리는 줄넘기 줄을 들고 밖으로 나왔다. 울새가 담쟁이덩굴 줄기에 앉아 있었다.

"어제는 열쇠 있는 곳을 가르쳐 주었으니까, 오늘은 문 있는 곳을 가르쳐 주렴!"

메리의 말을 알아들은 듯 울새는 맑은 소리로 노래를 부르며 담장 위로 날아올랐다. 그때, 갑자기 바람이 휙 불더니 담쟁이덩굴의 축 처진 줄기들이 마구 흔들렸다. 메리는 풀쩍 뛰어 담쟁이 줄기를 움켜잡았다. 그 밑에서 언뜻 무언가를 본 것 같았기 때문이다. 다름 아닌 문의 손잡이였다. 메리는 가슴이 두근거렸다. 손으로 빽빽한 담쟁이덩굴을 옆으로 젖혔다. 자물쇠 구멍이 만져졌다. 메리는 열쇠를 꺼내 구멍에 집어넣은 뒤 돌려 보았다. 빽빽했지만 열쇠가 돌아갔다. 메리는 숨을 몰아쉰 다음, 문을 밀었다. 삐걱거리며 힘겹게 문이 열렸다. 메리는 문 안으로 들어가서는 등을 기댄 채 주위를 둘러보았다. 흥분과 놀라움으로 가슴이 두근거렸다.

작품의 전체 줄거리

메리는 전염병으로 가족이 모두 죽어 영국의 고모부 댁에서 살게 됨.	수록지문 메리는 고모부 댁에서 비밀의 정원에 대해 듣게 되고, 정원을 찾아 몰래 가꾸기로 함.	메리는 밤마다 저택 안에서 들리는 울음소리를 따라 갔다가 사촌 콜린을 만나 친구가 됨.	콜린은 메리와 친해지면서 점점 건강해지고, 고모부와 비밀의 정원에서 만나게 됨.

5 이 이야기에서 일어난 가장 중요한 사건은 무엇인가요? (   )

① 메리가 울새를 발견했다.

② 메리가 줄넘기를 하게 되었다.

③ 메리가 비밀의 정원을 찾았다.

④ 메리가 산책을 좋아하게 되었다.

⑤ 마사가 메리에게 줄넘기 줄을 선물했다.

6 비밀의 정원을 발견한 메리의 기분은 어떠했을지 쓰세요.

(   )

4주·3일

7 다음은 "비밀의 정원"의 처음 부분에 나오는 메리의 모습입니다. 메리가 어떻게 바뀌었는지 생각하여 쓰세요.

> 메리 레녹스가 고모부 댁인 미셀스와이트 저택으로 왔을 때, 모두들 그렇게 고약하고 밉살스럽게 생긴 아이는 처음 본다고 말했다. 그도 그럴 것이 몸은 빼빼 마른 데다 이마는 툭 튀어나왔고, 표정에는 심술이 덕지덕지 붙어 보였기 때문이다.

(   )

🕐30초 요약

8 다음 빈칸에 알맞은 말을 넣어 "비밀의 정원"의 핵심 내용을 한 문장으로 요약하세요.

메리는 흙 속에서 낡은 ☐☐를 찾았고, 울새를 따라다니다가 담장의 담쟁이덩굴 밑에서 비밀의 ☐☐으로 들어가는 문을 찾았습니다.

기악의 꽃, 교향곡

지문 분석 강의

예술
／ 감동을 주는
교향곡

어휘 뜻

● **동원**(動 움직일 동, 員 수효 원) 어떤 중요한 일을 하기 위하여 사람이나 물자나 수단을 한데 모으는 것.

● **오페라** 음악을 중심으로 한 종합 무대 예술. 대사는 노래로 부르며, 서곡 등의 기악곡도 덧붙임.

● **악장** 소나타·교향곡·협주곡 등의 긴 악곡의 큰 단락이 되는 부분.

● **확립** 생각, 체계, 조직 등을 든든하고 분명하게 만드는 것.

● **비창** 마음이 몹시 상하고 슬픔.

교향곡을 들어본 적이 있나요? 여러 가지 악기가 어우러져 웅장하고 풍성한 소리를 내지요. 교향곡의 사전적인 뜻을 찾아보면 '**관현악**을 위하여 만들어진 규모가 큰 기악곡'이라고 되어 있습니다. 교향곡은 기악의 꽃이라고도 불리는 클래식 음악의 형식으로, 오늘날에도 많이 연주되고 있습니다.

교향곡의 연주에는 **관악기**, **타악기**, **현악기** 등 모든 악기들이 동원됩니다. 현악기로는 바이올린, 비올라, 첼로, 더블 베이스 등이 있고, 목관악기로는 클라리넷, 오보에, 플루트, 바순 등이 있습니다. 금관악기에는 호른, 트럼펫, 트롬본, 튜바

등이, 타악기로는 팀파니, 심벌즈 등이 있습니다. 곡에 따라 피아노와 하프가 추가되기도 합니다. 이렇게 많은 악기들이 모여서 연주하는 형태를 **오케스트라**라고 하지요.

교향곡은 18세기 전반에 '서곡'으로 시작했습니다. 오페라의 막이 오르기 전 청중에게 공연이 시작되었다는 것을 알리는 음악이었지요. 교향곡을 '함께 울리다, 완전한 화음'이라는 뜻을 가진 신포니아라고 하였는데, 그 뒤 교향곡이 독일에서 더 발전하게 되면서 심포니(symphony)라고 불리게 되었습니다. 슈타미츠는 교향곡의 4악장 구조를 확립했습니다. 일반적인 교향곡은 1악장은 빠르고 2악장은 느리며 3악장은 춤곡의 형식, 4악장은 빠른 음악의 구성을 보입니다. '교향곡의 아버지'라고 불리는 하이든은 100곡이 넘는 교향곡을 작곡하여 교향곡의 형식을 잘 다듬었습니다. 모차르트와 베토벤은 교향곡의 형식을 더욱 풍부하게 만들었습니다. 특히 베토벤은 하이든이 마련해 놓은 틀에서 악장의 형식을 바꾸거나, 연주하는 악기 수를 더 많이 늘리고, 사람의 목소리를 넣는 등 파격적인 시도를 하였습니다.

유명한 교향곡에는 어떤 것이 있을까요? 교향곡은 그 수가 아주 많지만, 베토벤의 5번 '운명' 교향곡, 슈베르트의 8번 '미완성' 교향곡, 차이콥스키의 6번 '비창' 교향곡이 세계 3대 교향곡으로 특히 유명하지요. 교향곡에 대해 알고 싶다면 이 유명한 곡들을 먼저 들어보는 것도 좋을 거예요. 어디선가 들어본 익숙한 선율이 여러분을 교향곡의 세계로 이끌어 줄 것입니다.

교향곡을 감상할 때는 작곡가의 삶, 작품이 탄생되기까지의 이야기, 음악적인 특징 등을 알고 들으면 더욱 좋습니다. 또한 지휘자의 성향이나 의도에 따라서 곡이 조금씩 달라지기도 한다는 사실을 기억하고 비교하며 들어보는 것도 재미있습니다.

어휘 퀴즈

❶ ㄱㅇ은 악기를 사용하여 연주하는 음악이다.

☐ 기운   ☐ 기악

❷ ㅅㅇ은 소리의 높고 낮음, 길고 짧음, 세고 여림 등이 서로 번갈아 듣기 좋게 길게 이어진 것이다.

☐ 선율   ☐ 선언

1 '교향곡'에 대한 설명으로 알맞지 <u>않은</u> 것은 무엇인가요? (   )

① 다양한 악기가 동원된다.

② 현재까지 남아 있는 곡은 세 곡이다.

③ 교향곡의 구조를 확립한 사람은 슈타미츠이다.

④ 오페라를 시작하기 전에 연주하는 '서곡'에서 비롯되었다.

⑤ '심포니'라는 이름은 '함께 울리다'라는 뜻인 '신포니아'에서 비롯되었다.

2 이 글에 나온 용어와 그 설명을 짐작한 것이 바르게 연결되지 <u>않은</u> 것은 무엇인가요?

(   )

① 타악기: 두드려서 소리 내는 악기.

② 오케스트라: 관현악을 연주하는 단체.

③ 현악기: 현을 켜거나 타서 소리를 내는 악기.

④ 관현악: 관악기, 현악기만으로 연주하는 음악.

⑤ 관악기: 입으로 불어서 관 안의 공기를 진동시켜 소리를 내는 악기.

4주·4일

3 학급 친구들에게 이 글의 내용을 바탕으로 '교향곡'을 소개하는 발표를 하려고 합니다. 빈칸에 알맞은 말을 정리하여 쓰세요.

교향곡의 뜻	(1)
교향곡의 유래와 발전	(2)
유명한 교향곡	(3)
교향곡 감상법	(4)

30초 요약

4 다음 빈칸에 알맞은 말을 넣어 "기악의 꽃, 교향곡"의 핵심 내용을 한 문장으로 요약하세요.

☐☐☐ 은 관현악을 위해 만들어진 기악곡으로 보통 4개의 ☐☐ 으로 구성되어 있으며, 곡에 대한 정보를 알고 감상하면 더욱 좋습니다.

'합창 교향곡'을 듣고

예술
／감동을 주는
교향곡

어휘 뜻

● **영화로운** 몸이 귀하게
되어 이름이 세상에 빛
날 만한.

● **환희** 즐겁고 기쁨.

● **송가** 공덕을 기리는
노래.

● **비극적** 비극처럼 슬프
고 비참한.

● **청중(聽** 들을 청, **衆** 무
리 중) 강연, 설교, 음
악 등을 듣기 위해 모인
사람들.

● **불운(不** 아닐 불, **運** 돌
운) 좋지 않은 운수.

'영화로운 조물주의 오묘하신 솜씨를⋯⋯.'

연말이 되면 텔레비전이나 라디오
를 통해 많이 나오는 음악이지요.
이 노래의 제목은 '환희의 송가'
입니다. '환희의 송가'는 ㉠베토
벤 교향곡 제9번 '합창'에 들어
있는 곡입니다. 지난 연말, 음악회
에서 베토벤 '합창' 교향곡 4악장의 연주
를 들었는데, 지휘자 선생님이 연주하기 전에 이
곡에 대해 아주 쉽고 재미있게 설명을 해 주셨습니다.

'합창'은 오케스트라 연주에 합창을 더해 만든 교향곡입니다. 베토벤은 '합창' 제4악장
에 독일의 시인인 실러의 시 '환희의 송가'를 노랫말로 사용하여 사랑과 평화, 기쁨을 담
아 내었습니다. 2악장을 빠르게, 3악장을 조용하고 느리게 구성했으며 4악장에는 사람
의 목소리를 넣었습니다. '합창'은 여러 가지 측면에서 전통의 틀을 벗어났습니다. 이런
것들은 당시로서는 엄청난 모험이었다고 합니다.

베토벤이 '합창 교향곡'을 처음으로 연주했을 당시에 있었던 재미있는 일화도 들었습
니다. 악성이라 일컬어지는 베토벤은 천재 작곡가이지만 청력을 잃은 비극적인 인물이
었죠. 연주가 끝났을 때 청중들은 우레 같은 박수로 베토벤의 새로운 작품을 찬양했습
니다. 그러나 청중에게 등을 돌린 채 서 있던 베토벤은 그 소리를 듣지 못했습니다. 한
여가수가 베토벤의 옷소매를 잡고 청중 쪽으로 돌려 세운 다음에야 베토벤은 이 연주가
성공적이었다는 것을 알게 되었답니다.

이러한 이야기를 듣고 연주를 들으니 고통을 딛고 환희를 노래한 베토벤이 더욱 멋있
게 느껴졌습니다. 특히 '환희의 송가' 부분은 오케스트라의 연주에 합창단의 합창이 더
해져서 감동적이었습니다. 연주자와 청중이 음악으로 하나가 된 듯한 느낌이 들어서 뭉
클한 마음이 들었습니다.

베토벤은 고통을 이겨 내며 더 강해진 인물입니다. 그가 만약 자신의 불운 앞에 무릎
을 꿇었다면 우리는 그 힘찬 합창을 들을 수 없었을 것입니다. 고통의 과정이 크면 클수
록, 그 뒤에 피어난 기쁨의 꽃은 더 찬란하고 더 아름답다고 합니다. 베토벤처럼 어려움
을 이겨 낸다면 멋진 사람이 될 수 있을 것이라는 생각이 들었습니다.

❶ ㅇㅅ은 아주 뛰어난 음
악가이다.

☐여신　☐악성

❷ ㅇㄹ는 번개가 친 다음
에 하늘이 크게 울리는 소
리이다.

☐우레　☐아래

5 이 글에 대한 설명으로 알맞은 것에 ○표 하세요.

(1) 베토벤에 대한 정보만을 전달하는 글이다. ( )

(2) 베토벤의 합창 교향곡을 듣고 쓴 감상문이다. ( )

(3) 연주회 감상 태도에 관한 글쓴이의 주장이 나타나 있다. ( )

6 이 글의 글쓴이가 ㉠에 대하여 들은 정보로 알맞지 <u>않은</u> 것은 무엇인가요? ( )

① 이 곡에는 사람의 목소리가 들어간다.

② 당시에는 전통의 틀을 벗어난 곡이었다.

③ 처음으로 연주했을 때 큰 박수를 받았다.

④ 4악장의 노래 가사는 베토벤이 직접 쓴 것이다.

⑤ 베토벤은 이 곡을 처음 연주했을 때 청력을 거의 잃은 상황이었다.

7 이 글에 나타난 글쓴이의 감상으로 가장 알맞은 것을 두 가지 고르세요. (,)

① 교향곡은 너무 어렵다.

② 청력을 잃은 베토벤이 불쌍하다.

③ 고통을 이겨 낸 베토벤은 멋진 사람이다.

④ 노래를 잘 부르고 싶다는 생각이 들었다.

⑤ 오케스트라 연주에 합창이 더해져서 감동적이었다.

30초 요약

8 다음 빈칸에 알맞은 말을 넣어 "'합창 교향곡'을 듣고"의 핵심 내용을 한 문장으로 요약하세요.

베토벤 교향곡 제9번 '☐☐'은 4악장의 오케스트라 연주에 ☐☐을 더한 교향곡으로, 베토벤이 ☐☐을 잃은 고통을 이겨 내고 쓴 곡이어서 더욱 감동적입니다.

귀로 쓴 시

이승은

지문 분석 강의

어휘 뜻

- **고요** 잠잠하고 조용한 상태.
- **쏠** 쥐나 좀 따위가 물건을 잘게 물어뜯을.
- **외진** 외따로 떨어져 있어 으슥하고 후미진.
- **간이역(簡** 대쪽 간, **易** 바꿀 이, **驛** 역 역) 이용하는 사람이 적어 역무원이 없고 기차만 정차하는 작은 역.

햇살의 고요 속에선
ㅉㅉㅉ, 소리가 나고

바람은 쥐가 쏠 듯
ㅅㅅㅅ, 문틈을 넘고

후두엽 외진 간이역
녹슨 기차 바퀴 소리

어휘 퀴즈

❶ ㅎㅅ 은 해에서 퍼져 나오는 빛이다.

☐ 햇살 ☐ 흰색

❷ ㄱㅊ 는 증기·전기·기름 등의 힘으로 움직이는, 철로 위로 다니는 차이다.

☐ 기체 ☐ 기차

1 이 시의 제목으로 보아, 시에서 가장 많이 사용된 감각은 무엇일지 알맞은 것에 ○표 하세요.

> 시각　　청각　　후각　　촉각　　미각

2 다음은 각각 어떤 소리를 표현한 것인지 알맞게 연결하세요.

(1) ㅉㅉㅉ ・　　　　　　　　　・ ㉮ 바람

(2) ㅅㅅㅅ ・　　　　　　　　　・ ㉯ 햇살

3 이 시와 같이 주변에서 들리는 소리를 자음으로 표현해 보세요.

(1)　　　　　　　(2)　　　　　　　(3)

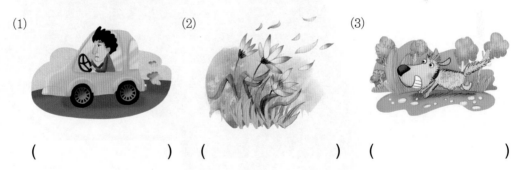

(　　　　　) (　　　　　) (　　　　　)

초 요약

4 다음 빈칸에 알맞은 말을 넣어 "귀로 쓴 시"의 핵심 내용을 한 문장으로 요약하세요.

귀를 기울이면 □□ 에서는 'ㅉㅉㅉ' 소리, 바람에서는 'ㅅㅅㅅ' 소리가 나고, 머릿속 한 구석에서는 □□ 바퀴 소리가 들립니다.

문학
/ **귀를 기울이면**

빗방울 하나가

강은교

무엇인가가 창문을 똑똑 두드린다.
놀라서 소리 나는 쪽을 바라본다.
빗방울 하나가 서 있다가 쪼르르륵 떨어져 내린다.

우리는 언제나 두드리고 싶은 것이 있다.
그것이 창이든, 어둠이든
또는 별이든.

어휘 뜻
● **창**(窓 창 창) 공기나 빛이 통하도록 벽에 만들어 놓은 작은 문인 '창문'의 준말.

● ㅂㅂㅇ은 떨어지는 비의 물방울이다.
☐ 변비약 ☐ 빗방울

● ㅇㄷ은 밝지 않고 어두운 상태이다.
☐ 어둠 ☐ 운동

5 이 시의 내용에 알맞은 날씨를 골라 ○표 하세요.

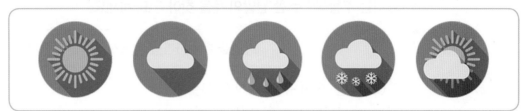

6 말하는 이는 빗방울이 무엇을 하고 있다고 생각했나요? (   )

① 어둠을 밝힌다.
② 창문을 두드린다.
③ 나무를 촉촉하게 적신다.
④ 봄이 오는 것을 속삭인다.
⑤ 더러운 곳을 깨끗하게 닦는다.

7 이 시의 내용과 비슷한 경험을 떠올린 친구를 찾아 이름을 쓰세요.

> 윤정: 비가 많이 왔을 때 마음이 시원해지는 것 같이 느꼈던 경험이 떠올랐어.
> 예린: 빗방울이 창문으로 흘러내리는 것을 보면서 마음이 답답해지는 것을 느꼈어.
> 단우: 이 시를 읽으면서 친구의 어깨를 두드리고 내 마음을 말하고 싶었던 경험이 떠올
>   랐어.

(   )

🕐 **30초 요약**

8 다음 빈칸에 알맞은 말을 넣어 "빗방울 하나가"의 핵심 내용을 한 문장으로 요약하세요.

창문을 두드리며 내리는 [ ][ ][ ] 처럼, 우리도 언제나 무언가를 두드리고 싶
습니다.

[1~3] 다음 주황색으로 쓴 낱말의 뜻을 찾아 ○표 하세요.

1

> 자연을 훼손하거나 오염시켜서는 안된다.

(1) (체면·명예 등을) 손상시키는 것. ( )

(2) (헐거나 함부로 다루어) 못 쓰게 하는 것. ( )

(3) 몸의 중요한 부분이 제거되거나 파괴되어 나타나는 손상. ( )

2

> 잇몸에 염증이 생겨서 이를 닦을 때마다 아프다.

(1) 찌는 듯한 더위. ( )

(2) (계속한 일에 대하여 느끼는) 내키지 않거나 싫어하는 마음. ( )

(3) 세균이나 상처 등의 원인으로 몸의 어떤 부분이 붓고 곪아, 열이나 통증 등을 일
으키는 증상. ( )

3

> 발효 음식을 많이 먹으면 건강에 좋다.

(1) (조약·법령·규칙 등이) 효력을 나타내는 것. ( )

(2) 미생물이나 효소의 작용으로 유기물이 화학적으로 변하는 현상. 김치·장·술·
치즈 등을 만드는 데 쓰임. ( )

[4~7] 다음에서 설명한 낱말은 무엇인지 초성을 포함하여 완성하세요.

4

어떤 중요한 일을 하기 위해 사람이나 물자나 수단
을 한데 모으는 것.

ㄷ ㅇ

5

옷이나 장신구 등을 입거나 몸에 지니거나 걸치는 것.

ㅊ ㅇ

6

사람이 살지 않는 섬.

ㅁ ㅇ ㄷ

7

이용하는 사람이 적어 역무원이 배치되지 않고 기차
만 정차하는 작은 역.

ㄱ ㅇ ㅇ

4주의 어휘

뜻을 정확하게 알고 있
는 것에 ○표, 뜻이 헷갈
리는 것에 △표, 뜻을 전
혀 모르는 것에 ✓표 하
세요.

1일
훼손 ☐
단속 ☐
착용 ☐

2일
발효 ☐
염증 ☐
감염 ☐

3일
무인도 ☐
위급하다 ☐
빽빽하다 ☐

4일
동원 ☐
선율 ☐
우레 ☐

5일
고요 ☐
외지다 ☐
간이역 ☐

[8~10] 다음 낱말이 들어갈 문장을 찾아 선으로 이으세요.

8　단속　•

• ㉮　그 곡의 _____이/가 하루 종일 머릿속에서 맴돌았다.

9　선율　•

• ㉯　우리 학교는 요즘 지각을 철저히 _____하고 있다.

10　우레　•

• ㉰　공연이 끝나자마자 _____와/과 같은 박수가 터져 나왔다.

4주
·
5일

[11~12] 다음에 제시된 뜻과 예문을 참고하여 낱말을 완성하세요.

11　ㄱ　ㅇ : 병균이 몸에 옮아서 병에 걸리는 것.

㉮ 눈병은 피부 접촉으로 _____될 수 있다.

12　ㄱ　ㅇ : 잠잠하고 조용한 상태.

㉮ 밤이 되자 주변이 _____해졌다.

[13~15] 다음 •보기•에서 밑줄 그은 낱말의 뜻을 찾아 번호를 쓰세요.

┌─•보기•─────────────────────────────
│ ① 메마르지 않고 물기가 많아 축축함.
│ ② 외따로 떨어져 있어 으슥하고 후미짐.
│ ③ 일의 상황이나 상태가 아주 위험하고 급함.
│ ④ 도배하거나 바느질한 면이 우글쭈글하게 됨.
│ ⑤ 무엇이 꼭 끼거나 잘 돌지 않아 움직이기 힘듦.
└─────────────────────────────────────

13 지퍼가 뻑뻑해서 가방이 잘 열리지 않는다.　　　　　(　　　)

14 그 서점은 골목 한 구석의 외진 곳에 있어서 찾기가 힘들다.　(　　　)

15 배가 계속 아픈데 화장실을 찾을 수가 없어서 위급한 상황이었다.　(　　　)

5주

이건 그냥
돌이 아닙니다.

**1일
역사**

영역

역사
우리 역사의
시작과 발전

과학
날씨가
더워져요

문학
마음을 짐작해요

인물
독립을 위해
헌신한 분들

문학
재치있는 행동

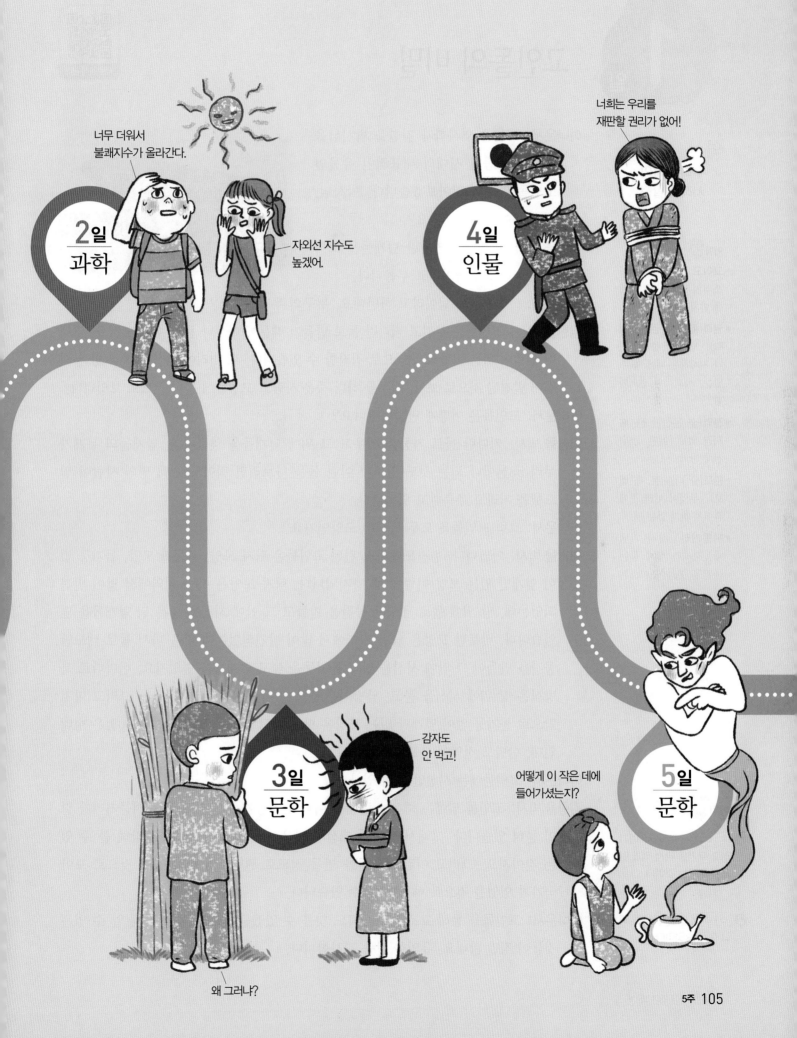

고인돌의 비밀

지문 분석 강의

어휘 뜻

● **고이고** 기울어지거나 쓰러지지 않도록 아래를 받치고.

● **권력**(權 권세 권, 力 힘 력) 남을 복종시키거나 지배하는 데에 쓸 수 있는, 사회적인 권리와 힘.

● **전역**(全 온전한 전, 域 지경 역) (어떤 곳의) 전체 지역.

● **분포**(分 나눌 분, 布 배 포) 무엇이 여러 곳에 흩어져 퍼져 있는 것.

● **껴묻거리** 장사 지낼 때, 시체와 함께 묻는 물건을 통틀어 이르는 말.

아나운서: 오늘은 역사학자 김한율 박사님을 모시고 청동기 시대의 대표적인 유물인 고인돌에 대해 알아보겠습니다. 박사님, 왜 이름이 고인돌인가요?

김한율 박사: 받침돌이 커다란 덮개돌을 고이고 있어서 고인돌이라고 부릅니다.

아나운서: 고인돌은 무덤이라고 하던데요, 누구의 무덤인가요?

김한율 박사: 고인돌은 무겁고 커다란 돌로 만들기 때문에 아무나 묻힐 수 없었겠죠. 그래서 권력이 있는 사람의 무덤으로 짐작할 수 있습니다. 또 머리에 화살이 박혀 있는 시신이 발견된 것으로 보아, 전투를 하다 죽은 사람도 고인돌에 묻힌 것으로 보입니다.

아나운서: 고인돌은 어떻게 만들어졌나요?

김한율 박사: 커다란 돌로 기둥을 세우고 그 위에 덮개돌을 얹었습니다. 덮개돌의 무게가 무려 53톤이나 되는 것도 있는데 이런 돌을 나르려면 적어도 수백 명의 사람이 필요했을 거라고 추측하고 있습니다.

아나운서: 그럼 고인돌은 모두 똑같은 모양인가요?

김한율 박사: 아닙니다. 한반도에서 발견된 고인돌은 탁자 모양, 바둑판 모양, 돌기둥 없이 덮개만 있는 모양 이렇게 세 가지입니다. 탁자 모양은 북방 지역에서 많이 발견되었는데, 땅 위에 돌로 네모난 공간을 만들고 그 안에 시신을 넣은 뒤 덮개돌을 덮었습니다. 바둑판 모양은 남방 지역에서 많이 발견되었는데 땅을 파서 돌로 네모난 공간을 만들어 그 안에 시신을 넣고 돌기둥을 놓고 덮개돌을 덮었지요. 한마디로 북방식은 땅 위에 시신을 묻고, 남방식은 땅속에 시신을 묻은 것입니다. 그리고 마지막으로 돌기둥 없이 덮개만 있는 모양은 땅을 파고 시신을 넣고 덮개돌을 덮은 형태인데, 한반도 전역에 분포하고 있어요.

아나운서: 고인돌에는 시신만 묻혀 있나요?

김한율 박사: 고인돌 밑에는 죽은 사람뿐만 아니라 청동기, 석기, 토기 등 껴묻거리가 같이 묻혀 있습니다. 그래서 권력과 재산이 많은 사람의 무덤이라고 생각해 볼 수 있는 것이지요. 그리고 이런 고인돌을 만들 정도로 권력자의 힘이 강한 것으로 보아 국가가 있었을 것으로 예상해 볼 수 있습니다.

아나운서: 고인돌을 통해 고조선의 흔적도 엿볼 수 있겠군요! 고인돌을 통해 알 수 있는 것들이 정말 많네요. 유익한 말씀 감사합니다.

어휘 퀴즈

❶ ㅈㅌ는 전쟁에서 이기려고 무기를 써서 적과 맞서서 싸우는 것이다.

☐ 자태   ☐ 전투

❷ ㅇㅇ한 것은 도움이 되고 이로운 것이다.

☐ 유익   ☐ 유일

1 '고인돌'은 무엇인지 쓰세요.

(   )의 (   )

2 고인돌에 대한 설명으로 알맞지 <u>않은</u> 것은 무엇인가요? (   )

① 고인돌의 모양은 다양하다.

② 고인돌 덮개돌의 무게는 매우 무겁다.

③ 받침돌이 덮개돌을 고이고 있어서 붙은 이름이다.

④ 모든 고인돌은 땅속에 시신을 묻고 덮개돌을 덮었다.

⑤ 고인돌을 만드는 데에는 수백 명의 사람이 필요했을 것이다.

3 고인돌 밑에 묻혀 있을 껴묻거리로 알맞지 <u>않은</u> 것은 무엇인가요? (   )

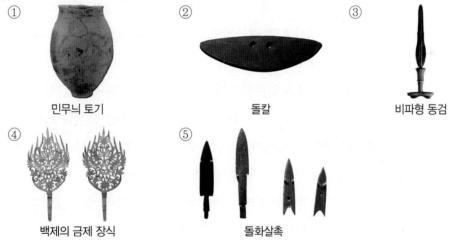

① 민무늬 토기
② 돌칼
③ 비파형 동검
④ 백제의 금제 장식
⑤ 돌화살촉

⏱30초 요약

4 다음 빈칸에 알맞은 말을 넣어 "고인돌의 비밀"의 핵심 내용을 한 문장으로 요약하세요.

☐☐☐은 청동기 시대 권력자의 ☐☐으로, 땅속이나 땅 위에 시신을 묻고 ☐☐☐을 얹어 만들었습니다.

고구려가 궁금해!

역사
/ 우리 역사의
시작과 발전

어휘 뜻

● **신분** 개인이 자기가
속해 있는 사회 안에서
가지고 있는 역할이나
지위.

● **계층** 한 사회에서 지
위, 직업, 경제적 수준
등에 따라 이루는 집단.

● **취급** 남을 얕잡아서
대우하는 것.

● **처가** 아내의 친정집.

● **허름한** 좀 낡은 듯한.

고구려는 고구려, 백제, 신라 삼국 중에서 가장 먼저 고대 국가의 모습을 갖춘 나라입니다. 전성기인 5세기에는 동북아시아뿐만 아니라 한반도 남쪽까지 세력을 미쳤지요. 지금은 고구려의 옛 땅 대부분이 중국이나 북한에 있어 우리가 마음대로 갈 수는 없지만, 고구려는 우리 역사에서 빼놓을 수 없는 국가입니다.

고구려의 신분은 크게 귀족, 평민, 노비로 나뉘었습니다. 귀족은 원래 5개 부족의 부족장 계층이었는데, 왕의 권력이 강해지면서 중앙 귀족이 되었습니다. 귀족은 화려하게 장식된 집에서 비단으로 만든 옷을 입고 생활했습니다. 고구려 벽화에 귀족들의 생활 모습이 잘 나타나 있습니다. 평민은 대부분 농

고구려 벽화

민이었는데, 일정 기간 동안 나라를 위해 일을 하는 '부역'과 군대에 가야 하는 '군역'의 의무가 있었습니다. 또 한 사람당 곡식 5석, 베 5필을 세금으로 내야 했습니다. 노비는 귀족이 소유한 재산으로 취급받았으며, 귀족을 대신해 농경지를 경작하거나 귀족들이 시키는 여러 가지 일을 했습니다.

고구려의 법은 매우 엄격했습니다. 사람을 죽이면 목을 잘랐고, 도둑질을 하면 도둑질한 것의 12배를 갚아야 했습니다. 만약 갚지 못하면 자식을 노비로 삼았습니다. 또 소나 말을 함부로 죽이면 노비가 되어야 했습니다. 법이 너무 엄격해서 고구려 사람들은 길에 떨어진 것도 함부로 줍지 않을 정도였다고 합니다.

고구려에는 '데릴사위제'라는 독특한 결혼 풍습이 있었습니다. 데릴사위제란 남자가 결혼을 한 뒤에 처가에서 사는 것을 말합니다. 자식을 낳은 뒤 자식이 다 크면 아내와 자식을 데리고 남자의 집으로 가기도 하고 죽을 때까지 처가에서 살기도 했습니다. 이 시대에는 노동력이 중요했는데 여자가 결혼을 하여 갑자기 떠나면 일손이 부족해지므로 이것을 막기 위한 것이었습니다.

고구려는 삼국 중에서 온돌을 가장 먼저 사용했습니다. 그러나 지금처럼 방 전체를 데우는 것이 아니라 잠잘 공간에만 온돌을 놓았는데, 이것을 '쪽구들'이라고 합니다. 온돌은 귀족들보다는 평민들이 주로 사용했는데, 허름한 집에서 매서운 추위를 견딜 수 있는 난방이 필요했기 때문입니다.

① ㄱㅈ은 논밭을 갈아 농사를 짓는 것이다.
☐ 공작   ☐ 경작

② ㅇㄷ은 불을 때거나 더운물·전기 등으로 바닥을 덥게 하는 장치이다.
☐ 온돌   ☐ 온달

5 다음 5세기 지도에서 고구려를 찾아 기호를 쓰세요.

(   )

6 다음 고구려인의 생활 모습으로 알맞지 <u>않은</u> 것은 무엇인가요? (   )

① 도둑질을 한 무덕은 사형을 당했다.
② 귀족인 소야봉은 비단옷을 입고 지낸다.
③ 결혼을 하게 된 대소는 처가에서 살다 올 예정이다.
④ 평민인 원부네 가족은 쪽구들에 나란히 누워서 잔다.
⑤ 평민인 우태는 세금으로 곡식 5석과 베 5필을 마련해야 한다.

7 이 글의 내용을 항목별로 간단하게 정리하여 쓰세요.

신분	(1)
법	(2)
풍습	(3)
생활	(4)

30초 요약

8 다음 빈칸에 알맞은 말을 넣어 "고구려가 궁금해!"의 핵심 내용을 한 문장으로 요약하세요.

고구려에는 ☐☐ 제도가 있었으며 ☐이 매우 엄격했고, ☐☐☐☐

☐라는 독특한 결혼 풍습이 있었으며, 삼국 중 가장 먼저 ☐☐을 사용했습니다.

5주·1일

생활 기상 지수를 활용해요

지문 분석 강의

과학
／ 날씨가 더워져요

어휘 뜻

● **기상**(氣 기운 기, 象 형 상 상) 비·바람·눈· 구름 등 대기 속에서 일 어나는 현상.
● **습도** 공기 속에 수증 기가 포함되어 있는 정 도.
● **쾌적하지만** 기분이 상 쾌하고 아주 좋지만.
● **열사병** 더운 날씨에 뜨거운 햇볕을 지나치 게 많이 받아서 의식을 잃고 쓰러지는 병.

날씨는 우리 생활에 많은 영향을 미쳐요. 날씨가 우리 생활에 미치는 정도를 알기 쉽게 숫자로 나타낸 것을 '생활 기상 지수' 혹은 '생활 지수'라고 해요. 생활 기상 지수에는 불쾌지수, 자외선 지수, 빨래 지수, 외출 지수 등이 있어요.

불쾌지수

여름철처럼 날씨가 무덥고 습도가 높아 끈적끈적한 날은 불쾌지수가 높은 날이라고 해요. 이런 날은 별것 아닌 일에 짜증이 나기도 하고 친구와 괜히 다투게 되기도 하지요. 불쾌지수는 기온과 습도를 계산하여 사람이 느끼는 불쾌감의 정도를 숫자로 나타낸 것이에요. 불쾌지수가 68 미만이면 쾌적하지만, 68~74일 때는 불쾌감을 느끼기 시작하고 75~80일 때에는 사람들 대부분이 불쾌감을 느끼며, 80 이상일 때에는 도저히 참을 수 없을 정도로 불쾌해져요. 이때 현기증이나 열사병이 생길 수도 있지요. 불쾌지수가 높은 날에는 젖소도 우유가 잘 나오지 않는다고 해요. 우리나라는 7월 중순부터 8월 초에 불쾌지수가 가장 높고, 하루 중에서는 오후 3시경에 불쾌지수가 가장 높아요.

자외선 지수

자외선 지수란 우리 몸에 해로운 자외선의 양을 숫자로 나타낸 것이에요. 자외선 지수가 2 이하면 낮은 편, 3~5이면 보통, 6~7이면 높은 편, 8~10이면 매우 높은 편이고, 11 이상이면 위험하다는 뜻이에요. 자외선은 태양 광선 중 하나로 우리 몸에 피부암이나 백내장 같은 병을 일으키기도 해요. 그러므로 자외선 지수가 높을 때에는 되도록 외출하지 말고, 외출할 때에는 자외선 차단제를 바르고 모자나 선글라스, 양산 등을 준비해야 해요. 우리나라는 하루 중에서 오전 11시부터 오후 1시까지 자외선 지수가 가장 높아요.

어휘 퀴즈

❶ ㅊ ㄷ 제는 해로운 어떤 것이 몸에 닿거나 스며드 는 것을 막는 약품이다.
☐차단 ☐첨단

❷ ㅎ ㄱ ㅈ 은 어지러워서 정신이 아득해지는 증상 이다.
☐현기증 ☐희귀종

생활 기상 지수는 덥고 습한 여름철뿐만 아니라 계절에 맞는 다양한 지수가 있어서 큰 도움이 됩니다. 생활 기상 지수를 미리 알아 두면 피해를 예방하고 생활의 질을 높일 수 있지요. 기상청 누리집이나 공공데이터 등에서 생활 기상 지수 정보를 제공하고 있다고 하니 앞으로 활용해 보세요.

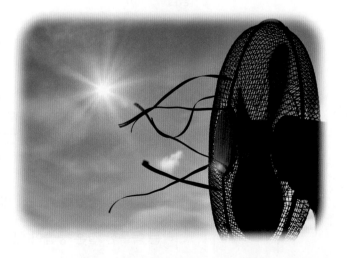

1 날씨가 우리 생활에 미치는 정도를 나타내는 말은 무엇인지 이 글에서 찾아 쓰세요.

(   )

2 이 글의 내용과 일치하지 <u>않는</u> 것은 무엇인가요? (   )

① 자외선은 우리 몸에 병을 일으킬 수 있다.

② 자외선의 양을 숫자로 나타낸 것이 자외선 지수이다.

③ 불쾌지수가 높은 날에는 짜증이 나고 현기증이 날 수 있다.

④ 자외선 지수가 높을 때에는 모자, 선글라스, 양산 등을 쓴다.

⑤ 불쾌지수는 기온만을 계산하여 불쾌감의 정도를 나타낸 것이다.

3 다음은 기상청 누리집에서 생활 기상 지수를 찾아본 것입니다. 생활 기상 지수에 알맞은 표정과 차림을 한 것을 찾아 ○표 하세요.

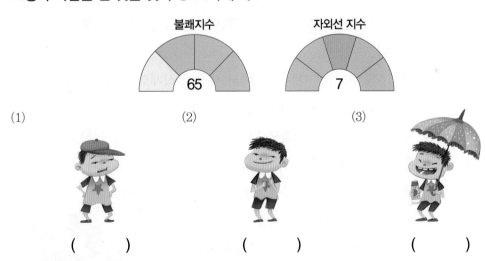

불쾌지수   자외선 지수
  65   7

(1)   (2)   (3)

(   )   (   )   (   )

30초 요약

4 다음 빈칸에 알맞은 말을 넣어 "생활 기상 지수를 활용해요"의 핵심 내용을 한 문장으로 요약하세요.

생활 ☐☐ 지수는 불쾌지수, ☐☐☐ 지수처럼 ☐☐가 우리 생활에 미치는 영향을 숫자로 표현한 것입니다.

이산화 탄소를 줄입시다

어휘 뜻

● **배출량** 불필요한 물질을 밖으로 내보내는 양.

● **위협** 두려워하게 하는 것. 겁을 내게 하는 것.

1 지구 온난화 때문에 지구가 점점 뜨거워지고 있습니다. 기온이 오르는 것은 단순한 문제가 아닙니다. 기온이 오르면 빙하가 녹아 해수면이 상승하고, 사막이 점점 넓어지며, 생태계가 파괴됩니다. 특히 우리나라의 기온은 지난 100년 동안 지구의 평균 기온이 0.6도 오를 때 그 두 배 이상인 1.5도나 올랐습니다. 앞으로 기온이 더 오른다면 제주도와 남해안 지역에는 겨울이 사라질 수도 있습니다. 지구 온난화의 가장 큰 원인은 온실 기체인 이산화 탄소입니다. 더 늦기 전에 이산화 탄소를 줄이기 위해 다음과 같이 노력을 해야 합니다.

2 첫째, 나무를 많이 심어야 합니다. 나무는 이산화 탄소를 흡수해서 우리가 숨 쉬는데 필요한 산소를 만들어 냅니다. 나무를 심고 공원 같은 녹지 공간을 많이 만들면 공기 중에 떠돌아다니는 이산화 탄소를 줄일 수 있습니다.

3 둘째, 텔레비전, 컴퓨터, 에어컨 등의 전자 기기 사용을 줄여야 합니다. 에어컨 사용 시간을 1시간 줄이면 연간 14.1킬로그램의 이산화 탄소를 줄일 수 있다고 합니다. 또한 전자 기기를 사용하지 않을 때에는 플러그도 빼 두는 것이 좋습니다. 사용하지 않는 전자 기기의 플러그를 빼 두면 연간 12.6킬로그램의 이산화 탄소를 줄일 수 있다고 합니다.

4 셋째, 자신이 사는 지역에서 생산된 식재료를 먹어야 합니다. 가까운 지역에서 생산된 식재료를 사면 운반할 때 나오는 이산화 탄소를 줄일 수 있습니다. 운반 비용 또한 아낄 수 있으니 경제적으로도 도움이 되겠지요. 최근에는 한 걸음 더 나아가 기르기 쉬운 채소는 직접 길러 먹는 사람들도 늘고 있다고 합니다.

5 '불끄기 행사'는 무심코 사용하는 에너지로부터 발생하는 이산화 탄소 배출량을 줄이자는 취지로 2007년부터 '세계자연기금'에서 시작하였는데, 지금은 전 세계적으로 이루어지는 운동입니다. 그만큼 이산화 탄소 배출량을 줄여야 한다는 사람들의 인식이 늘어나고 있다는 뜻이겠지요. 우리도 지구 온난화의 심각성을 되새기며 지구를 위협하고 인간을 위협하는 이산화 탄소를 줄이기 위해 생활 속 작은 실천을 시작해야 할 때입니다.

어휘 퀴즈

❶ ㅍㄱ 는 못 쓰게 부수거나 깨뜨려 헐어 버리는 것이다.

☐ 파괴   ☐ 평가

❷ ㅅㅊ 은 이론이나 계획을 실제로 행하는 것이다.

☐ 수출   ☐ 실천

5 이 글에서 중요한 낱말을 두 가지 찾아 ○표 하세요.

> 빙하   천연가스   노르웨이   이산화 탄소   지구 온난화

6 이 글을 바르게 평가하지 <u>못한</u> 것은 무엇인가요? (   )

① 근거가 주장을 잘 뒷받침하고 있어.
② 실천 가능성이 있는 해결 방안을 들고 있어.
③ 구체적인 수치를 인용하여 신뢰를 주고 있어.
④ 질문을 던지고 대답하면서 흥미를 유발하고 있어.
⑤ '불끄기 행사' 등을 예로 들어 주장을 강조하고 있어.

7 이 글을 서론, 본론, 결론으로 알맞게 나눈 것은 무엇인가요? (   )

	서론	본론	결론
①	**1**	**2**, **3**	**4**, **5**
②	**1**	**2**, **3**, **4**	**5**
③	**1**, **2**	**3**, **4**	**5**
④	**1**, **2**	**3**	**4**, **5**
⑤	**1**, **2**, **3**	**4**	**5**

🕐 **30초 요약**

8 다음 빈칸에 알맞은 말을 넣어 "이산화 탄소를 줄입시다"의 핵심 내용을 한 문장으로 요약하세요.

지구 ☐☐☐ 의 가장 큰 원인인 ☐☐☐☐☐ 를 줄이기 위하여

☐☐ 를 많이 심고 ☐☐☐ 사용을 줄이며 자신이 사는 지역에서 생

산된 ☐☐☐ 를 먹는 등의 실천을 해야 합니다.

동백꽃

김유정

어휘 뜻

● **쌩이질** 한창 바쁠 때에 쓸데없는 일로 남을 귀찮게 구는 짓.

● **행주치마** 부엌에서 일을 할 때 옷을 더럽히지 않기 위해 앞쪽에 덧입는 작은 치마.

● **생색(生 날 생, 色 빛색)** 남에게 약간 도움을 주어서 자기의 체면을 세우거나 그것을 지나치게 자랑하는 태도.

● **기색(氣 기운 기, 色 빛색)** 마음속의 생각이나 감정이 얼굴이나 행동에 나타나는 것.

● **쌔근쌔근하고** 고르지 않고 가쁘게 자꾸 숨 쉬는 소리가 나고.

고놈의 계집애가 요새로 들어서서 왜 나를 못 먹겠다고 고렇게 아르릉거리는지 모른다. 나흘 전 감자 일만 하더라도 나는 저에게 조금도 잘못한 것은 없다. 계집애가 나물을 캐러 가면 갔지 남 울타리 엮는데 쌩이질을 하는 것은 다 뭐냐. 그것도 발소리를 죽여 가지고 등 뒤로 살며시 와서,

"얘! 너 혼자만 일하니?"

하고 긴치 않은 수작을 하는 것이다. 어제까지도 저와 나는 이야기도 잘 않고 서로 만나도 본척만척하고 이렇게 점잖게 지내던 터이련만 오늘로 갑작스레 대견해진 것은 웬일인가. 더군다나 망아지만한 계집애가 남 일하는 놈 보고⋯⋯.

"그럼 혼자 하지 떼로 하니?" / 내가 이렇게 내뱉는 소리를 하니까,

"너 일하기 좋니?" 또는, "한여름이나 되거든 하지 벌써 울타리를 하니?"

잔소리를 두루 늘어놓다가 남이 들을까 봐 손으로 입을 틀어막고는 그 속에서 깔깔댄다. 별로 우스울 것도 없는데, 날씨가 풀리더니 이놈의 계집애가 미쳤나 하고 의심하였다. 게다가 조금 뒤에는 제 집께를 힐끔힐끔 돌아보더니 행주치마에 꼈던 바른손을 뽑아서 나의 턱밑으로 불쑥 내미는 것이다. 언제 구웠는지 아직도 더운 김이 홱 끼치는 굵은 감자 세 개가 손에 뿌듯이 쥐였다.

"느 집엔 이거 없지?" 하고 생색 있는 큰소리를 하고는, 제가 준 것을 남이 알면 큰일 날 테니 여기서 얼른 먹어 버리란다. 그리고 또 하는 소리가,

"너, 봄 감자가 맛있단다." / "난 감자 안 먹는다, 너나 먹어라."

㉠나는 고개도 돌리지 않고 일하던 손으로 그 감자를 도로 어깨 너머로 쓱 밀어 버렸다. 그랬더니 그래도 가는 기색이 없고 뿐만 아니라, 쌔근쌔근하고 심상치 않게 숨소리가 점점 거칠어진다.

이건 또 뭐야 싶어서 그때서야 비로소 돌아다보니 나는 참으로 놀랐다. 우리가 이 동리에 들어온 것은 근 삼 년째 되어 오지만 여지껏 가무잡잡한 점순이의 얼굴이 이렇게까지 홍당무처럼 새빨개진 적이 없었다. 게다가 눈에 독을 올리고 한참 나를 요렇게 쏘아보더니 나중에는 눈물까지 어리는 것이 아니냐. 그리고 바구니를 집어들더니 이를 꼭 악물고는 엎어질 듯 자빠질 듯 논둑으로 횡하니 달아나는 것이다.

어휘 퀴즈

❶ ㅅㅈ 은 엉큼한 속셈을 가지고 하는 말과 행동이다.

☐ 수작　☐ 시작

❷ 작은 물고기들은 주로 ㄸ 로 몰려다닌다.

☐ 때　☐ 떼

작품의 전체 줄거리

오늘도 점순이네 수탉이 '나'의 수탉을 마구 쪼았는데, '나'는 영문을 알 수 없음.

수록지문 나흘 전에 '나'는 점순이가 주는 감자를 거절한 일이 있는데, 그 뒤부터 점순이가 심술을 부림.

점순이가 닭싸움을 붙여 '나'의 닭이 죽어가는 것을 본 '나'는 홧김에 점순이네 닭을 때려 죽임.

'내'가 울음을 터뜨리자 점순이는 '나'를 용서해 주고 둘은 노란 동백꽃밭에 파묻힘.

1 이 이야기에서 갈등의 원인이 되는 것은 무엇인지 한 낱말로 쓰세요.

(　　　　　　　　　)

2 말과 행동을 통해 짐작할 수 있는 점순이의 마음은 어떠한가요? (　　　　)

① '나'를 좋아한다.

② '나'를 미워한다.

③ '나'를 놀리고 싶어 한다.

④ 감자를 많이 먹어서 배가 부르다.

⑤ 감자를 먹지 못하게 된 것이 안타깝다.

3 다음 내용으로 보아 이 이야기에서 '내'가 점순이에게 ㉠과 같이 행동한 까닭을 짐작하여 쓰세요.

> 　그렇잖아도 저희는 마름이고 우리는 그 손에서 농지를 얻어 농사를 지으므로 일상 굽실거린다. 우리가 이 마을에 처음 들어와 집이 없어서 곤란으로 지낼 제, 집터를 빌리고 그 위에 집을 또 짓도록 마련해 준 것도 점순네의 호의였다. 그리고 우리 어머니 아버지도 농사 때 양식이 딸리면 점순네한테 가서 부지런히 꾸어다 먹으면서, 인품 그런 집은 다시 없으리라고 침이 마르도록 칭찬하곤 하는 것이다. 그러면서도 열일곱이나 된 것들이 수군수군하고 붙어 다니면 동리의 소문이 사납다고 주의를 시켜 준 것도 어머니였다.

(　　　　　　　　　　　　　　　　　　　　)

🕐 30초 요약

4 다음 빈칸에 알맞은 말을 넣어 "동백꽃"의 핵심 내용을 한 문장으로 요약하세요.

나흘 전 □□□가 준 □□를 '내'가 거절한 일 때문에 점순이는 '나'를 볼 때마다 심술을 부리고 있습니다.

3 일

사랑 손님과 어머니

주요섭

문학
／ 마음을 짐작해요

나는 그 아저씨가 어떠한 사람인지는 몰랐으나, 첫날부터 내게는 퍽 고맙게 굴고, 나도 그 아저씨가 꼭 마음에 들었어요. 어른들이 저희끼리 말하는 것을 들으니까, 그 아저씨는 돌아가신 우리 아버지와 어렸을 적 친구라고요. 어디 먼 데 가서 공부를 하다가 요새 돌아왔는데, 우리 동리 학교 교사로 오게 되었대요. 또, 우리 큰외삼촌과도 동무인데, 이 동리에는 하숙도 별로 깨끗한 곳이 없고 해서 윗사랑으로 와 계시게 되었다고요. 또 우리도 그 아저씨한테 밥값을 받으면 살림에 보탬도 좀 되고 한다고요.

그 아저씨는 그림책들을 얼마든지 가지고 있어요. 내가 사랑방으로 나가면 그 아저씨는 나를 무릎에 앉히고 그림책을 보여 줍니다. 또, 가끔 과자도 주고요.

어느 날은 점심을 먹고 이내 살그머니 사랑에 나가 보니까, 아저씨는 그때야 점심을 잡수셔요. 그래 가만히 앉아서 점심 잡숫는 걸 구경하고 있노라니까 아저씨가,

"옥희는 어떤 반찬을 제일 좋아하누?"

하고 묻겠지요. 그래 삶은 달걀을 좋아한다고 했더니, 마침, 상에 놓인 삶은 달걀을 한 알 집어 주면서 나더러 먹으라고 합니다. 나는 그 달걀을 벗겨 먹으면서,

"아저씨는 무슨 반찬이 제일 맛나우?"

하고 물으니까, 그는 한참이나 빙그레 웃고 있더니,

"나두 삶은 달걀." 하겠지요. 나는 좋아서 손뼉을 짤깍짤깍 치고,

"아, 나와 같네. 그럼, 가서 어머니한테 알려야지."

하면서 일어서니까, 아저씨가 꼭 붙들면서, / "그러지 말어." 그러시겠지요. 그래도, 나는 한번 맘을 먹은 다음엔 꼭 그대로 하고야 마는 성미지요. 그래서 안마당으로 뛰어들어가면서, / "엄마, 엄마, 사랑 아저씨두 나처럼 삶은 달걀을 제일 좋아한대."하고, 소리를 질렀지요. / ㉠"떠들지 말어." 하고, 어머니는 눈을 흘기십니다.

그러나 사랑 아저씨가 달걀을 좋아하는 것이 내게는 썩 좋게 되었어요. 그것은 그 다음부터는 어머니가 달걀을 많이씩 사게 되었으니까요.』 달걀 장수 노파가 오면, 한꺼번에 열 알도 사고 스무 알도 사고, 그래선 두고두고 삶아서 아저씨 상에도 놓고, 또 으레나도 한 알씩 주고 그래요. 그뿐만 아니라 아저씨한테 놀러 나가면, 가끔 아저씨가 책상 서랍 속에서 달걀을 한두 알 꺼내서 먹으라고 주지요.

어휘 뜻

● 퍽 아주, 무척.

● 하숙(下 아래 하, 宿 묵을 숙) 일정 기간 동안 밥을 먹고 자는 값을 내고 남의 집에 묵는 것.

● 짤깍짤깍 단단한 물건끼리 자꾸 부딪치는 소리를 나타냄.

● 노파(老 늙을 노, 婆 할미 파) 늙은 여자.

어휘 퀴즈

❶ ㄷㅁ 는 어떤 일을 같이 하면서 친하게 잘 어울리는 사람이다.

☐동무   ☐도모

❷ ㅅㄹ 은 한옥에서 남자 주인이 쓰면서 손님도 맞아들이는 곳이다.

☐신랑   ☐사랑

작품의 전체 줄거리

'나'는 아버지가 돌아가시고 어머니와 사는 여섯 살 여자 아이임. '나'의 집 사랑에 아버지 친구가 하숙을 하게 됨.

수록지문 사랑 아저씨와 어머니는 서로 관심이 있지만 겉으로는 드러내지 못함.

어느 날 아저씨가 '나'를 통해 전해 준 봉투를 본 어머니는 갈등하고, 마침내 마음을 정함.

사랑 아저씨는 '나'의 집을 떠나게 되고, '나'와 어머니는 산에 올라 아저씨가 탄 기차를 배웅함.

5 이 글에서 이야기를 하고 있는 사람은 누구인지 이름을 찾아 쓰세요.

(   )

6 이 글의 내용과 일치하지 <u>않는</u> 것은 무엇인가요? (   )

① '나'는 어린아이이다.

② '나'의 아버지는 돌아가셨다.

③ '나'는 아저씨와 사이가 좋다.

④ 사랑에 살게 된 아저씨의 직업은 선생님이다.

⑤ 아저씨는 큰외삼촌과의 인연으로 외삼촌댁에 살게 되었다.

7 '나'의 행동에 어머니가 ㉠『   』과 같이 반응한 것과 관련하여 짐작할 수 있는 점은 무엇일까요? (   )

① '내'가 철이 없다는 점

② 달걀이 비싸서 부담스럽다는 점

③ 아저씨가 실은 삶은 달걀을 좋아하지 않는다는 점

④ '내'가 너무 시끄러워서 이웃에 눈치가 보인다는 점

⑤ 어머니가 사랑 아저씨에게 관심을 가지고 있다는 점

5주·3일

30초 요약

8 다음 빈칸에 알맞은 말을 넣어 "사랑 손님과 어머니"의 핵심 내용을 한 문장으로 요약하세요.

'나'의 집 □□에서 아저씨가 살게 되었는데, 그 아저씨는 '나'에게 퍽 잘해 주었고, '나'는 아저씨 덕분에 좋아하는 삶은 □□을 실컷 먹게 되었습니다.

지문 분석 강의

어리지만 당당했던 소녀 유관순

어휘 뜻

● **신호**(信 믿을 신, 號 부르짖을 호) 서로 의사를 주고받기 위해 한 조직이나 사회에서 미리 정해 놓은 일정한 소리, 색깔, 빛, 몸짓 등의 표시.

● **형무소** 형벌을 받는 사람을 가두고 감독하고 지도하는 곳. 교도소의 이전 말.

● **권리**(權 권세 권, 利 이로울 리) 어떤 일을 자기 마음대로 할 수 있는 올바른 자격.

● **의지**(意 뜻 의, 志 뜻 지) 어떤 목적을 이루려는 굳은 마음.

● **열사** 어려움에 빠진 나라를 구하기 위해 목숨까지 바친 사람.

어휘 퀴즈

❶ ㄷㄹ은 한 나라가 완전한 주권을 가지고 있는 것이다.
☐당락 ☐독립

❷ ㅈㅍ은 법원에서 소송 사건을 법률에 따라 판결하는 것이다.
☐재판 ☐작품

드디어 3월 1일이 되었습니다. 아우내 장터에 유난히 많은 사람들이 모여들었습니다. 사람들은 물건을 흥정하는 척하며 때를 기다렸지요. 사람들마다 품속에 태극기를 감추고 신호를 기다리고 있었습니다. 드디어 낮 12시가 되었습니다. 유관순은 쌀가마니가 쌓인 높은 곳으로 올라갔습니다. 모두들 깜짝 놀랐습니다. 설마 어린 여자아이가 앞장 설 줄은 몰랐기 때문입니다.

"여러분, 오늘은 우리나라의 주인은 다른 누구도 아닌 바로 우리라는 것을 널리 알리는 날입니다."

유관순은 품속에서 태극기를 꺼내어 만세를 외쳤습니다.

"대한 독립 만세!"

장터는 순식간에 천둥 같은 만세 소리로 진동했습니다. 맨 앞에 있던 젊은이가 일본 경찰의 칼에 맞아 쓰러졌습니다. 분노한 사람들이 참지 못하고 달려들었지만 일본 경찰은 계속 총을 쏘고 칼을 휘둘렀습니다. 유관순의 어머니와 아버지도 이때 목숨을 잃었습니다.

서대문 형무소에 갇히게 된 유관순은 재판을 받았습니다.

"다시는 만세도 부르지 않고 일본에 충성하는 착한 백성이 된다고 약속한다면 너의 죄를 용서해 주겠다."

㉠재판관의 말을 들은 유관순은 부르르 떨며 재판관을 향해 의자를 던졌어요.

"내 나라를 위해 만세를 부르는 일이 어찌 죄가 된단 말이냐! 너희 나라는 우리를 재판할 권리가 없으니 당장 이 나라를 떠나라!"

유관순은 더 오래 감옥에 갇혀 있게 되었어요. 하지만 유관순은 만세를 멈추지 않았어요. 감옥 안에 있는 다른 여자 죄수들과도 함께 만세를 불렀지요. 일본 경찰은 유관순을 때리고 심하게 괴롭혔습니다. 유관순의 건강은 날로 나빠져 갔습니다.

1920년 10월 12일 새벽, 차가운 형무소 바닥에서 열아홉의 유관순은 영원히 눈을 감았습니다.

1919년 3월 1일의 만세 운동은 독립의 의지를 온 세계에 알린 중요한 사건이었고, 유관순은 만세 운동에 앞장 선 열사였습니다. 어린 나이에도 당당하게 "대한 독립 만세!"를 외치던 유관순 열사의 정신은 아직도 우리에게 큰 울림을 주고 있습니다.

1 유관순이 살았던 시대에 대한 설명으로 옳은 것을 모두 고르세요. (　，　，　)

① 우리나라가 일본의 지배를 받았다.

② 사람들이 독립 만세 운동을 불렀다.

③ 누구나 공정한 재판을 받을 수 있었다.

④ 독립 만세를 부르다가 죽은 사람은 없었다.

⑤ 일본 경찰이 우리나라 사람들에게 잔인하게 굴었다.

2 ㉠과 같은 행동으로 보아 유관순의 성격은 어떠한가요? (　　　)

① 정의롭다.　　　② 성실하다.　　　③ 얌전하다.

④ 친절하다.　　　⑤ 화를 잘 낸다.

3 다음은 우리나라의 독립을 위해 애쓴 분들입니다. 하고 싶은 말을 쪽지로 표현해 보세요.

▲ 유관순 열사　　　▲ 윤봉길 의사　　　▲ 이봉창 의사

30초 요약

4 다음 빈칸에 알맞은 말을 넣어 "어리지만 당당했던 소녀 유관순"의 핵심 내용을 한 문장으로 요약하세요.

□□□은 아우내 장터에서 □□ 운동을 이끌었고, □□□에 갇혀서도 □□ 만세를 외치다가 눈을 감았습니다.

독립을 향한 집념, 안중근

4일

인물
/ 독립을 위해
   헌신한 분들

어휘 뜻

● **검찰관** 범죄를 수사하여 증거를 모으고, 죄를 지은 것으로 의심이 가는 사람을 고발하는 일을 하는 사람.

● **만행** 야만스러운 행위.

● **집행일** (계획, 명령 등을) 실제로 시행하는 날.

● **장부**(丈 어른 장, 夫 지아비 부) 다 자란 건강한 남자. 또는 튼튼하고 씩씩한 남자.

● **기상**(氣 기운 기, 像 형상 상) 겉으로 드러나는 씩씩한 정신.

"탕! 탕!"

갑작스런 총소리에 하얼빈 역 안에 있던 사람들은 모두 깜짝 놀랐습니다. 이토 히로부미가 피를 흘리며 쓰러졌습니다.

"대한 독립 만세!"

안중근은 뜨거운 눈물을 흘리며 큰 소리로 만세를 불렀습니다.

감옥에 갇힌 안중근은 꽁꽁 묶인 몸으로 이겨 내기 힘든 조사를 받았습니다.

"잘못을 인정한다면 살려 주겠다."

"나는 대한의 독립을 위해 할 일을 했을 뿐이다. 죽는 것을 두려워하지 않는다."

안중근은 일본 검찰관 앞에서도 당당했습니다. 또한 재판 과정에서도 일제가 우리나라에 했던 만행과 자신이 이토 히로부미를 죽여서 지키고자 한 평화에 대한 생각을 세계 여러 나라에 알렸습니다.

'하루라도 책을 읽지 않으면 입에 가시가 돋는다.'

안중근은 감옥에 갇혀서도 쉬지 않고 글을 읽고 썼습니다. 일본에 의해 사형 선고가 내려진 뒤에도 글을 읽거나 붓글씨를 쓰면서 담담하게 사형 집행일을 기다렸습니다.

1910년 3월 26일, 안중근은 아침 일찍 일어나 어머니가 새로 지어 준 깨끗한 한복으로 갈아입었습니다. 그리고 마지막으로 이천만 동포에게 고하는 유언을 남겼습니다.

"내가 조국의 독립을 위해 3년 동안 외국에서 비바람을 무릅쓰고 일하다가 그 목적을 이루지 못하고 이 곳에서 죽노니, 우리 이천만 형제자매는 학문에 힘쓰며, 산업을 일으키고, 나의 뜻을 이어 자유 독립을 얻는다면 죽어도 남은 한이 없겠노라."

안중근은 죽음을 눈앞에 두고도 두려움 없이 오직 조국의 독립과 자유를 소원하였습니다.

'장부는 비록 죽어도 마음은 강철 같고, 의사는 죽음에 임해도 그 기상은 구름 같다.'

그가 남긴 이 말처럼 안중근은 진정한 의사로 우리 마음속에 영원히 남아 있을 것입니다.

어휘 퀴즈

❶ ㅅㄱ 는 법정에서 재판관이 재판의 판결을 당사자에게 알리는 것이다.

☐ 선거   ☐ 선고

❷ ㅇㅅ 는 나라와 민족을 위하여 일하다가 목숨을 바친 사람이다.

☐ 이사   ☐ 의사

5 안중근이 감옥에 가게 된 까닭은 무엇인지 쓰세요.

(   )

6 다음 중 안중근의 삶의 태도를 잘 나타낼 수 있는 사자성어는 무엇인가요? (   )

① 동문서답(東問西答): 물음과는 전혀 상관없는 엉뚱한 대답.

② 오리무중(五里霧中): 무슨 일에 대하여 방향이나 갈피를 잡을 수 없음.

③ 십시일반(十匙一飯): 여러 사람이 힘을 합하면 한 사람을 돕기가 쉬움.

④ 표리부동(表裏不同): 겉으로 드러나는 언행과 속으로 가지는 생각이 다름.

⑤ 오상고절(傲霜孤節): 서릿발이 심한 속에서도 굴하지 않고 외로이 지키는 절개.

7 다음은 안중근 의사가 동생들에게 마지막으로 남긴 말입니다. 이 글의 내용과 다음 말을 통해 느낀 점을 쓰세요.

5주·4일

> "슬퍼하지 마라. 내가 죽으면 나의 뼈를 하얼빈에 묻었다가, 우리 민족이 나라를 되찾게 되면 고국에 묻어 다오. 나는 하늘 나라에 가서도 우리나라의 독립을 위해 힘쓸 것이다. 대한 독립을 외치는 소리가 들려오면, 나는 춤을 추며 만세를 부를 것이다."

_____

_____

30초 요약

8 다음 빈칸에 알맞은 말을 넣어 "독립을 향한 집념, 안중근"의 핵심 내용을 한 문장으로 요약하세요.

◻◻◻◻을 위해 이토 히로부미에게 총을 쏜 ◻◻◻ 의사는 죽는 순간까지도 두려움 없이 조국의 ◻◻을 소원하였습니다.

5일

숲속의 대장간

주평

문학
／ 재치 있는 행동

어휘 뜻

● **대장간** 쇠를 달구어서 낫, 호미, 칼 같은 쇠붙이 연장을 만드는 곳.

● **가마솥** 쇠로 만든 아주 큰 솥.

● **동동** 매우 춥거나 안타까울 때 발을 자꾸 구르는 모양을 나타냄.

● **가는** 단단한 물체에 대고 문질러서 날카롭게 만드는.

● 때: 이른 아침 ● 곳: 마을 근처에 있는 대장간

● 나오는 인물: 꼬마, 사냥꾼, 토끼, 참새 1, 2, 3, 까마귀 1, 2, 3

● 무대: 마을에서 좀 떨어져 있는 숲속 대장간의 분위기를 나타내어야 한다. 특히, 중요한 부분은 중앙 왼쪽의 가마솥이다. 이 가마솥 속에 토끼가 들어가 숨을 수 있도록 만들어야 한다. / 토끼, 숨을 헐떡이며 달려 들어온다.

토끼: 저 좀 살려 주세요! 사냥꾼이 뒤쫓아 와요.

꼬마: 뭐, 사냥꾼이?

토끼: 절 좀 숨겨 주세요.

참새 1, 2, 3: 빨리빨리, 숨겨 주어요.

까마귀 1, 2, 3: 바보 같은 꼬마, 뭘 하고 있니? 사냥꾼이 뒤쫓아 온다는데.

꼬마: 까마귀, 넌 가만히 있어!

토끼: (발을 동동 구르며) 빨리요.

꼬마: (주위를 살피며) 어디다 감춰 주나……. 이것 참 야단났네.

참새 1, 2, 3: 빨리요! 저기 사냥꾼이 오고 있지 않아요.

까마귀 1, 2, 3: 바보 같이 뭘 하고 있어. 솥 안에다 숨겨 주면 될 게 아니야.

꼬마: 그렇군, 솥 안이 좋겠어. 토끼야, 빨리 솥 안에 들어가거라!

　　꼬마가 토끼를 솥 안에 감추고 나자 사냥꾼이 나타난다. 까마귀들과 참새들, 사라진다. 집 안으로 들어온 사냥꾼, 이리저리 토끼를 찾는다. 그러나 꼬마는 아무것도 모르는 체하고 칼 가는 흉내만 내고 있다.

사냥꾼: (고개를 갸웃거리며) 틀림없이 이 집 안으로 도망쳐 들어왔는데……. 애, 꼬마야. 여기 토끼 한 마리 들어왔지?

꼬마: 토끼요? 못 봤는데요.

사냥꾼: 이상한 일이다. 애, 너 보고도 못 본 체하는 거지?

꼬마: 날 거짓말쟁이로 아세요?

사냥꾼: 그러고 보니 너는 칼 가는 데 정신이 팔려서 토끼를 못 본 모양이로구나. 미안하지만 내가 이 대장간을 샅샅이 뒤져 봐야겠다.

어휘 퀴즈

❶ ㅈㅇ은 넓은 곳이나 물건의 한가운데이다.
☐ 중앙　☐ 주인

❷ ㅎㄴ은/는 남이 하는 말이나 행동을 그대로 따라서 하는 짓이다.
☐ 흉내　☐ 흉년

작품의 전체 줄거리

| 수록 지문 숲속 대장간에 포수에게 쫓기는 토끼가 들어오고 꼬마는 토끼를 숨겨 줌. | 사냥꾼이 토끼를 찾으러 대장간으로 들어오고, 꼬마는 토끼를 못 봤다고 거짓말함. | 사냥꾼은 솥을 의심스럽게 보고 꼬마와 동물들은 사냥꾼의 주의를 딴 데로 돌림. | 사냥꾼이 딴 곳을 보는 사이에 토끼는 도망가고 대장간에는 평화가 찾아옴. |

1 이와 같은 글의 특징으로 알맞은 것을 모두 고르세요. (,   ,   )

① 해설, 대사, 지문이 있다.

② 무대에서 공연하기 위한 글이다.

③ 주장과 근거가 뚜렷하게 드러난다.

④ 자신의 생각을 리듬감 있게 표현한 글이다.

⑤ 인물의 대사와 행동을 통해 이야기가 전개된다.

2 이 글의 내용을 사건이 일어난 차례대로 정리하여 보세요.

사냥꾼에 쫓기는 토끼가 대장간으로 들어옴.	(1)	사냥꾼이 대장간으로 들어와 토끼를 찾음.	(2)

5주
·
5일

3 이 글의 다음에 벌어질 내용을 예측하여 쓰세요.

⏱ **30초 요약**

4 다음 빈칸에 알맞은 말을 넣어 "숲속의 대장간"의 핵심 내용을 한 문장으로 요약하세요.

사냥꾼에 쫓기던 [ ][ ]가 대장간으로 들어오자 꼬마는 토끼를 [ ] 안에 숨겨

주고, 사냥꾼에게 토끼를 못 보았다고 [ ][ ][ ]을 했습니다.

아라비안 나이트

문학

／ 재치 있는 행동

어휘 뜻

- **뱃전** 배의 양쪽 가장자리.
- **원망(怨** 원망할 원, **望** 바랄 망)**스럽게** 자기가 당한 일을 억울하게 여겨 남을 탓하거나 섭섭하게 여기는 마음이 있게.
- **꾀** 문제를 해결하기 위한 아주 좋은 방법이나 계획, 또는 제안.
- **선심(善** 착할 선, **心** 마음 심) 남이 고마워할 만큼 선뜻 베푸는 도움.
- **순진(純** 순수할 순, **眞** 참 진)**하게** (마음이) 꾸밈이 없고 참되게.

푸른 조명으로 바다를 나타낸다. 파도가 뱃전에 부딪치는 소리가 들린다. 무대에 놓여 있는 배 안에서 어부가 그물을 열심히 치고 있다.

어부: (하늘을 원망스럽게 쳐다보며) 신이시여! 저는 오늘 물고기 한 마리 잡지 못했습니다. 이번이 마지막 그물이니 제발 고기를 잡게 해 주십시오. (그물을 던지고 끌어당기며 기대하는 표정으로) 자, 물고기가 얼마나 잡혔는지 볼까?

어부: (그물 안에서 둥근 구리 항아리를 꺼내며) 항아리잖아? 고기 대신 이것이라도 장에 내다 팔아야겠군. (항아리를 흔들며) 그런데 이 속에 무엇이 들어 있는 것 같은데?

어부가 항아리의 뚜껑을 열자 연기가 피어나면서 마왕이 등장한다.

어부: (깜짝 놀라며) 누구십니까?

마왕: 난 마왕이다! 드디어 항아리에서 나왔군. 불쌍하지만 넌 죽어야겠어!

어부: 네? 마왕님, 항아리에서 꺼내 드렸는데 왜 저를 죽이려 하십니까?

마왕: 흥! 나는 바닷속에서 백 년을 기다렸어. 그러면서 생각했지. 나를 구해 주는 사람이 있다면 그를 부자로 만들어 주겠다고 말이야. 그러나 나를 구해 주는 사람이 없었어. 그래서 또 나를 구해 주는 사람이 있으면, 이 세상의 보물 창고를 모두 알려 줘야지 하면서 다시 백 년을 기다렸어. 그런데도 나를 구해 주는 사람이 없었어. 나는 화가 나서 이제부터 나를 구해 주는 사람이 있다면 죽여 버리기로 했지!

어부: 아무리 그래도 너무하십니다. (싹싹 빌면서) 마왕님, 제발 저를 살려 주세요.

마왕: 안 돼!

어부: (혼잣말로) 이 위기를 어떻게 헤쳐 나가지? 꾀를 좀 내야겠는걸. (조심스럽게) 마왕님, 그렇다면 죽기 전에 묻고 싶은 것이 있습니다.

마왕: (선심 쓰듯이) 그래. 물어보거라.

어부: 이 작은 항아리에 어떻게 들어가셨습니까? 아무리 봐도 믿을 수가 없네요.

마왕: 뭐라고? 내가 항아리 속에 있었다는 것을 못 믿겠다고?

어부: (순진하게) 예, 두 눈으로 보기 전에는 믿을 수가 없어요.

마왕: 좋다. 그럼 딱 한 번만 보여 줄 테니 잘 보아라.

마왕, 몸을 움직이며 항아리 속으로 들어간다. 어부는 얼른 항아리의 뚜껑을 닫는다.

어부: 이 어리석은 마왕아! [㉠   ]

어휘 퀴즈

❶ ㄱㅁ은 노끈이나 철사 등을 가로세로로 구멍이 생기도록 짠 도구이다.

☐ 그물   ☐ 가뭄

❷ ㅇㄱ는 위험한 고비나 시기이다.

☐ 위기   ☐ 연기

5 이 극의 등장인물은 누구누구인지 찾아 쓰세요.

(,   )

6 이 극을 공연하려고 할 때 주의할 점으로 알맞지 <u>않은</u> 것은 무엇인가요? (   )

① 무대에 배 모양의 장치를 한다.

② 소품으로 항아리와 그물을 준비한다.

③ 여러 사람이 웅성거리는 소리를 준비한다.

④ 마왕 역할을 맡은 사람은 무섭고 거만하게 연기한다.

⑤ 어부 역할을 맡은 사람은 마왕이 나오는 장면에서 깜짝 놀라야 한다.

7 자신이 어부라면 마왕에게 해 주고 싶은 말은 무엇인지 생각하여 ㉠에 들어갈 어부의 대사를 쓰세요.

> 어부는 얼른 항아리의 뚜껑을 닫는다.
>
> 어부: 이 어리석은 마왕아! _____
>
> _____

⏱ 30초 요약

8 다음 빈칸에 알맞은 말을 넣어 "아라비안 나이트"의 핵심 내용을 한 문장으로 요약하세요.

작은 ☐☐☐ 에 갇혀 있던 마왕은 자신을 꺼내 준 ☐☐ 를 죽이려고 하다가 벌을 받았습니다.

[1~3] 다음 주황색으로 쓴 낱말의 뜻을 찾아 ○표 하세요.

1

> 안중근 의사는 죽는 순간까지도 대한 독립을 소원했다.

(1) 무엇을 하고자 하는 생각. ( )
(2) 나라와 민족을 위하여 일하다가 목숨을 바친 사람. ( )
(3) 환자를 진찰하고 치료하는 일을 직업으로 하는 사람. ( )

2

> 오늘의 기상 정보를 보니 오후에 비가 오겠다.

(1) 비행기 위. ( )
(2) 겉으로 드러나는 씩씩한 정신. ( )
(3) 비·바람·눈·구름 등 대기 속에서 일어나는 현상. ( )

3

> 경기에서 지자, 그는 선수들을 원망했다.

(1) 멀리 바라봄. ( )
(2) 원하고 바람. ( )
(3) 자기가 당한 일을 억울하게 여겨 남을 탓하거나 섭섭하게 여김. ( )

5주의 어휘

뜻을 정확하게 알고 있
는 것에 ○표, 뜻이 헷갈
리는 것에 △표, 뜻을 전
혀 모르는 것에 ✓표 하
세요.

1일
분포 ☐
계층 ☐
풍습 ☐
2일
쾌적하다 ☐
기상 ☐
위협 ☐
3일
생색 ☐
기색 ☐
하숙 ☐
4일
권리 ☐
열사 ☐
의사 ☐
5일
원망 ☐
선심 ☐
순진하다 ☐

[4~7] 다음에서 설명한 낱말은 무엇인지 초성을 포함하여 완성하세요.

4

> 일정 기간 동안 밥을 먹고 자는 값을 내고 남의 집에 묵는 것.

ㅎ ㅅ

5

> 몸과 마음에 잘 맞아 기분이 아주 좋음.

ㅋ ㅈ ㅎ ㄷ

6

> 한 사회에서 지위, 역할, 직업, 경제적 수준에 따라 이루는 집단.

ㄱ ㅊ

7

> 남이 고마워할 만큼 선뜻 베푸는 도움.

ㅅ ㅅ

[8~10] 다음 낱말이 들어갈 문장을 찾아 선으로 이으세요.

8   생색   •

• ㉮   유관순 _____의 의로운 정신을 본받자.

9   기색   •

• ㉯   벌레를 보고도 그는 놀란 _____을/를 보이지 않았다.

10   열사   •

• ㉰   청소를 잠깐 도와주고 온갖 _____을/를 내는 동생이 너무 얄밉다.

[11~12] 다음에 제시된 뜻과 예문을 참고하여 낱말을 완성하세요.

11   [ㅍ][ㅅ] : 오래전부터 지켜 내려오는 사회적 풍속이나 관습.

㉮ 설날이면 온 가족이 함께 모여 세배를 하고 떡국을 먹는 _____이 있다.

12   [ㄱ][ㄹ] : 어떤 일을 자기 마음대로 할 수 있는 올바른 자격.

㉮ 인간은 모두 행복할 _____가 있다.

[13~15] 다음 ・보기・에서 밑줄 그은 낱말의 뜻을 찾아 번호를 쓰세요.

┌─ 보기 ─────────────────────────
│ ① (마음이) 꾸밈이 없고 참됨.
│ ② 남의 말이나 명령에 순순히 따름.
│ ③ 무엇이 여러 곳에 흩어져 퍼져 있는 것.
│ ④ 두려워하게 하는 것. 겁을 내게 하는 것.
│ ⑤ 일에 나서서 참견하거나 관심을 두지 않음.
└──────────────────────────────

13   미세먼지가 우리의 건강을 위협하고 있다.   (   )

14   아이들의 순진한 표정은 우리에게 기쁨을 준다.   (   )

15   인구 분포를 살펴보면 도시에 인구가 집중된 것을 알 수 있다.   (   )

5주
・
5일

고려에서 온
고려청자!

고려양

1일
역사

몽골풍

몽골에서 온
설렁탕과 소주!

역사
세계 속의 고려

과학
생활 속
산과 염기

영역

문학
교훈을 주는 시

예술
소중한 우리
문화유산

문학
깨달음을
주는 경험

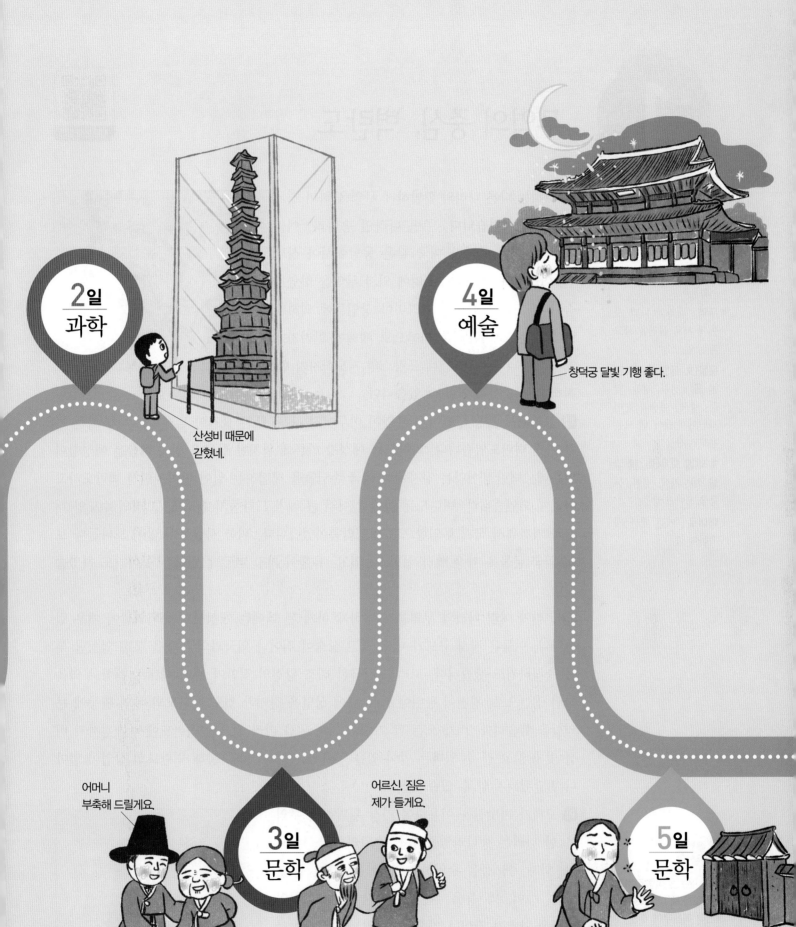

무역의 중심, 벽란도

지문 분석 강의

역사
/ 세계 속의 고려

어휘 뜻

● **무역** 나라와 나라 사이에 서로 물건을 사고 파는 일.

● **문물**(文 글월 문, 物 만물 물) 정치, 경제, 학문, 종교, 예술과 같이 사람이 만들어 낸 모든 문화적 산물.

● **축적**(蓄 모을 축, 積 쌓을 적) 지식, 경험, 돈 등을 모아서 쌓음.

● **대대로** 여러 대를 계속하여 죽.

가 고려는 다른 나라와 활발하게 무역을 하며 경제를 발전시켰습니다. 주변 나라인 송나라, 여진, 거란뿐만 아니라 태국 같은 동남아시아 상인, 아라비아 상인들도 고려에 와서 무역을 하였습니다. 고려에 다녀간 아라비아 상인들에 의하여 고려는 '코리아'라는 이름으로 세계에 알려지게 되었습니다. 1700년대 프랑스의 지도학자가 만든 지도를 보면 고려가 'COREE'라고 적혀 있는 것을 확인할 수 있습니다.

나 고려에서 가장 활발하게 무역이 이루어진 곳은 '푸른 물결이 넘실대는 나루'라는 뜻을 가진 벽란도였습니다. 벽란도는 예성강 하류에 위치한 항구로 원래 이름은 예성항이었는데, '벽란정'이라는 정자에서 외국 손님들을 대접하는 일이 많아지면서 벽란도라고 불리게 되었습니다. 벽란도는 물이 깊어서 큰 배가 드나들기 편하고, 고려의 수도인 개경과 가까워서 국제 무역항으로 안성맞춤이었습니다. 외국 사람들이 많이 드나들다 보니 외국 문물을 가장 빨리 접할 수 있고, 유행이 가장 빠르게 변하는 곳이기도 하였습니다.

다 고려가 여러 나라와 무역을 활발하게 하게 된 데에는 개성상인들의 역할이 매우 컸습니다. 이들은 장사 규모가 매우 크고 상술이 뛰어나 외국과의 무역을 통해 엄청난 부를 축적하기도 했습니다. 고려를 건국한 태조 왕건의 집안이 원래 대대로 해상 무역을 하던 집안으로, 왕건이 왕위에 오른 뒤에 상업을 장려한 것도 벽란도의 무역 활동에 큰 역할을 했습니다. 비가 오는 날 가게의 처마 밑을 따라 걸으면 벽란도에서 개경까지 비를 맞지 않고 갈 수 있다는 말이 있을 정도였는데, 이 말을 통해 벽란도의 상업이 얼마나 발달했는지 알 수 있습니다.

라 고려가 바닷길을 이용하여 가장 활발하게 무역을 한 나라는 송나라였습니다. 송나라에서 '비단, 차, 약재, 책' 등을 수입하고, '금, 은, 나전 칠기, 인삼, 종이, 먹' 등을 수출했습니다. 특히 고려의 인삼은 약효가 뛰어나 가장 인기 있는 수출품이었습니다. 그래서 비단을 주고도 사지 못할 때가 있었다고 합니다. 고려의 종이도 빛깔이 희고 질겨서 최상품으로 인정을 받았습니다.

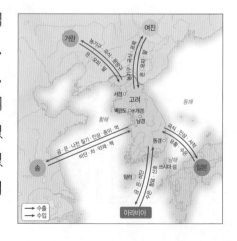

어휘 퀴즈

❶ ㅈㄹ은/는 바람직하고 좋은 일을 해 나가도록 권하거나 북돋우어 주는 것이다.
☐ 장려 ☐ 자랑

❷ ㅅㅅ은 장사를 하는 재능이나 솜씨이다.
☐ 수선 ☐ 상술

1 다음에서 설명하는 장소가 어디인지 쓰세요.

> • 고려의 국제 무역항입니다.
> • 개경 근처이며 원래 이름은 예성항입니다.
> • 송, 아라비아 등에서 온 상인들로 붐비는 곳입니다.

(   )

2 이 글의 내용과 일치하지 <u>않는</u> 것은 무엇인가요? (   )

① '코리아'라는 말은 아라비아 상인들에 의해 알려졌다.

② 고려는 송나라에서 비단과 차, 약재, 책 등을 수입하였다.

③ 개성상인은 외국과의 무역을 통해 엄청난 부를 축적하였다.

④ 태조 왕건은 대대로 해상 무역을 하던 집안 출신으로, 왕건은 왕위에 올라 농업을 장려하였다.

⑤ 벽란도는 물이 깊어서 큰 배가 드나들기 편하고 개경과 가까워서 국제 무역항으로 안성맞춤이었다.

3 다음 •보기•의 내용이 들어가기에 알맞은 위치의 문단 기호를 쓰세요.

> ┌─보기─
> 거란과 여진과의 무역은 송나라와의 무역만큼 활발하지는 않았지만 농기구, 곡식 등을 수출하였고 은, 모피, 말 등을 수입하였습니다. 한편 아라비아 상인들은 동남아시아나 서남아시아에서 나는 수은, 향료 등을 고려로 가져오고 고려에서 금, 은, 비단 등을 가져갔습니다.

(   )의 뒤

30초 요약

4 다음 빈칸에 알맞은 말을 넣어 "무역의 중심, 벽란도"의 핵심 내용을 한 문장으로 요약하세요.

고려는 [ ][ ][ ]를 중심으로 국제 [ ][ ]이 크게 발달하여, 송나라, 여진, 거란, 동남아시아, [ ][ ][ ][ ] 상인들과 무역 활동을 하였습니다.

고려양과 몽골풍

역사
／ 세계 속의 고려

어휘 뜻

• **정복**(征 칠 정, 服 입을 복)**해** 다른 나라나 민족을 무력으로 쳐서 복종시켜.

• **공물** (옛날에) 백성이 나라에 세금으로 바치던 특산품.

• **간섭** 자기와 직접 관계가 없는 일에 끼어들어 귀찮게 구는 것.

• **공녀** 고려 시대에 원나라의 요구로 바쳐진 여자.

고려의 북쪽 지역에는 여진과 거란을 비롯하여 수많은 유목 민족이 살았습니다. 그러다 칭기즈 칸이 나타나 이 지역을 통일하고, '몽골'이라는 거대한 제국을 세웠습니다. 몽골은 주변 나라들을 빠르게 정복해 나갔고, 고려에도 지나친 공물을 요구했습니다. 그러던 중 고려에 왔던 몽골 사신이 살해되는 사건이 발생했고, 몽골은 이를 구실로 고려에 쳐들어왔습니다. 고려는 오랜 시간 동안 몽골에 맞서 싸웠지만 결국 몽골이 세운 원나라의 간섭을 받게 되었습니다. 이후 고려와 원나라는 문화, 생활 방식 등 다양한 부분에서 서로 많은 영향을 주고받게 되었습니다.

그중 원나라에서 유행하였던 고려의 풍습을 '고려양'이라고 하고, 고려로 전해져 유행하였던 몽골의 생활 양식을 '몽골풍'이라고 합니다. 이때 영향을 주고받은 풍습 중 아직까지 남아 있는 것들도 있습니다.

㉠

원나라에 공녀로 가거나 원나라 왕실과 혼인하는 고려 여인들이 많아지면서 고려의 풍습이 원나라에 전해졌습니다. 채소로 쌈을 싸 먹는 방법, 인삼으로 만든 술, 고려병, 고려청자 등이 대표적입니다. 고려병은 밀가루에 참기름과 꿀을 넣고 반죽하여 튀긴 것으로, 약과나 강정 같은 한과를 말합니다. 당시 고려 문화는 수준이 높아 몽골에서 크게 유행하였습니다. 특히 고려청자는 빛깔이 아름다워 원나라 사람들이 매우 좋아했다고 합니다.

㉡

우리나라에서 많이 먹는 만두, 소주, 설렁탕 등은 몽골에서 전해진 것입니다. 혼인할 때 신부들이 머리에 쓰던 족두리는 몽골 여자들이 쓰는 '고고'라는 모자에서 유래되었다고 합니다. '벼슬아치', '장사치'처럼 사람을 가리키는 '치'라는 말이나 임금의 음식상을 가리키는 '수라'라는 말도 몽골의 영향을 받은 것입니다.

몽골

고 려

어휘 퀴즈

❶ ㅇㅁ은 소나 양과 같은 가축이 먹을 풀과 물을 찾아 옮겨 다니면서 사는 것이다.
☐ 유목　☐ 유명

❷ ㅅㅅ은 옛날에 임금이나 나라의 명령을 받고 다른 나라에 보내진 신하이다.
☐ 서신　☐ 사신

5 ㉠과 ㉡에 들어갈 설명 대상을 2문단에서 찾아 쓰세요.

(1) ㉠: (   )

(2) ㉡: (   )

6 이 글을 통해 알 수 있는 내용은 무엇인가요? (   )

① 고려와 원나라가 서로에게 영향을 끼쳤다.

② 인삼으로 만든 술이 원나라에서 고려로 전해졌다.

③ 고려가 원나라와 싸우기 위해 일본의 힘을 빌렸다.

④ 원나라의 남쪽 지역에 수많은 유목 민족이 살았다.

⑤ 원나라는 고려의 문화를 존중해서 고려를 공격하지 않았다.

7 '고려양', '몽골풍'의 예를 더 찾아보려고 합니다. 알맞은 것을 두 가지 고르세요.

(,   )

① 고려가 거란에 식량, 구리, 철을 수출한 것

② 몽골이 대제국으로 성장해서 고려를 위협한 것

③ 몽골의 머리 모양인 변발이 고려에서 유행한 것

④ 두루마기와 같은 고려의 옷이 원나라에서 유행한 것

⑤ 고려가 몽골과의 오랜 전쟁으로 많은 피해를 입은 것

6주 · 1일

🕐 30초 요약

8 다음 빈칸에 알맞은 말을 넣어 "고려양과 몽골풍"의 핵심 내용을 한 문장으로 요약하세요.

고려양은 [   ][   ][   ]에서 유행하였던 고려의 풍습이고, 몽골풍은 [   ][   ]로 전해져 유행하였던 [   ][   ]의 생활 양식입니다.

과학
/ 생활 속
산과 염기

어휘 뜻

● **피에이치(pH)** 수용액의 성질을 나타내는 지표. 중성 수용액은 7, 산성 수용액은 7보다 작고 염기성 용액은 7보다 큼.

● **원리(原** 근원 원. **理** 다스릴 리) 기본이 되는 이치나 법칙.

● **제산제** 위산이 너무 많이 생기는 병을 치료하는 약.

● **위산** 위액 속에 들어 있는 산성 물질.

● **밀접한** 관계가 아주 가까운.

1 '산'은 산성을 띠는 물질이고, '염기'는 염기성을 띠는 물질이에요. 산성은 피에이치 (pH)가 7보다 작고, 물에 녹으면 신맛을 내며 푸른색 리트머스 시험지를 붉은색으로 변화시키지요. 반대로 염기성은 피에이치가 7보다 크고 붉은 리트머스 시험지를 푸른색으로 변화시켜요. 산과 염기는 우리 생활 곳곳에 활용되고 있어요. 생활 속에서 산과 염기를 활용할 때에는 '중화 반응'의 원리를 이용하는 경우가 많아요. 중화 반응이란 산과 염기를 섞어 그 성질을 약하게 하는 것이에요.

2 산성이 강할 때는 염기성 물질을 이용해요. 벌에 쏘이거나 벌레에 물리면 피부가 빨갛게 부어오르고 통증이 생기는데 이때 암모니아수를 바르면 통증이 가라앉아요. 벌이나 벌레의 독에는 산성 물질이 들어 있는데, 여기에 염기성인 암모니아수를 바르면 산성인 독이 중화되어 통증이 가라앉는 것이지요.

또한 속이 쓰릴 때에 먹는 제산제는 염기성이어서 위액의 산성을 중화해 주어요. 제산제를 먹으면 속 쓰림이 줄어들지요. 제산제가 없을 경우에는 검게 변한 바나나를 먹는 것도 좋다고 하는데, 검게 변한 바나나에 위산을 중화해 주는 성분이 있기 때문이에요.

3 반대로 염기성이 강할 때는 산성 물질을 사용해요. 생선회를 먹을 때 레몬즙을 뿌리는 것은 염기성인 생선의 비린내를 산성인 레몬즙으로 중화하기 위해서이지요. 생선을 손질한 도마에도 식초나 레몬즙을 뿌리면 비린내를 없앨 수 있어요.

화장실 청소를 할 때에 변기의 때를 없애기 위해서도 산성 세제를 사용해요. 변기 때는 염기성 물질이기 때문에 산성 세제로 때와 냄새를 없앨 수 있어요. 탄산음료인 콜라도 산성 물질이므로 화장실 청소에 사용할 수 있어요. 콜라를 변기에 부어 놓고 한 시간쯤 뒤에 물을 내리면 찌든 때를 없앨 수 있답니다.

4 이렇게 산과 염기는 서로 다르면서 그 특성을 이용해 서로를 보완할 수 있는 밀접한 관계의 물질이에요. 주변에서 산성이나 염기성을 띤 물질을 직접 찾아보고 생활 속에서 이 특성을 어떻게 활용하면 좋을지도 생각해 보는 건 어떨까요?

1 ㅌㅈ은 아픈 증세이다.
☐통증 ☐탕진

2 ㅈㅎ는 산성과 염기성의 물질이 합하여 중성이 되는 것이다.
☐중화 ☐전화

1 이 글의 제목으로 가장 어울리는 것은 무엇인가요? (   )

① 산성비가 내리는 원리

② 산성 제품을 쓰지 말자

③ 생활 속 산과 염기의 이용

④ 산과 염기 중 무엇이 더 강할까?

⑤ 산성과 염기성을 구별하기 어려운 까닭

2 생활에서 '산'과 '염기'가 활용되는 예를 <u>잘못</u> 말한 것은 무엇인가요? (   )

① 속이 쓰릴 때 염기성인 제산제를 먹는다.

② 생선회를 먹을 때 산성인 레몬즙을 뿌린다.

③ 생선을 손질한 도마에 산성인 식초를 뿌린다.

④ 벌에 쏘였을 때 염기성인 암모니아수를 바른다.

⑤ 화장실 변기 청소를 할 때 염기성 세제를 사용한다.

3 이 글의 구조를 알맞게 나타낸 것의 기호를 쓰세요.

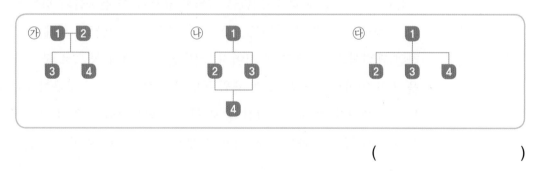

(   )

6주 · 2일

⏱️**30**초 요약

4 다음 빈칸에 알맞은 말을 넣어 이 글의 핵심 내용을 한 문장으로 요약하세요.

□□□□의 원리를 이용하여 □과 □□를 우리 생활 곳곳에서

활용할 수 있습니다.

산성비와 대리석 문화재

2 일

과학
/ 생활 속
산과 염기

어휘 뜻
- **떼죽음** 한꺼번에 모두 죽음.
- **변성(變** 변할 변, **性** 성품 성) 성질이 변함.
- **구조물(構** 얽을 구, **造** 지을 조, **物** 만물 물) 다리, 탑, 육교와 같이 사람이 만들어 놓은 큰 물건.
- **이슬람** 마호메트가 창시한 종교. 유일신인 '알라'를 받듦.
- **제한(制** 마를 제, **限** 한계 한) 일정한 한계나 범위를 넘지 못하게 하는 것.

자동차나 공장에서 배출되는 이산화 황이나 질소 산화물이 수증기와 만나면 강한 산성을 띠는 산성비가 돼요. 대기 오염이 심한 지역에서 많이 내리는 산성비는 생물에 나쁜 영향을 줍니다. 산성비를 맞으면 나무가 말라 죽기도 하고, 땅에 쌓인 산성 물질로 땅이 오염되어 식물이 자라지 못하기도 해요. 또, 산성비가 강이나 하천으로 들어가면 산성에 약한 물고기들이 숨을 쉬지 못해 떼죽음을 당하기도 하지요.

산성비는 생물뿐만 아니라 대리석으로 만든 문화재에도 피해를 줍니다. 대리석은 석회암의 변성 과정을 거쳐 만들어졌기 때문에 석회암보다 단단하고 색깔이 고와서 조각 작품이나 건축물의 재료로 많이 쓰입니다. 그런데 대리석의 주성분인 탄산칼슘은 산과 반응하면 녹기 때문에 산성비가 내리면 대리석이 많이 훼손돼요. 산성비로 인해 훼손된 문화재들은 조각의 형태가 뭉개지거나 일부가 녹아내리는 등 고유의 형태를 잃어버리고 있습니다. 그래서 여러 나라에서 대리석으로 만들어진 문화재를 산성비로부터 보호하기 위해 노력하고 있어요.

우리나라 국보 제2호인 원각사지 10층 석탑은 형태가 특이하고 탑 곳곳에 표현된 조각이 아름다워 훌륭한 문화재로 손꼽혀요. 그러나 대리석으로 만들어져 산성비에 훼손될 위험이 있기 때문에 유리 구조물 안에 넣어 보호하고 있어요. 이처럼 탑이나 크기가 크지 않은 조각물의 경우에는 유리 구조물에 넣거나 실내로 옮겨서 보관하지요.

유리 구조물 안에 넣을 수 없을 정도로 규모가 큰 건축물의 경우에는 어떻게 보호할까요? 인도의 타지마할 사원은 대표적인 이슬람 건축물로, 세계 문화유산 중 하나예요. 하얀 대리석으로 웅장하게 지어져 '거대한 대리석의 꽃'으로 불리며, 많은 사람의 사랑을 받고 있어요. 그러나 오랜 세월 동안 산성비를 맞으며 곳곳이 훼손되었어요. 인도 정부는 산성비가 건축물에 직접 닿지 않도록 타지마할 사원의 표면에 실리콘을 바르고, 사원 근처 공장의 화석 연료 사용을 제한하는 등 타지마할의 훼손을 막기 위해 노력하고 있어요.

어휘 퀴즈

1 ㅈㅅㅂ은/는 어떤 물질을 이루는 주된 성분이다.
□주성분 □잠수부

2 ㄱㅇ는 사물이 본래부터 지니고 있는 것이다.
□고유 □고요

▲ 대리석이 훼손된 모습

▲ 원각사지 10층 석탑

5 이 글의 중심 소재로 알맞은 것에 ○표 하세요.

(1) 산성과 염기성의 특징 ( )

(2) 산성비를 내리지 않게 하는 방법 ( )

(3) 인도 타지마할 사원의 아름다움 ( )

(4) 산성비로 피해를 입는 대리석 문화재 ( )

6 이 글의 내용과 일치하지 <u>않는</u> 것은 무엇인가요? ( )

① 대리석의 주성분인 탄산칼슘은 산과 반응하면 녹는다.

② 산성비는 대리석으로 만들어진 문화재에도 피해를 준다.

③ 산성비로 인한 대리석 문화재의 훼손을 막을 방법은 없다.

④ 이산화 황이나 질소 산화물이 수증기와 만나 산성비가 된다.

⑤ 산성비 때문에 나무가 말라 죽기도 하고 물고기가 떼죽음을 당하기도 한다.

7 글쓴이가 이 글을 쓴 목적을 알맞게 말한 친구의 이름을 쓰세요.

> 호영: 대리석으로 문화재를 만들지 말자고 주장하기 위해서 썼어.
>
> 진아: 산성비가 우리에게 어떤 도움을 주는지 알려 주기 위해 쓴 글이야.
>
> 희수: 우리의 소중한 문화재를 알리기 위해 어린이들이 관심을 기울여야 한다고 주장하기 위해서야.
>
> 준성: 산성비로 인해 대리석 문화재가 훼손되고 있고, 이를 막기 위해 어떤 노력을 하고 있는지 알려 주기 위해 쓴 글이야.

( )

30초 요약

8 다음 빈칸에 알맞은 말을 넣어 "산성비와 대리석 문화재"의 핵심 내용을 한 문장으로 요약하세요.

산성비는 □□□ 으로 만든 문화재를 □□ 시키기 때문에 각 나라에서는 □□□ 로부터 문화재를 보호하기 위해 노력하고 있습니다.

지문 분석 강의

혀 밑에 도끼

이정환

혀 아래 도끼 들었단 말 들어 본 일 있나요?
남을 자꾸 헐뜯는 사람들의 혓바닥 아랜
도끼가 숨겨져 있대요. 서슬 푸른 쇠도끼.

어휘 뜻

- **도끼** 길쭉한 쇳덩이의 한끝을 날카롭게 갈고 다른 한쪽에 긴 자루를 박아, 나무를 찍거나 장작을 패는 데 쓰는 도구.
- **헐뜯는** (남을) 해치려고 나쁘게 말하는.
- **서슬** 쇠붙이로 만든 도구나 유리 조각 같은 것의 날카로운 부분 또는 위협적이고 세찬 말씨와 태도.

어휘 퀴즈

1 서슬이 ㅍ ㄹ ㄷ 는 남이 맞서지 못할 만큼 말씨와 태도가 위협적이고 세차다는 뜻이다.
☐ 푸르다 ☐ 팔리다

1 이 시에 대한 설명으로 알맞지 <u>않은</u> 것을 두 가지 고르세요. (,   )

① 반복되는 낱말이 있다.

② 비유하는 표현이 쓰였다.

③ 소리를 흉내 내는 말이 쓰여 생동감이 있다.

④ 과거와 현재의 모습을 비교하여 나타내었다.

⑤ 묻고 답하는 형식으로 생각을 전달하고 있다.

2 이 시에서 '도끼'는 무엇을 나타내는 말인지 쓰세요.

(   )

3 이 시의 중심 생각을 속담과 관련지어 알맞게 말한 친구의 이름을 쓰세요.

> 선호: '말 한마디에 천 냥 빚도 갚는다.'고 했어. 말하는 이의 생각인 '말만 잘하면 어떤 어려움도 해결할 수 있다.'와 잘 어울려.
>
> 민영: '낮말은 새가 듣고 밤말은 쥐가 듣는다.'고 했어. 말하는 이의 생각인 '남을 헐뜯거나 흉보는 이야기는 새어 나가지 않게 작은 소리로 하자.'는 내용이 잘 드러난 속담이지.
>
> 지현: '쌀은 쏟고 주워도 말은 하고 못 줍는다.'라는 속담이 생각나. 쌀은 주워도 한 번 뱉은 말은 어찌할 수 없으므로 '말을 조심해야 한다.'는 말하는 이의 생각을 잘 나타내고 있어.

(   )

6주
·
3일

30초 요약

4 다음 빈칸에 알맞은 말을 넣어 "혀 밑에 도끼"의 핵심 내용을 한 문장으로 요약하세요.

다른 사람의 마음에 □□ 를 줄 수 있으니, 남을 □□□ 말을 하지 말아야 합니다.

3일

문학
／ 교훈을 주는 시

훈민가

정철

가 부모님 살아 계실 때 섬기기를 다 하여라.
돌아가신 후면 아무리 애달파한들 어찌하겠는가?
㉠평생에 다시 못 할 일은 이것뿐인가 하노라.

나 이고 진 노인이여, 짐 풀어 나에게 주시오.
나는 젊었으니 돌이라 한들 무거울까.
늙기도 서럽다 하거늘 짐까지 지시는가

어휘 뜻

● **섬기기를** 신이나 윗사
람을 잘 모시어 받들기
를.
● **애달파한들** 마음이 안
타깝거나 쓰라린들.
● **이고** 물건을 머리 위
에 얹고.
● **진** 물건을 짊어서 등
에 얹은.

어휘 퀴즈

❶ ㅅㄹㄷ는 원통하고 슬
프다는 뜻이다.

☐ 서럽다 ☐ 새롭다

5 다음은 이 시의 제목인 '훈민가'를 풀이한 것입니다. 제목과 시의 내용을 보고, 이 시를 쓴 까닭으로 알맞은 것에 ○표 하세요.

> 훈민가(訓 가르칠 훈, 民 백성 민, 歌 노래 가): 백성을 가르치는 노래

(1) 부모를 잘 모시고 있는 백성들을 칭찬하기 위해서   (   )

(2) 백성들이 부모와 웃어른을 잘 모시도록 권장하기 위해서   (   )

(3) 백성들이 시간의 소중함을 알고 낭비하지 않도록 하기 위해서 (   )

6 시 **가**에서 ㉠과 같이 말한 까닭은 무엇인지 쓰세요.

(   )

7 이 시를 읽고 자신의 생각을 알맞게 말한 것은 무엇인가요? (   )

① 젊을 때 부지런히 일해서 돈을 많이 모아야 해.

② 규칙적인 생활을 위해 일찍 자고 일찍 일어나야겠어.

③ 젊다고 해서 힘든 일만 계속하면 건강을 해칠 수도 있어.

④ 나중에 후회하지 않도록 지금부터 부모님께 효도해야겠어.

⑤ 나도 언젠가 노인이 되면 젊은 사람들에게 도와 달라고 말해야지.

6주·3일

⏱ **30초 요약**

8 다음 빈칸에 알맞은 말을 넣어 "훈민가"의 핵심 내용을 한 문장으로 요약하세요.

부모님께 ☐☐ 하고, 노인을 ☐☐ 해야 합니다.

창덕궁의 밤은 아름답다

지문 분석 강의

예술

／소중한 우리
　문화유산

어휘 뜻

● **야경**(夜 밤 야, 景 볕 경)　밤에 보이는 경치.

● **수문장**(守 지킬 수, 門 문 문, 將 장수 장)　대궐의 문이나 성문을 지키던 장수.

● **인정전**　창덕궁의 중심이 되는 건물.

● **낙선재**　창경궁과 경계를 이루는 곳에 자리 잡은 건물. 왕이 책을 읽고 쉬던 공간임.

● **연경당**　창덕궁 후원에 있는 건물.

● **다과**(茶 차 다, 菓 실과 과)　차와 과자 같은 간단히 먹을 음식.

○○ 신문　　　　　　　　　　　20○○년 ○○월 ○○일

창덕궁 달빛 기행 4월 ○일부터 시작

'창덕궁 달빛 기행'이 오는 4월 ○일부터 6월 ○일, 8월 ○○일부터 10월 ○○일까지 매주 목·금·토·일요일에 실시된다. '창덕궁 달빛 기행'은 문화재청이 주최하는 행사로, 은은한 달빛 아래 창덕궁을 거닐며 야경을 감상할 수 있다. 우리 궁궐이 문화유산에서 누구나 누릴 수 있는 문화 공간으로 한 단계 더 나아가게 하려는 취지로 기획된 이 행사는 매년 인기리에 진행되고 있다.

창덕궁은 자연과 조화를 이룬 궁궐로 유명하다. 산이 생긴 모양에 따라 건물을 배치하여 인간과 자연이 완전하게 조화를 이루도록 하였고, 연못과 정자, 숲과 나무가 어우러진 후원을 통해 왕실 정원의 아름다움을 물씬 느낄 수 있다. 1997년에는 이러한 가치를 인정받아 창덕궁이 유네스코 세계 문화유산으로 기록되기도 하였다.

'창덕궁 달빛 기행'은 풍성한 프로그램을 자랑한다. 창덕궁 정문인 돈화문에서 전통 복장을 한 수문장과 기념 촬영을 하고, 전문 해설사의 해설을 들으며 돌다리인 금천교를 건너 인정전과 낙선재, 연경당 등 여러 곳을 둘러본다. 그리고 연경당에서 다과를 즐기며 그림자극 등의 전통 예술 공연을 관람한다.

'창덕궁 달빛 기행'은 문화유산 보호와 원활한 행사 진행을 위해 참여 인원을 회당 100명으로 제한하고 있으며 3월 ○○일부터 전화와 인터넷으로 예매할 수 있다. 우리나라 사람은 1인당 2매까지 입장권을 구입할 수 있고, 매주 목·금·토요일에 행사에 참여할 수 있다. 외국인은 매주 일요일에만 참여할 수 있으며 영어, 중국어, 일본어 해설 중 선택하여 들을 수 있다.

'창덕궁 달빛 기행'에 대한 자세한 사항은 누리집에서 확인할 수 있다.

'창덕궁 달빛 기행'을 통해 우리 국민은 물론 세계인 모두가 창덕궁의 매력에 흠뻑 빠질 수 있기를 기대한다.

○○○ 기자

어휘 퀴즈

❶ ㅈㅊ 는 어떤 행사나 모임을 책임지고 기획하여 여는 것이다.

☐ 주최　　☐ 자취

❷ ㅈㅎ 은/는 일정한 한계나 범위를 넘지 못하게 하는 것이다.

☐ 재해　　☐ 제한

1 이와 같은 글의 특징은 무엇인가요? (   )

① 창덕궁을 다녀와서 쓴 기행문이다.

② 우리나라 궁궐의 아름다움을 광고하는 글이다.

③ 행사 소식을 신속하고 정확하게 전달하는 기사문이다.

④ 창덕궁을 보호해야 한다고 까닭을 들어 주장하는 글이다.

⑤ 유네스코 세계 문화유산에 무엇이 있는지 설명하는 글이다.

2 '창덕궁 달빛 기행'에 대한 설명으로 알맞지 <u>않은</u> 것은 무엇인가요? (   )

① 참여 인원을 회당 100명으로 제한한다.

② 우리나라 사람은 1인 3매까지 예매할 수 있다.

③ 창덕궁 정문에서 수문장과 기념 촬영을 할 수 있다.

④ 외국인은 영어, 중국어, 일본어 해설을 선택하여 들을 수 있다.

⑤ 4월 중부터 6월 중, 8월 중부터 10월 중까지 진행되며 문화재청이 주최한다.

3 창덕궁에서 이러한 행사를 하는 까닭은 무엇일지 생각하여 쓰세요.

_____

_____

6주 · 4일

⏱30초 요약

4 다음 빈칸에 알맞은 말을 넣어 "창덕궁의 밤은 아름답다"의 핵심 내용을 한 문장으로 요약하세요.

'창덕궁 ☐☐ 기행'은 아름다운 궁궐 ☐☐☐을 거닐며 ☐☐을 감상할 수 있는 행사입니다.

4일

정조의 계획도시, 수원 화성

예술
/ 소중한 우리
문화유산

어휘 뜻

- **성곽**(城 성 성, 郭 둘레 곽) 한 지역이나 건물 등을 적의 공격으로부터 보호하기 위해 그 둘레에 쌓은 성.
- **왕도 정치** 어진 덕을 근본으로 천하를 다스리는 정치사상.
- **계획도시** 사람들이 편리하게 생활할 수 있도록 계획하여 건설된 도시.
- **방어** 상대의 공격을 막는 것.
- **초소** 보초 같은, 경계를 맡은 사람이 그 일을 보는 곳.
- **망루** 주위를 내려다보며 살피기 위하여 높게 지은 건물.

수원 화성은 우리나라에서 가장 아름답고 뛰어난 성곽 가운데 하나입니다. 수원 시내를 넓게 차지하고 있는 수원 화성은 정조가 왕도 정치를 실현하기 위하여 세운 계획도시로, 군사적 방어 기능과 상업적 기능을 함께 갖춘 곳입니다. 이 때문에 우리나라 성곽에서는 흔치 않았던 방어 시설을 다양하게 갖추는 등 특별한 모습이 더해졌습니다.

수원 화성에는 큰 문이 네 개 있습니다. 남쪽에 팔달문, 북쪽에 장안문, 서쪽에 화서문, 동쪽에 창룡문이 있지요. 동서남북의 네 성문에는 모두 옹성을 두었습니다. 옹성은 성문을 보호하기 위해 바깥에 설치한 이중 성벽으로, 항아리를 반으로 쪼갠 모양과 비슷하여 붙여진 이름입니다. 옹성을 통해 성을 보호할 수도 있고, 성문을 향해 다가오는 적을 공격할 수도 있습니다.

『수원 화성에는 5.4킬로미터의 성곽을 따라 48개의 방어 시설물이 있습니다. 공심돈은 수원 화성에서만 볼 수 있는 ㉠원거리 초소입니다. 성벽보다 높은 2층으로 된 망루인데 먼 곳까지 적을 감시하고 적의 공격을 막을 수 있도록 설치한 것입니다. 중앙에 있는 산인 팔달산 정상에는 서장대를 설치했습니다. 서장대는 장수가 병사를 지휘하는 곳입니다. 그 외에도 화성에는 군사용 출입문인 동암문, 봉화를 피웠던 봉돈 등이 있습니다.』

공심돈

동암문

봉돈

수원 화성은 ㉡첨단 기술을 바탕으로 하여 지어졌습니다. 수원 화성의 설계자였던 정약용은 할 수 있는 모든 능력과 기술을 동원하여 수원 화성 설계안을 완성하였습니다. 또한 정약용이 개발한 활차와 거중기 등 기계 장치를 활용하여 성을 쌓았습니다. 거중기는 도르래의 원리를 이용해 무거운 물건을 쉽게 들어 올릴 수 있는 기계입니다. 이러한 기계들을 활용한 덕분에 수원 화성은 십 년을 ㉢예상했던 공사 기간을 크게 ㉣단축시키며 2년 9개월 만에 완성되었고, 우리나라 과학 기술 발전에 크게 ㉤기여하였습니다.

어휘 퀴즈

❶ ㄱㅅ 는 사람이나 상황을 통제하기 위해 주의하여 지켜보는 것이다.

☐ 공사 ☐ 감시

❷ ㅂㅎ 는 옛날에 전쟁 등이 일어난 것을 알리기 위해 산 위에서 피워 올리던 불이다.

☐ 봉화 ☐ 보호

5 다음과 같은 특징을 가진 이 글의 설명 대상을 다음 빈칸에 쓰세요.

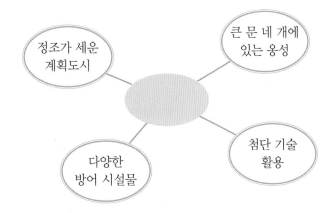

정조가 세운
계획도시

큰 문 네 개에
있는 옹성

첨단 기술
활용

다양한
방어 시설물

6 ㉠~㉤과 바꾸어 쓰기에 알맞지 <u>않은</u> 것은 무엇인가요? (   )

① ㉠: 먼 거리

② ㉡: 최신의

③ ㉢: 진행했던

④ ㉣: 줄이며

⑤ ㉤: 도움을 주었습니다

7 『   』부분에 나타난 설명 방식과 같은 방법으로 설명한 것은 무엇인가요? (   )

① 야구와 축구는 공을 가지고 하는 경기라는 공통점이 있다.

② 현실에 있음직한 이야기를 상상해서 꾸며 쓴 글을 소설이라고 한다.

③ 자동차는 크기에 따라 경차, 소형차, 중형차, 대형차로 나눌 수 있다.

④ 오토바이는 연료가 있어야 움직이지만 자전거는 연료 없이도 움직인다.

⑤ 곤충을 잡아먹는 식물도 있는데, 파리지옥, 끈끈이주걱, 통발 등이 있다.

30초 요약

8 다음 빈칸에 알맞은 말을 넣어 "정조의 계획도시, 수원 화성"의 핵심 내용을 한 문장으로 요약하세요.

수원 화성은 ☐☐가 세운 계획도시로, 큰 문에 ☐☐을 설치하였고, 다양
한 ☐☐ 시설물이 있으며, ☐☐ 기술을 활용하여 지어졌습니다.

다시 눈을 감아라

박지원

어휘 뜻

● 본분(本 근본 본, 分 나
눌 분) 마땅히 지켜야
할 도리나 기본 의무.

● 판단(判 판가름할 판,
斷 끊을 단) 어떤 사물
에 대하여 여러 사정을
따져서 자기의 생각을
분명하게 정하는 것.

● 작용(作 지을 작, 用 쓸
용) 어떠한 현상이나
행동을 생기게 하는 것.

● 망상 있지도 않은 것
을 마치 사실인 양 믿는
것.

자신의 본분으로 돌아가라는 말이 어찌 문장에만 해당되겠습니까? 모든 것들이 다 그러하지요.

화담 서경덕 선생이 집을 잃고 길에서 울고 있는 사람을 우연히 만났더랍니다.

"너는 왜 울고 있느냐?"

"저는 다섯 살 때부터 눈이 보이지 않았습니다. 그렇게 스무 해가 흘렀지요. 그런데 아침에 밖으로 나오니 갑자기 세상이 환하게 보이더군요. 너무나 기쁜 마음에 집으로 돌아가려고 했지만 길이 여러 갈래고, 이 집 저 집 대문들이 모두 비슷해서 우리 집을 찾을 수가 없었습니다. 그래서 이렇게 울고 있습니다."

그러자 화담 선생이 이렇게 말했답니다.

"내가 ㉠집으로 돌아가는 방법을 가르쳐 주마. 눈을 감아라. 그러면 네 집으로 돌아갈 수 있을 것이다."

그 사람은 눈을 감고 지팡이로 두드리면서 발 가는 대로 따라서 집으로 돌아갈 수 있었답니다.

여기에는 다른 까닭이 없습니다. 빛깔과 모양에 이끌려 판단이 흐려지고, 슬픔이나 기쁨과 같은 감정이 작용하여 망상이 되었던 것입니다. 지팡이로 땅을 두드리고 발 가는 대로 따라서 걸어가는 것, 이것이 바로 우리가 본분을 지키는 핵심이요, 집으로 돌아가는 방법입니다.

어휘 퀴즈

❶ ㅇㅇㅎ 는 '기대하지
않았는데 뜻밖에'를 나타
내는 말이다.

☐ 우연히 ☐ 위원회

❷ ㄱㄹ 는 한 사물에서 둘
이상으로 갈라져 나온 부
분이다.

☐ 갈래 ☐ 가루

1 이와 같은 글의 특징으로 알맞은 것은 무엇인가요? (   )

① 화담 선생이 글쓴이에게 보내는 편지이다.

② 화담 선생의 일생을 자세하게 설명한 글이다.

③ 글쓴이와 화담 선생의 대화로만 이루어진 글이다.

④ 글쓴이가 현실에 있음직한 일을 상상하여 쓴 글이다.

⑤ 일정한 형식 없이 일상생활에서의 체험을 쓴 글이다.

2 이 글에서 화담 선생이 알려 준, ㉠'집으로 돌아가는 방법'을 쓰세요.

_____

_____

3 이 글에서 글쓴이가 전하려는 생각은 무엇일까요? (   )

① 자신이 맡은 일에 최선을 다해야 한다.

② 눈과 같은 감각 기관을 소중히 해야 한다.

③ 화려한 겉모습에 속지 말고 자신의 본분을 지켜야 한다.

④ 변화를 두려워하지 말고 긍정적인 자세로 받아들여야 한다.

⑤ 누구든 실수를 하며 성장하므로 실수를 두려워하지 말아야 한다.

6주 · 5일

30초 요약

4 다음 빈칸에 알맞은 말을 넣어 "다시 눈을 감아라"의 핵심 내용을 한 문장으로 요약하세요.

□에 보이는 화려함에 이끌리지 말고 자신의 □□을 지켜야 합니다.

눈먼 암탉

이익

5 일

문학
/ 깨달음을
주는 경험

어휘 뜻

● **멀었는데** 보이지 않게
되었는데.

● **온전하게** 본디 그대로
남아 있게.

● **기운차야** 기운이 넘치
고 활발해야.

● **쇠약해지고** (몸이) 튼
튼하지 못하고 약해지
고.

● **십상이다** 그러할 가능
성이 아주 높다.

● **도모할** 어떤 일을 이
루기 위하여 대책과 방
법을 세울.

암탉이 둥지에서 알을 품고 있었다. 그 암탉은 오른쪽 눈이 멀었는데, 왼쪽 눈으로도 거의 보지 못했다. 모이가 그릇에 가득하지 않으면 쪼아 먹지도 못했다. 또한 다닐 때도 담장에 부딪치며 이리저리 헤매다가 되돌아오곤 했다. 그러니 사람들은 저래 가지고는 새끼를 기를 수 없을 것이라고 했다.

얼마 뒤 알에서 병아리가 나왔다. 나는 그 병아리들을 다른 암탉에게 주려고 하다가 눈먼 어미 닭이 불쌍해서 차마 그러지 못했다. 살펴보니, 이 암탉은 다른 재주는 없지만 늘 병아리들이 있는 뜰 언저리를 떠나지 않았다. 그런대로 병아리들은 잘 자랐다. 다른 암탉은 제 새끼를 잃어버려 병아리가 반도 살아남지 못했는데 이 눈먼 암탉만이 병아리들을 온전하게 길러 내는 것은 무엇 때문일까?

흔히들 새끼를 잘 기르는 데는 두 가지 방법이 있다고 한다. 하나는 어미가 먹이를 잘 구해 주는 것이고, 다른 하나는 어려움을 잘 막아 주는 것이다. 먹이를 잘 구해 주려면 자신이 튼튼해야 하고 어려움을 잘 막아 주려면 어미 닭이 기운차야 한다.

병아리가 알껍데기를 까고 나오면 어미 닭은 흙을 파서 벌레를 잡아 주느라 부리나 발톱이 다 닳아 없어진다. 게다가 이리저리 흩어지는 새끼들 때문에 조금도 쉴 틈이 없다. 위로는 까마귀나 솔개, 옆으로는 고양이나 개를 살펴 이들이 다가오면 부리를 세우고 날개를 파닥거려 죽기로 맞선다. 때로는 병아리들을 데리고 숲속으로 도망쳤다가 다시 불러 모아서 돌아온다. 그러면 병아리들은 삐악거리면서 어미 닭을 따르는데 그러면서 쇠약해지고 병들기 십상이다. 그러다 병아리들을 잃어버리기라도 하면 병아리의 생명이 위태로워질 뿐만 아니라 먹이를 잘 구해 준 것도 아무 쓸모가 없게 된다.

그런데 저 눈먼 암탉의 행동은 이와 반대이다. 눈먼 암탉은 멀리 가지 못하고 늘 사람 가까이에서 맴돈다. 또 눈으로 살필 수가 없어서 늘 두려워하고 떨며 지낸다. 동작은 느릿하고 침착하며 자주 병아리들을 감싸고 품는다. 이렇게 눈먼 암탉은 별다르게 힘쓰는 일이 없어도 병아리들은 모이를 쪼아 먹고 잘 자란다.

나는 비로소 사람을 기르는 방도를 알게 되었다. 그것은 먹을 것을 잘 먹여 기르는 데 있는 것이 아니라 스스로 자신의 삶을 도모할 수 있도록 하는 데 있다. 그러니 중요한 것은 잘 이끌어 주는 것임을 명심해야 한다.

어휘 퀴즈

❶ ㅆㅁ는 쓸 만한 가치,
쓰이는 데이다.
☐ 쓸모 ☐ 썰매

❷ ㄷㅈ은 몸을 움직이는
것이다.
☐ 동작 ☐ 동족

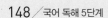

5 이 글의 중심 사건은 무엇인가요? (   )

① 눈먼 암탉이 병에 걸린 것
② 눈먼 암탉이 자신의 병아리를 쫓아낸 것
③ 눈먼 암탉의 눈이 고쳐져서 보이게 된 것
④ 눈먼 암탉이 자신의 병아리를 온전하게 길러 낸 것
⑤ 주인이 눈먼 암탉의 병아리를 다른 암탉에게 준 것

6 다음 중 눈먼 암탉이 새끼를 기르는 방법으로 알맞은 것은 무엇인가요? (   )

① 병아리에게 먹이를 항상 구해 준다.
② 병아리가 스스로 알아서 자랄 수 있도록 한다.
③ 날개를 파닥거리며 새끼를 위험으로부터 보호한다.
④ 병아리들을 데리고 숲속으로 도망쳐서 숨어 지낸다.
⑤ 병아리로부터 멀리 떨어져서 병아리를 살피지 않는다.

7 이 글에 대한 감상을 적절하게 말하지 <u>못한</u> 친구의 이름을 쓰세요.

선호: 눈이 멀었다고 해서 병아리를 키우지 못할 것이라는 편견을 가지면 안 돼.
미리: 교육을 할 때에도 모든 것을 해 주기보다는 스스로 알아서 할 수 있도록 돌보는
 것이 좋겠어.
주환: 부족한 점이 많음에도 불구하고 보통 암탉처럼 행동하기 위해 최선을 다하는 눈
 먼 암탉의 모습이 감동적이야.

(   )

⏱30초 요약

8 다음 빈칸에 알맞은 말을 넣어 "눈먼 암탉"의 핵심 내용을 한 문장으로 요약하세요.

☐☐ 암탉은 병아리들이 ☐☐☐ 알아서 자랄 수 있도록 돌보며 ☐
☐☐ 들을 온전하게 길러 냈습니다.

[1~3] 다음 주황색으로 쓴 낱말의 뜻을 찾아 ○표 하세요.

1

> 고려는 다른 나라와 활발하게 무역을 하며 경제를 발전시켰다.

(1) 음력 9월을 이르는 말. ( )

(2) 나라와 나라 사이에 서로 물건을 사고파는 일. ( )

2

> 대기 오염을 막기 위해 화석 연료 사용을 제한하자.

(1) 가장자리로 끝이 되는 부분. ( )

(2) 일정한 한계나 범위를 넘지 못하게 하는 것. ( )

3

> 에디슨은 전기의 원리를 발견하였다.

(1) 행위의 규범. ( )

(2) 기본이 되는 이치나 법칙. ( )

(3) 원금과 이자를 모두 이르는 말. ( )

6주의 어휘

뜻을 정확하게 알고 있는 것에 ○표, 뜻이 헷갈리는 것에 △표, 뜻을 전혀 모르는 것에 ✓표 하세요.

1일
무역 ☐
축적 ☐
간섭 ☐

2일
제한 ☐
원리 ☐
통증 ☐

3일
헐뜯다 ☐
서슬 ☐
섬기다 ☐

4일
야경 ☐
성곽 ☐
초소 ☐

5일
본분 ☐
판단 ☐
온전하다 ☐

[4~7] 다음에서 설명한 낱말은 무엇인지 초성을 포함하여 완성하세요.

4

밤에 보이는 경치. ㅇ ㄱ

5

보초 같은, 경계를 맡은 사람이 그 일을 보는 곳. ㅊ ㅅ

6

지식, 경험, 돈 등을 모아서 쌓음. 또는 모아서 쌓은 것. ㅊ ㅈ

7

어떤 사물에 대하여 여러 사정을 따져서 자기의 생각을 분명하게 정하는 것. ㅍ ㄷ

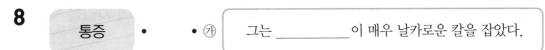

[8~10] 다음 낱말이 들어갈 문장을 찾아 선으로 이으세요.

8 통증 •

  • ㉮ 그는 _____이 매우 날카로운 칼을 잡았다.

9 간섭 •

  • ㉯ 남의 일에 지나치게 _____하는 것은 좋지 않다.

10 서슬 •

  • ㉰ 가시에 찔린 것처럼 따끔따끔한 _____이 있었다.

[11~12] 다음에 제시된 뜻과 예문을 참고하여 낱말을 완성하세요.

11 ㅅ ㄱ : 한 지역이나 건물 등을 적의 공격으로부터 보호하기 위해 그 둘레에 쌓은 성.

  ㉁ 적군이 한 달이 넘도록 _____을 에워싸고 공격하였다.

12 ㅂ ㅂ : 마땅히 지켜야 할 도리나 기본 의무.

  ㉁ 군인의 _____은 나라를 지키는 것이다.

6주
•
5일

[13~15] 다음 •보기•에서 밑줄 그은 낱말의 뜻을 찾아 번호를 쓰세요.

┌─보기─────────────────────────────┐
① 본디 그대로 남아 있다.
② (어른을) 받들어 모시다.
③ 오래되거나 많이 써서 낡아지다.
④ 헐거나 함부로 다루어 못 쓰게 하다.
⑤ (남을) 깎아내리거나 해치는 말을 하다.
└──────────────────────────────────┘

13 둘은 서로를 자주 <u>헐뜯는다</u>.   (   )

14 아버지는 할머니를 극진하게 <u>섬기셨다</u>.   (   )

15 군데군데 칠은 벗겨졌지만 나무 뼈대만은 아직 <u>온전하다</u>. (   )

어휘야, 놀자!

친구들의 자리를 찾아 줘!

📍 **친구들이 강연을 들으러 갔습니다. 다음 설명에 따라 친구들의 자리를 찾아 주세요.**

① 친구들이 들고 있는 쪽지에 쓰인 낱말의 알맞은 뜻이 적힌 의자를 찾습니다.
② ☐☐☐ 에 그 낱말이 적힌 쪽지를 뽑은 친구의 이름을 씁니다.

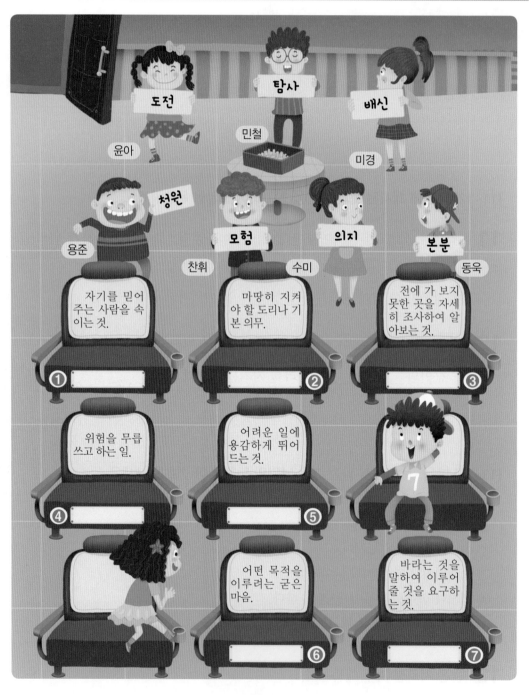

도전 (윤아)
탐사 (민철)
배신 (미경)

청원 (용준)
모험 (찬휘)
의지 (수미)
본분 (동욱)

① 자기를 믿어 주는 사람을 속이는 것.

② 마땅히 지켜야 할 도리나 기본 의무.

③ 전에 가 보지 못한 곳을 자세히 조사하여 알아보는 것.

④ 위험을 무릅쓰고 하는 일.

⑤ 어려운 일에 용감하게 뛰어드는 것.

⑥ 어떤 목적을 이루려는 굳은 마음.

⑦ 바라는 것을 말하여 이루어 줄 것을 요구하는 것.

거꾸로 **정답**

❶ 미경 ❷ 동욱 ❸ 민철 ❹ 윤아 ❺ 찬휘 ❻ 수미 ❼ 용준

초등 국어 **독해**와 **어휘**를 한 번에!

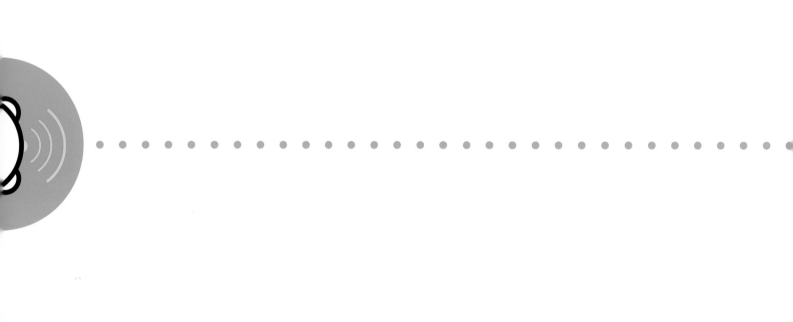

초능력 **국어 독해** ⑤ 단계
학년

정답 및
풀이

동아출판

차례

초능력
국어 독해

정답 및 풀이

5단계

1일 사회

본문 10~13쪽

어휘 퀴즈

10쪽 / ❶ 갈등　❷ 협정

12쪽 / ❶ 교차　❷ 도발

1 배타적 경제 수역

2 (1) 영　(2) 배　(3) 영　(4) 배

3 (1) 배타적 경제 수역　(2) 기준선으로부터 200
해리　(3) 예 경제적 권리를 가짐, 시설물 설치
가 가능함, 해양 오염 통제 권한을 가짐, 다른
나라의 선박, 항공기가 다닐 수 있음.　(4) 예 겹
치는 수역이 발생함.

4 배타적 경제 / 영해

5 ⑤

6 ④

7 (1) 영토적　(2) 경제적　(3) 군사적

8 영토 / 독도 / 우리 땅

지문이 궁금해

"배타적 경제 수역이란?"

• **글의 종류** 설명문

• **글의 특징** 배타적 경제 수역의 범위와 특징, 문제
점 등을 설명하고 있는 글입니다.

• **글의 흐름**

| 배타적 경제 수역은 영해보다 더 넓은 범위임. | → | 배타적 경제 수역은 영해와는 다름. | → | 겹치는 수역이 발생하는 문제점이 있음. |

"독도의 가치와 중요성"

• **글의 종류** 논설문

• **글의 특징** 독도의 여러 가치를 근거로 하여 독도의
중요성을 주장하고 있는 글입니다.

• **글의 흐름**

| 독도는 우리 땅임. | → | 독도는 영토적, 경제적, 군사적 가치가 있음. | → | 중요한 가치가 있는 독도가 우리 땅임을 알려야 함. |

---

1 배타적 경제 수역에 대하여 설명하는 글입니다.

2 영해는 국가의 주권이 미치는 곳이고, 배타적 경제 수역
은 바다에서의 권리를 조금 더 확보하고자 영해 외에 설
정하는 수역입니다.

독해 비법 설명하는 대상의 특징을 찾아요!

　　우리나라의 영해는 영해를 설정하는 기준선으로부터 12해리
(약 22km)까지이지요. 그런데 국제 연합 협약에 근거하여 연
안국은 배타적 경제 수역을 200해리(약 370km)까지 선포할
　　　　　　　　　　　　　　　　　　　　　　범위
수 있습니다.

　　연안국은 배타적 경제 수역 안에서 어업 및 광물 자원에 대
　　　　　　　　　　　　　　　　　　　　　　　　특징①
한 모든 경제적 권리를 가집니다. 인공 섬과 시설물 등을 설치
　　　　　　　　　　　　　　　　　　특징②
할 수 있고, 해양 오염을 막을 수 있는 권한을 가집니다. 다른
　　　　　　　　　　　특징③
나라의 어업 활동이나 해양 자원에 대한 경제 활동은 원칙적으
로 금지되지만, 경제 활동을 하지 않으면 다른 나라의 선박이
나 항공기도 자유롭게 통행할 수 있습니다.
　　　　　　특징④

　　　　　　　　→ 배타적 경제 수역의 범위 및 특징을 알 수 있습니다.

---

3 이 글은 배타적 경제 수역의 범위, 특징, 문제점 등을 나
열하여 설명하고 있습니다.

4 배 타 적 경 제 수역은 영 해 외에 설정하는 수역으
로, 연안국이 경제 활동을 하고 해양 연구 등을 하는 데
도움이 되고 있습니다.

5 독도의 영토적, 경제적, 군사적 가치를 근거로 들면서 독
도의 중요성을 주장하고 독도가 우리 땅임을 널리 알려야
한다고 강조하는 글입니다.

6 독도는 영토적, 경제적, 군사적으로 가치가 있다고 하였
습니다. 독도의 날씨가 항상 따뜻한 것은 아닙니다. 주변
바다에 한류와 난류가 교차한다고 하였습니다.

7 이 글은 주장하는 글입니다. 1문단이 서론, 2~4문단이
본론, 5문단이 결론입니다. 본론 부분에서는 독도의 영토
적, 경제적, 군사적 가치를 근거로 제시하고 있습니다.

8 우리의 영 토 인 독 도
는 영토적, 경제적, 군사적
으로 중요한 가치가 있는
곳이므로, 우 리 땅 임을
세계에 알려야 합니다.

2일 과학

본문 14~17쪽

어휘 퀴즈

14쪽 / **1** 조절   **2** 팽창

16쪽 / **1** 영향   **2** 동기

---

1 자동 온도 조절 장치

2 ②

3 ⑩ 전기장판의 자동 온도 조절 장치가 온도 변화에 따라 전기를 통하거나 통하지 않게 조절해 주기 때문이야.

4 바이메탈 / 열팽창

5 온도(음식), 음식(온도)

6 ⑤

7 승아

8 열 / 온도

지문이 궁금해

"자동 온도 조절 장치의 원리"

- **글의 종류** 설명문
- **글의 특징** 자동 온도 조절 장치 중 하나인 '바이메탈'의 원리를 설명하는 글입니다.
- **글의 흐름**

일상생활에서 자동 온도 조절 장치를 흔히 볼 수 있음.	→	바이메탈은 두 금속의 열팽창 정도가 다른 성질을 이용한 것임.	→	바이메탈을 이용하여 전기장판 등의 온도를 조절할 수 있음.

"음식이 맛있어지는 온도?"

- **글의 종류** 대화문(면담)
- **글의 특징** 온도가 음식에 어떤 영향을 미치는지, 음식을 만들 때와 먹을 때 온도가 미치는 영향을 알 수 있는 면담입니다.
- **글의 흐름**

같은 재료라도 열을 가하면 온도가 변하여 음식 맛이 달라짐.	→	음식을 먹을 때에도 온도가 중요함.

---

1 전기장판, 전기밥솥, 전기다리미 등은 자동 온도 조절 장치를 활용한 물건들입니다.

2 바이메탈은 열팽창 정도가 다른 두 금속을 맞붙여 열을 가했을 때 열팽창 정도가 큰 금속이 휘어지는 원리를 이용한 것입니다.

오답을 조심해

① 바이메탈은 전기장판, 전기다리미, 전기밥솥처럼 전기로 작동하는 물건들에 활용되고 있습니다.

③ 바이메탈은 열팽창이 다른 두 금속을 사용하므로 온도에 따라 변하는 물질을 사용한다고 보아야 합니다.

④ 대부분의 물질은 온도가 올라가면 물질의 길이와 부피가 늘어난다고 하였습니다.

⑤ 바이메탈은 두 금속의 열팽창 정도가 다른 특성을 이용하였습니다.

3 전기장판에는 자동 온도 조절 장치가 있어 자동으로 온도를 조절할 수 있습니다.

4 자동 온도 조절 장치 중 하나인 바이메탈은 두 종류의 금속판을 붙여 열을 가했을 때 열팽창 정도가 작은 금속이 휘어지는 원리를 이용한 것입니다.

5 온도가 음식에 미치는 영향을 알아보고자 요리 전문가와 면담을 하였습니다.

독해 비법 면담의 주제를 찾아요!

아나운서: 오늘은 요리 전문가를 모시고 온도가 음식에 어떤 영향을 미치는지 알아보겠습니다.

요리 전문가: 저는 온도와 음식의 관계를 연구하고 있는 김송희입니다.

→ 면담의 처음 부분에 나오는 아나운서의 말과 요리 전문가의 인사말을 통해 면담의 주제를 알 수 있습니다.

6 재료에 열을 가하면 재료의 구조가 바뀌고, 재료 안에 있는 성분들이 서로 반응한다고 하였습니다.

7 재료에 열을 가하면 맛이 달라집니다. 밀가루 반죽을 구우면 먹음직스러운 빵이 됩니다. 또한 온도가 너무 높거나 낮으면 쓴맛을 덜 느낀다고 하였습니다.

8 요리를 할 때 가하는 열이 재료의 성질을 변화시키고, 온도에 따라 사람들은 음식 맛을 다르게 느낄 수 있습니다.

3일 문학

18쪽 / ❶ 악대   ❷ 객석
20쪽 / ❶ 규칙   ❷ 침략

---

1 시청 앞 광장
2 ⑤
3 (2) ○
4 훈장 / 희생 / 용기
5 ㉰
6 ①, ②, ④
7 예 모국어에는 그 민족의 정신이 담겨 있기 때문입니다.
8 프랑스어 / 모국어

지문이 **궁금해**

"사랑의 학교"

· 글의 종류 동화(세계 명작)
· 글의 특징 엔리코라는 아이가 새 학년이 되어 새 선생님과 친구들을 만나면서 겪은 일들을 일기 형식으로 쓴 동화입니다.
· 글의 흐름

| 강물에 빠진 친구를 구해 낸 소년이 훈장을 받게 됨. | ➡ | 훈장을 받는 소년을 보면서 의롭고 용기 있게 행동하자고 다짐함. |

"마지막 수업"

· 글의 종류 동화(세계 명작)
· 글의 특징 프로이센이 알자스 지방을 점령하게 되어 마지막 프랑스어 수업을 받게 된 상황을 그린 동화입니다.
· 글의 흐름

| 마지막 수업임을 알게 된 프란츠가 숙제를 하지 않은 것을 후회함. | ➡ | 아멜 선생님은 모국어를 지켜 나가야 한다고 강조함. |

---

1 사람들은 강물에 빠진 친구를 구해 준 소년이 훈장을 받게 된 것을 축하하기 위해 시청 앞 광장에 모였습니다.

2 소년은 친구가 물에 빠져 허우적거리는 것을 보고 강물 속으로 뛰어들어 친구를 구하는 의로운 행동을 해서 시장에게 훈장을 받게 되었습니다.

독해 비법 이야기의 중심 사건을 알아보아요!

강물에 빠진 친구를 구해 낸 소년이 있었습니다. 의로운 일을 한 그 소년이 오늘 시장님으로부터 훈장을 받게 되었습니다. 우리는 그 소년을 축하하기 위해 시청 앞 광장으로 갔습니다.
_{원인}
_{결과}
_{배경}

→ 소년이 강물에 빠진 친구를 구하여 훈장을 받게 되었음을 알 수 있습니다.

---

3 '나'와 친구들은 강물에 빠진 친구를 구하여 훈장을 받게 된 소년을 보면서 남을 도우며 살고, 의롭고 용기 있게 행동하자고 다짐하였습니다.

4 우리는 강물에 빠진 친구를 구해 낸 소년이 [훈][장]을 받는 것을 보면서 남을 위해 [희][생]할 줄 아는 [용][기] 있는 태도를 가져야겠다고 다짐하였습니다.

5 프로이센(독일)이 알자스 지역(프랑스)을 점령하게 되어 앞으로 프랑스어를 배울 수 없게 된 상황에서 마지막 프랑스어 수업을 하는 내용의 이야기입니다.

6 프란츠는 프랑스어 동사 규칙을 외우지 못해 부끄럽고 답답했으며, 프랑스어 공부를 열심히 하지 않은 것을 후회했습니다.

독해 비법 인물의 마음을 알아보아요!

말문이 막힌 나는 자리에 선 채로 몸을 비비 꼬고 있었습니다. 너무도 부끄러워 고개를 들 수도 없었습니다. <u>가슴속에 무거운 바윗덩어리가 얹혀진 것처럼</u> 답답했습니다.
_{마음을 비유하는 표현}

→ 인물의 부끄럽고 답답한 마음을 알 수 있습니다.

---

7 다른 민족의 침략을 받더라도 모국어를 지키면 민족의 정신을 지킬 수 있기 때문에 아멜 선생님은 '모국어는 자기가 갇혀 있는 감옥의 열쇠'라고 이야기했습니다.

8 프란츠는 마지막 [프][랑][스][어] 수업을 들으며 열심히 공부하지 않은 것을 후회하였고, 아멜 선생님은 [모][국][어]를 지켜야 한다고 말했습니다.

4 / 국어 독해 5단계

4_일 예술

본문 22~25쪽

1 (1) ○

2 ⑤

3 ㉠ → ㉢ → ㉣ → ㉤ → ㉡

4 냅킨 / 냅킨 공예

5 솔잎, 과일, 꽃잎, 식물의 줄기

6 ①, ④, ②, ③

7 ④

8 염색 / 취미

지문이 궁금해

"냅킨 공예"

• 글의 종류 　설명문

• 글의 특징 　냅킨 공예를 하는 방법과 냅킨 공예의
여러 가지 기법, 냅킨 공예를 하면 좋은 점 등을 소
개하는 글입니다.

• 글의 흐름

냅킨 공예는 다양한 재료에 냅킨을 붙여서 만드는 공예임.	냅킨 공예 방법은 재료에 냅킨 한 겹을 붙인 후 코팅하고 말리는 순서임.	냅킨 공예에는 여러 가지 기법이 있고, 좋은 점이 많음.

"쉽고 건강한 자연 염색"

• 글의 종류 　대화문(면담)

• 글의 특징 　자연 염색의 달인과의 대화를 통해 자연
염색의 특징과 방법을 알 수 있는 글입니다.

• 글의 흐름

자연 염색은 여러 가지 특징이 있음.	→	자연 염색은 집에서도 할 수 있음.

---

1 이 글은 냅킨 공예를 하는 방법에 대해 알려 주고 있는 글
입니다. 냅킨 공예를 직접 해 볼 수 있도록 준비물과 냅
킨 공예를 하는 차례를 설명하고 있습니다.

2 이 글에 냅킨 공예를 배울 수 있는 장소는 나와 있지 않습
니다.

> **오답을 조심해**
>
> ① 냅킨 공예는 실용적이고 경제적이며, 만드는 과정을 통해 창의
> 력을 기르고 성취감을 느낄 수 있다고 했습니다.
> ② 세 번째 문단에서 냅킨 공예를 하는 방법을 차례대로 설명하
> 였습니다.
> ③ 냅킨, 가위, 붓, 접착제, 물티슈, 코팅제, 드라이어, 상자나 페트
> 병 등의 준비물을 알 수 있습니다.
> ④ 네 번째 문단에서 냅킨 공예의 다양한 기법을 확인할 수 있습
> 니다.

3 재료를 준비하고, 냅킨을 오려서 붙인 후 코팅제를 바르
고 잘 말려 주는 차례입니다.

4 우리 주변에 있는 다양한 재료와 냅킨을 이용한 냅
킨 공예로 나만의 멋진 작품을 만들 수 있습니다.

5 자연 염색에는 양파, 당근, 각종 과일, 꽃잎, 식물의 줄
기, 솔잎 등을 이용할 수 있다고 하였습니다.

6 이 글에 나온 자연 염색 방법을 생각하면서 그림에 알맞
은 번호를 씁니다.

> **독해 비법**　일의 차례를 정리해요!
>
> 　여기 양파 껍질 한 대접이 있지요. 먼저, 이것을 물에 넣고
> 끓여 줍니다. 그리고 양파 껍질을 넣고 끓인 물에 백반 한 숟갈①
> 을 녹여 줍니다. 그다음에는 그 물에 깨끗이 빨아 놓았던 흰색②
> 티셔츠 한 장을 넣어 주세요. 충분히 적신 뒤에 말리고 또 적시③
> 고 말리는 과정을 여러 번 반복하면 돼요. 이렇게 하면 색이 점④
> 점 진해져요.
>
> → '먼저, 그리고, 그다음에는' 등의 말을 통해 일의 차례를 알 수 있습니다.

7 자연 염색을 하는 데 시간이 얼마나 걸리는지는 나와 있
지 않습니다.

8 자연 염색은 자연의 재료들을 이용하여 다양한 색을
만들 수 있고, 누구나 쉽게 할 수 있는 건강한 취미입
니다.

5일 문학

본문 26~29쪽

 어휘 퀴즈

26쪽 / **1** 꼼짝 **2** 이튿날

28쪽 / **1** 들판 **2** 설사

1 (2) ○

2 ⑤

3 예 시험지를 보니 / 눈앞은 캄캄 / 머리는 어질어질 / 돌멩이는 잘 맞혔는데 / 시험지에는 비가 내렸습니다.

4 시험 / 돌멩이

5 ①

6 ①

7 선우

8 설사 / 사람

지문이 궁금해

"만돌이"

- **글의 종류** 시(5연 26행)
- **글의 특징** 만돌이가 시험 공부를 안 한 일을 재미있게 표현한 시입니다.
- **글의 흐름**

내일 시험인 만돌이가 공을 차러 감.	→	만돌이가 시험을 잘 보았을지 궁금함.

"이 바쁜 데 웬 설사"

- **글의 종류** 시(1연 6행)
- **글의 특징** 위급한 상황을 재미있게 쓴 시입니다.
- **글의 흐름**

비가 오는데 소는 뛰고 바작에 풀이 허물어짐.	→	설사가 나는데 허리끈은 안 풀리고 들판에 사람이 많음.

---

1 '내일 시험'이라는 말을 통해 다음날 시험이 있다는 것을 알 수 있습니다.

2 만돌이는 전봇대에 돌멩이 다섯 개를 던져서 세 개를 맞혔기 때문에 육십 점은 맞을 것이라고 지레 짐작하고 공을 차러 갔습니다.

3 4~5연의 내용을 생각하면서 만돌이가 어떻게 되었을지 상상합니다.

4 만돌이는 시험 공부를 하기 싫어서 전봇대에 돌멩이를 던져 보고 공을 차러 놀러갔습니다.

5 시는 짧은 형식으로 생각과 느낌을 담아내는 글로, 노래와 같은 운율이 느껴집니다.

6 여러 가지 위급한 일들이 겹친 상황이므로 '갈수록 더욱 어려운 지경에 처하게 되는 경우를 비유적으로 이르는 말.'인 '산 넘어 산'이 가장 잘 어울립니다.

오답을 조심해

② 빛 좋은 개살구: 겉보기에는 먹음직스러운 빛깔을 띠고 있지만 맛은 없는 개살구라는 뜻으로, 겉만 그럴듯하고 실속이 없는 경우를 비유적으로 이르는 말.
③ 티끌 모아 태산: 아무리 작은 것이라도 모이고 모이면 나중에 큰 덩어리가 됨을 비유적으로 이르는 말.
④ 빈 수레가 요란하다: 실속 없는 사람이 겉으로 더 떠들어 댐을 비유적으로 이르는 말.
⑤ 서당 개 삼 년에 풍월을 읊는다: 어떤 분야에 대하여 지식과 경험이 전혀 없는 사람이라도 그 부문에 오래 있으면 얼마간의 지식과 경험을 갖게 된다는 것을 비유적으로 이르는 말.

7 이 시에는 초조하고 다급한 상황이 그려져 있습니다.

8 소낙비가 오는데 소는 뛰고 쌓아 둔 풀은 무너지고 설사가 나는데 허리끈은 풀어지지 않고 들판에 사람도 많은 위급한 상황입니다.

독해 속 어휘 마무리!

본문 30~31쪽

1 (1) ○	**2** (2) ○	**3** (1) ○	**4** 갈등	**5** 희생
6 은인	**7** 재활용	**8** ㉯	**9** ㉰	**10** ㉮
11 이튿날	**12** 모국어	**13** ④	**14** ⑤	**15** ①

2주

1일 사회

본문 34~37쪽

어휘 퀴즈

34쪽 / ❶ 곶   ❷ 만

36쪽 / ❶ 냉방   ❷ 밀폐

---

1 ①

2 (1) ㉠, ㉢, ㉣ (2) ㉡, ㉤

3 (1) 예 통영으로 가는 고속버스를 탐. (2) 케이블카 매표소 (앞) (3) 예 크고 맛도 좋은 굴을 먹으면서 굴을 키우는 방법에 대해 들음. (4) 예 거북선을 보고 이순신 장군의 위대함을 느낌.

4 통영 / 케이블카 / 굴 / 이순신

5 ⑤

6 ①, ③, ⑤

7 ❶: 예 폭염의 뜻 / ❷: 예 폭염으로 인해 생길 수 있는 병 / ❸: 예 폭염 특보의 종류 / ❹: 예 폭염 특보 발령 시 주의할 점

8 폭염 / 폭염 특보 / 여름

지문이 궁금해

"통영을 찾아서"

- 글의 종류 기행문

- 글의 특징 통영에서 보고 들은 것과 그에 대한 생각과 느낌을 쓴 글입니다.

- 글의 흐름

통영에 도착하였지만 케이블카는 타지 못함.	→	굴 요리를 먹으며 굴 양식법에 대해 들음.	→	거북선을 보면서 이순신 장군을 떠올림.

"폭염에 주의해요"

- 글의 종류 설명문

- 글의 특징 폭염의 뜻과 폭염 특보의 기준, 폭염일 때 주의할 점을 알리는 글입니다.

- 글의 흐름

폭염은 자연재해로, 병의 원인이 됨.	→	폭염이 예상될 때 폭염 특보가 발령됨.	→	폭염에 대한 주의 사항을 잘 지켜야 함.

---

1 이 글은 통영에 가서 보고 들은 것과 그에 대해 느낀 점을 쓴 기행문입니다.

2 기행문에서 보고 들은 내용을 쓴 것을 견문, 그에 대한 생각이나 느낌을 쓴 것을 감상이라고 합니다.

> **독해 비법** 기행문의 구성 요소를 알아보아요!
>
> 고속버스 터미널에서 통영으로 가는 고속버스를 탔다.
> → 여행의 과정이 드러나는 '여정'입니다.
>
> 한산 대첩의 현장이기도 한 통영은 그 이름부터 이순신 장군이 삼도수군통제사로 있었던 '통제영'에서 따온 것이라고 한다.
> → 보고 들은 것이 드러나는 '견문'입니다.
>
> 아쉬운 마음에 눈물이 핑 돌았다.
> → 생각하거나 느낀 점이 드러나는 '감상'입니다.

3 공간 이동에 따라 글쓴이가 겪은 일과 느낀 점을 간단하게 정리합니다.

4 통영에서 케이블카는 타지 못했지만 맛있는 굴을 먹고, 거북선을 보면서 이순신 장군의 위대함을 느꼈습니다.

5 하루 최고 기온이 33도 이상인 상태가 이틀 이상 지속될 때 폭염 주의보가, 하루 최고 기온이 35도 이상인 상태가 이틀 이상 지속될 때 폭염 경보가 발령됩니다.

6 외출을 자제하고, 외출시에는 모자나 양산을 쓰며, 창문이 닫힌 차 안에 노약자나 어린이를 혼자 두면 안됩니다.

> **오답을 조심해**
>
> ② 폭염일 때는 물병을 가지고 다니면서 물을 많이 마시는 것이 좋습니다. 의식이 없는 열사병 환자의 경우에 물을 먹이지 않아야 합니다.
> ④ 냉방이 되지 않는 실내에서는 커튼 등으로 햇볕을 막은 후 창문을 열어 맞바람이 불게 하고 환기를 하는 것이 좋습니다.

7 각 문단의 중심 내용을 간단하게 정리합니다. 처음 부분에서는 폭염의 뜻을 알리고, 가운데 부분에서는 폭염으로 인해 생기는 병과 폭염 특보, 폭염 특보 발령 시 주의할 사항을 소개하고 있습니다.

8 매우 심한 더위인 폭염에 생길 수 있는 병을 주의하고, 폭염 특보가 발령되었을 때의 주의 사항을 잘 지키면서 건강하게 여름을 보냅시다.

2일 과학

본문 38~41쪽

1 ④

2 태양의 주위를 한 바퀴 도는 것

3 마, 가, 나, 다, 라, 마

4 행성 / 금성 / 토성

5 수성, 금성, 지구, 화성, 목성, 토성, 천왕성, 해왕성

6 ③

7 (1) 예 명왕성의 크기가 너무 작다.

　(2) 예 명왕성의 공전 모양이 원 모양이 아니다.

　(3) 예 명왕성에는 위성이 없다.

8 명왕성 / 위성 / 행성

지문이 궁금해

"태양계 행성 안내서"

• 글의 종류 설명문

• 글의 특징 태양계 각 행성의 특징을 설명하고 있는 글입니다.

• 글의 내용

> 태양계 행성은 각각의 특징을 가지고 있음.

"태양계 행성에서 제외된 명왕성"

• 글의 종류 설명문

• 글의 특징 명왕성이 태양계 행성에서 제외된 사실을 까닭을 들어 설명하고 있는 글입니다.

• 글의 흐름

> 2006년부터 명왕성은 태양계 행성에서 제외됨. → 명왕성의 크기, 궤도, 위성 때문에 명왕성은 행성에서 제외됨. → 명왕성은 '왜소 행성'으로 분류되고 행성의 정의도 바뀜.

---

1 **가~마**에서 각각 설명하고 있는 행성과 특징을 정리해 봅니다.

2 앞 문장에 태양의 주위를 한 바퀴 돈다는 말이 나옵니다.

3 태양계의 행성은 태양에 가까운 순서대로 수성, 금성, 지구, 화성, 목성, 토성, 천왕성, 해왕성입니다. 사진의 각 행성과 각 문단에서 설명하는 내용을 알맞게 연결지어 봅니다.

4 태양계의 행성인 금성, 화성, 목성, 토성, 해왕성, 수성 등은 각각의 특징을 가지고 있습니다.

5 태양계에는 8개의 행성이 있다고 하였습니다. 명왕성은 2006년부터 태양계 행성에서 제외되었습니다.

6 ⓛ '달'은 ㉠ '위성'의 예입니다.

7 가운데 부분의 중심 내용을 씁니다.

독해 비법 글의 구조를 정리해요!

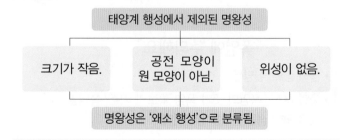

8 명왕성은 크기가 작고, 궤도 모양이 다른 행성과 다르며, 주변의 천체를 위성으로 만들지 못했기 때문에 태양계의 행성에서 제외되었습니다.

3일 문학

 어휘 퀴즈

42쪽 / ❶ 고민 ❷ 영혼

44쪽 / ❶ 웃옷 ❷ 난리

---

1 항아리
2 ⑤
3 ④
4 항아리 / 종 / 가치
5 ⑤
6 ①
7 창수
8 만년 샤쓰 / 불

지문이 궁금해

"항아리"

• 글의 종류 창작 동화

• 글의 특징 하찮게 여겨지는 항아리에게도 존재 의미와 가치가 있다는 주제를 전하고 있는 이야기입니다.

• 글의 흐름

| 주지 스님이 항아리를 발견하고 절의 종 밑에 묻음. | ➡ | 항아리가 종 밑에 묻히자 종소리가 더욱 아름답게 들림. | ➡ | 항아리는 자신의 존재 의미와 가치를 찾음. |

"만년 샤쓰"

• 글의 종류 창작 동화

• 글의 특징 '만년 샤쓰'라는 별명을 가진 창남이가 자신보다 더 어려운 이웃을 돕는 모습을 통해 나누는 삶의 의미를 깨달을 수 있는 이야기입니다.

• 글의 흐름

| 창남이가 웃옷 안에 아무 것도 입지 못하여 '만년 샤쓰'로 불림. | ➡ | 창남이가 얇고 낡은 옷을 입고 학교에 옴. | ➡ | 창남이가 자신보다 어려운 이웃에게 옷을 나누어 준 사연을 말함. |

---

1 주지 스님이 한 말을 통해 '내'가 항아리임을 알 수 있습니다.

2 종 밑에 묻혀서 보다 아름다운 종소리가 나게 하는 것이 항아리의 존재 의미이자 가치였습니다.

3 하찮게 느껴지는 것이라도 존재의 의미와 가치가 있음을 항아리를 통해 보여 주고 있습니다.

독해 비법 주제를 파악해요!

　내가 그토록 오랜 세월 동안 참고 기다려온 것이 무엇이며, 내가 이 세상을 위해 소중한 그 무엇이 되었다는 것을. 누구의 삶이든 참고 기다리고 노력하면 그 삶의 꿈이 이루어진다는 것을.

　고요한 산사에 종소리가 울릴 때마다 요즘 나의 영혼은 기쁨으로 가득 찹니다. 보다 아름다운 종소리를 낸다는 것. 그것이 바로 내가 바라던 내 존재의 의미이자 가치였습니다.

→ 항아리는 '아름다운 종소리를 내게 하는 역할'을 통해 존재의 의미이자 가치를 찾았으며, 이를 통해 누구든 이 세상에 소중한 무엇이 될 수 있다는 주제를 알 수 있습니다.

---

4 항아리는 종 밑에 묻혀 종소리를 더욱 맑고 아름답게 울리도록 함으로써 자신의 존재 의미와 가치를 찾았습니다.

5 창남이는 외투 안에 아무것도 입지 않은 맨몸이어서 '만년 샤쓰'라는 별명으로 불리게 되었습니다.

6 자신도 형편이 어렵지만 더 어려운 사람들을 위해서 자신의 옷을 나누는 모습으로 보아 배려심이 깊은 성격임을 알 수 있습니다.

7 자기네 집도 불에 탔지만 더 어려운 이웃을 위해 자신이 가진 것을 모두 나누는 창남이의 모습을 잘 표현한 말을 사용한 친구를 찾아봅니다.

8 창남이는 집이 가난하여 외투 안에 옷을 입지 못해 만년 샤쓰라는 별명을 갖게 되었는데, 동네에 불이 난 어려운 상황에서도 이웃을 위해 옷을 나누어 주었습니다.

4일 인물

본문 46~49쪽

46쪽 / **1** 거짓   **2** 재판정

48쪽 / **1** 학자   **2** 인류

---

1 ①

2 (1) ⓒ, ⓓ   (2) ㉠, ㉮

3 예 비록 재판에서는 거짓말을 했지만 그래도 진실은 바꿀 수 없다고 생각했기 때문입니다.

4 지동설 / 지구

5 ④

6 ①, ②, ③

7 수진

8 사과 / 만유인력

지문이 궁금해

"그래도 지구는 돈다"

· 글의 종류   전기문

· 글의 특징   지동설을 주장한 갈릴레이의 삶에 대해 쓴 전기문입니다.

· 글의 흐름

갈릴레이는 지동설을 주장하고 싶었지만 사람들은 천동설을 믿음.	→	갈릴레이는 때를 보아 지동설을 주장하고 종교 재판을 받게 됨.	→	갈릴레이는 거짓된 말을 했지만 "그래도 지구는 돈다."라는 말을 남김.

"만유인력을 발견한 뉴턴"

· 글의 종류   전기문

· 글의 특징   만유인력의 법칙을 발견한 뉴턴의 삶에 대해 쓴 전기문입니다.

· 글의 흐름

집중력이 뛰어난 아이였던 뉴턴은 대학에 들어감.	→	뉴턴은 사과가 떨어지는 것을 보고 만유인력의 법칙을 발견함.	→	뉴턴은 평생 자연의 법칙을 알아 내기 위해 연구함.

---

1 이 글은 지동설을 주장한 과학자 갈릴레이의 전기문입니다.

독해 비법   전기문의 구성을 알아보아요!

> 1592년 9월, 갈릴레이는 베네치아의 파도바 대학으로 자리를 옮겼습니다.
> 중심 인물
> → '갈릴레이'의 전기문이라는 것을 알 수 있습니다.

> 당시 사람들은 지구가 우주를 중심으로 고정되어 있어서 움직이지 않으며, 지구의 둘레를 달, 태양, 행성들이 돈다는 주장인 천동설을 믿고 있었지요.
> → 갈릴레이가 살던 당시 '시대 배경'을 알 수 있습니다.

> 로마에 간 갈릴레이는 종교 재판을 받게 되었습니다. 갈릴레이는 그곳에서 지동설을 주장할 수 없었습니다.
> → 갈릴레이가 겪은 '사건'을 알 수 있습니다.

> 갈릴레이는 비록 형벌이 두려워 거짓된 대답을 하였지만 진리에 대한 굳은 신념은 버리지 않았습니다.
> → 갈릴레이의 행동에 대한 '평가'를 알 수 있습니다.

---

2 천동설은 지구가 우주의 중심이고 태양과 행성들이 지구 주위를 돈다는 주장이고, 지동설은 우주의 중심은 지구가 아니고 지구도 다른 행성처럼 태양의 주위를 돈다는 주장입니다.

3 갈릴레이는 형벌이 두려워 거짓된 대답을 하였지만 진리에 대한 신념을 버리지 않았습니다.

4 갈릴레이는 지구가 태양 주위를 돈다는 지동설을 주장하여 재판을 받게 되었고 목숨을 구하기 위해 거짓말을 하였지만, "그래도 지구는 돈다."라는 유명한 말을 남겼습니다.

5 뉴턴은 자연을 정해진 법칙에 따라 움직이는 커다랗고 복잡한 기계라고 했습니다.

6 뉴턴은 만유인력의 법칙을 발견하여 지구, 달, 행성 등에 작용하는 운동의 법칙을 설명하였고, 빛의 굴절을 이용하여 반사 망원경을 만들었습니다.

7 이 글에는 뉴턴의 위대한 업적이 나타나 있습니다. 뉴턴은 사과가 떨어지는 것을 보고 만유인력의 법칙을 발견하였습니다.

8 어린 시절부터 집중력이 뛰어난 아이였던 뉴턴은 사과가 떨어지는 것을 보고 만유인력의 법칙을 발견하는 등 자연과 우주의 신비를 푸는 데 많은 업적을 남겼습니다.

5일 문학

50쪽 / **1** 지혜   **2** 법칙

52쪽 / **1** 무죄   **2** 복수

---

1 ②

2 불

3 호랑이, 늑대 1

4 인간 / 불

5 ④, ⑤

6 ①

7 당그랄, 페르낭, 카도루스, 빌포르

8 감옥 / 복수

지문이 궁금해

"정글북"

· 글의 종류 희곡

· 글의 특징 정글에서 늑대와 함께 살게 된 소년 모글리와 동물들이 겪는 일들을 그린 이야기입니다.

· 글의 흐름

| 표범은 모글리에게 인간 마을로 돌아가라고 함. | → | 호랑이와 늑대 부족은 모글리의 문제로 회의를 함. | → | 모글리는 늑대들의 배신에 화를 냄. |

"몬테크리스토 백작"

· 글의 종류 희곡

· 글의 특징 억울하게 감옥에 가게 된 단테스가 자신을 배신한 사람들에게 복수하는 이야기입니다.

· 글의 흐름

| 단테스는 자신이 억울하게 감옥에 온 것을 깨닫게 됨. | → | 단테스는 자신을 배신한 자들에게 복수하기로 다짐함. |

독해 속 어휘 마무리!

1 (2) ○	**2** (1) ○	**3** (2) ○	**4** 행성	**5** 착각
6 신념	**7** 공헌	**8** ㉯	**9** ㉱	**10** ㉮
11 각양각색	**12** 만면	**13** ⑤	**14** ②	**15** ③

---

1 일이 일어나는 곳은 정글입니다.

2 모글리가 불 항아리를 가지고 온 것으로 보아, '빨간 꽃'은 불을 가리키는 말임을 알 수 있습니다.

3 호랑이와 늑대1은 모글리가 인간의 아이이므로 죽여야 한다고 하였습니다. 표범은 모글리에게 인간의 마을로 돌아가라고 했습니다.

4 호랑이와 늑대들은 모글리가 [인][간]이기 때문에 늑대 부족이 될 수 없다고 하고, 모글리는 [불]로 동물들을 위협한 후 인간의 마을로 떠납니다.

5 단테스는 자신을 시기하는 친구들이 보낸 밀고장을 받게 되었고, 검사의 아버지와 관계된 편지를 가지고 있어서 감옥에 오게 되었습니다.

6 단테스는 자신이 억울하게 감옥에 오게 된 까닭을 알게 되어 매우 흥분하고 화가 났을 것입니다.

7 단테스는 당그랄, 페르낭, 카도루스 세 친구와 빌포르 검사 때문에 감옥에 오게 되었습니다.

독해 비법 이어질 이야기를 추론해요!

선장 되는 것을 싫어한 자는 당그랄이었고, 결혼을 시기했던 자는 페르낭이었습니다. 또 저의 성공과 결혼을 시기했고, 돈을 탐내던 자는 바로 카도루스입니다.

→ 당그랄, 페르낭, 카도루스가 단테스를 모함하였음을 알 수 있습니다.

빌포르는 그 편지가 발각되면 자기 아버지가 잡혀갈까 봐 편지를 태워 버리고 자네를 감옥에 가둔 거라고!

→ 빌포르가 단테스를 감옥에 가두었음을 알 수 있습니다.

어떤 일이 있어도 이곳을 탈출하여 그놈들에게 복수를 하겠습니다!

→ 단테스가 감옥을 탈출하여 당그랄, 페르낭, 카도루스, 빌포르에게 복수할 것임을 짐작할 수 있습니다.

---

8 억울하게 [감][옥]에 갇히게 된 단테스는 자신이 감옥에 오게 된 까닭을 알고 감옥을 탈출하여 [복][수]하기로 다짐했습니다.

정답 및 풀이 11

1일 사회

본문 58~61쪽

어휘 퀴즈

58쪽 / ❶ 소음 ❷ 개선
60쪽 / ❶ 상고 ❷ 신장

---

1 ①

2 ⑤

3 (1) **예** 덤프트럭과 중장비들이 지나다님. (2) **예** 덤프트럭과 중장비를 통행할 수 없도록 하면 좋겠음. (3) **예** 먼지가 심하게 날림. (4) **예** 공사 중에 물을 뿌려 먼지 발생을 줄이도록 함. (5) **예** 건축 자재를 허가받은 장소에만 두도록 관리함.

4 개선 / 권리

5 인권

6 ①, ②

7 준호

8 인권 / 격쟁 / 청원 / 삼심 제도

지문이 궁금해

"편하게 생활할 권리를 지켜 주세요"

- 글의 종류 편지글(제안하는 글)
- 글의 특징 상가 건물 신축 공사로 인해 생기는 불편함을 해결해 줄 것을 제안하는 글입니다.
- 글의 흐름

주변 공사로 인하여 주민들의 환경권이 침해당하고 있음.	➡	공사 환경을 개선해 주기를 제안함.

"옛날과 오늘날의 인권 제도"

- 글의 종류 설명문
- 글의 특징 옛날과 오늘날의 여러 가지 인권 제도를 비교하면서 설명하는 글입니다.
- 글의 흐름

옛날에는 격쟁, 오늘날에는 국민 청원 제도가 있음.	➡	옛날에는 삼복제, 오늘날에는 삼심 제도가 있음.	➡	옛날과 오늘날 모두 출산 휴가 제도가 있음.

---

1 이 글은 마을 주변 공사 환경을 개선해 주기를 제안하는 글입니다.

2 '지양'은 '더 높은 단계로 오르기 위하여 어떠한 것을 하지 않는 것.'을 뜻합니다. '일정한 목표·방향·지점으로 향하는 것.'은 '지향'입니다.

3 공사로 인해 불편을 겪고 있는 문제 상황에 대하여 네 가지 해결 방안을 제시하고 있습니다.

독해 비법 제안하는 글의 짜임을 알아보아요!

들어가는 내용	
처음	받는 사람, 첫 인사, 글을 쓰는 까닭
가운데	문제 상황, 그에 대한 제안 사항(해결 방안)
끝	당부하는 말, 마지막 인사, 쓴 날짜, 쓴 사람

4 주변 공사 환경을 개선하여 주민들이 쾌적한 환경에서 생활할 권리를 지켜 주시기 바랍니다.

5 옛날과 오늘날의 인권 제도에 대한 글입니다.

6 옛날에 있었던 다양한 인권 제도를 나열하면서, 이를 오늘날의 인권 제도와 비교하며 설명했습니다.

독해 비법 설명 방법을 파악해요!

첫째. 옛날에는 인권이 침해되면 그 억울한 사정을 임금에게 직접 호소할 수 있는 격쟁이라는 제도가 있었습니다.

둘째, 옛날에는 형벌로 사형을 내릴 때는 세 번의 재판을 받도록 하는 삼복제가 있었습니다.

→ 옛날의 인권 제도를 나열함. (열거)

옛날에는 인권이 침해되면 그 억울한 사정을 임금에게 직접 호소할 수 있는 격쟁이라는 제도가 있었습니다. 오늘날에는 컴퓨터나 스마트폰으로 국민의 의견을 호소할 수 있습니다.

→ 국민의 의견을 호소할 수 있다는 공통점이 있음. (비교)

7 이 글에서는 옛날 우리 조상들도 인권을 보호하기 위해 노력했음을 알리고 있으므로 인권 침해 사례를 알아보는 것은 적절하지 않습니다.

8 옛날에도 인간답게 살아갈 권리인 인권을 지키기 위해서 격쟁, 삼복제, 출산 휴가 등의 제도가 있었고, 이러한 제도는 오늘날에 국민 청원, 삼심 제도, 출산 휴가 제도 등으로 이어지고 있습니다.

2일 과학

어휘 퀴즈

62쪽 / ❶ 치료 ❷ 탄산

64쪽 / ❶ 오염 ❷ 농도

---

1 (1) 용매 (2) 용질 (3) 용액

2 ②

3 (1) ⑩ 몸의 상태나 치료할 부분에 따라 다양한 약을 활용함. (2) ⑩ 탄산음료를 마실 때 톡 쏘는 맛을 느낄 수 있음.

4 약 / 탄산음료 / 용해

5 ②

6 ②

7 ⑩ 음료수를 조금씩 따라서 마시도록 합니다. / 음식물 찌꺼기를 남기지 않도록 주의합니다.

8 오염 / 음료수 / 음식물

지문이 궁금해

"생활 속 용해"

• 글의 종류 설명문

• 글의 특징 생활 속에서 다양하게 활용되는 '용해'를 예를 통해 설명하는 글입니다.

• 글의 흐름

| 생활 속에 용해를 이용한 것이 많음. | ➡ | 약, 탄산음료, 아세톤은 모두 용해를 활용한 것임. |

"물에 함부로 버리지 마세요"

• 글의 종류 논설문

• 글의 특징 물을 오염시키지 않기 위해 음료수나 음식물 찌꺼기를 물에 흘려 버리지 말자고 주장하는 글입니다.

• 글의 흐름

| 우리가 마실 수 있는 물은 많지 않은데, 그마저도 오염되고 있음. | ➡ | 물의 오염을 막기 위해 음료수와 음식물 찌꺼기를 물에 흘려 버리지 말아야 함. |

---

1 어떤 물질을 녹이는 물질을 '용매', 녹는 물질을 '용질', 녹는 물질이 녹이는 물질에 골고루 섞여 있는 물질을 '용액'이라고 합니다. '용해'는 물질이 다른 물질에 녹는 현상입니다.

2 탄산음료의 톡 쏘는 맛은 이산화 탄소 때문인데, 기체는 온도가 높을수록 잘 녹지 않아서 찬 탄산음료의 톡 쏘는 맛이 더 강하게 느껴지는 것입니다.

오답을 조심해

① 탄산음료는 이산화 탄소가 물에 녹아 있는 것입니다.
③ 사실이지만 ㉠을 통해서 알 수 있는 내용은 아닙니다.
④ 액체는 다른 액체에 용해됩니다. 약을 먹을 수 없는 상태일 때 혈관에 링거 주사를 놓는 것을 통해 알 수 있습니다.
⑤ 탄산음료는 물보다 몸속에 빨리 흡수되지 않지만, 이 글에서는 알 수 없는 내용입니다.

3 이 글은 용해를 생활 속에서 활용한 예를 들어 설명하고 있습니다.

4 다양한 형태의 약, 사이다 같은 탄산음료, 매니큐어를 지우는 데 쓰는 아세톤 등은 모두 생활 속에서 용해를 활용한 예입니다.

5 이 글은 음료수나 음식물 찌꺼기를 함부로 버리지 말자고 주장하는 글입니다.

오답을 조심해

① 설명하는 글입니다.
③ 기사문입니다.
④ 편지글입니다.
⑤ 독서 감상문입니다.

6 지구는 70퍼센트가 물로 이루어져 있지만 그중 우리가 먹을 수 있는 물은 1퍼센트 정도로 아주 적다고 하였습니다.

7 물을 오염시키는 원인을 줄일 수 있는 방법 중 생활에 쉽게 실천할 수 있는 방법을 생각해 보도록 합니다. 음료수는 먹을 만큼만 따라서 마시고 사용한 식용유를 모아 두었다가 비누를 만드는 방법 등을 생각해 볼 수 있습니다.

8 물이 오염되는 것을 막기 위해서 음료수나 음식물 찌꺼기를 함부로 버리지 말아야 합니다.

정답 및 풀이 13

3 일 문학

본문 66~69쪽

어휘 퀴즈

66쪽 / ❶ 풍년   ❷ 봉변

68쪽 / ❶ 탐욕   ❷ 근엄

---

1 ⑤

2 ③

3 윤아

4 고집 / 약 / 스님

5 인간(들)

6 ④

7 ②

8 호랑이 / 인간 / 북곽 선생 / 호랑이

지문이 궁금해

"옹고집전"

• **글의 종류** 고전 소설

• **글의 특징** 심술궂고 인색한 옹고집이 스님의 도술로 벌을 받고 새사람이 되는 이야기입니다.

• **글의 흐름**

| 옹고집은 부자이지만 인색하고 성미가 고약함. | → | 옹고집은 아픈 어머니께 약도 지어 드리지 않음. | → | 옹고집이 동냥 온 스님에게 호통을 침. |

"호랑이의 꾸짖음"

• **글의 종류** 고전 소설

• **글의 특징** 호랑이 앞에서는 벌벌 떨다가 농부 앞에서는 체면을 차리는 양반인 북곽 선생을 풍자하는 소설입니다.

• **글의 흐름**

| 호랑이가 인간의 나쁜 점을 꾸짖음. | → | 북곽 선생은 호랑이에게 빌면서 절함. | → | 호랑이가 사라지자 북곽 선생은 농부 앞에서 체면을 차림. |

---

1 옹고집은 '좌수'라는 작은 벼슬을 샀다고 했습니다.

독해 비법 인물의 특징을 찾아보아요!

　옹고집은 성미가 아주 고약한 데다 심술 또한 대단했다. 남이 잘되는 것을 보면 배 아파하고 풍년이 드는 것도 싫어했다. 그뿐 아니라 옳고 그른 것을 가리기는커녕 남의 말이라면 아예 들으려고 하지 않았다. 옹고집이라는 이름에 어울리게 무슨 일이나 자기가 생각한 대로 끝까지 고집으로만 버티는 그런 사람이었다. 옹고집은 떵떵거리면서 사는 큰 부자였다. 그는 돈으로 '좌수'라는 작은 벼슬을 사서 잔뜩 거드름을 피웠다.

→ 옹고집은 성격이 고약하고, 고집이 세며, 부자이고, 벼슬을 사서 거드름을 피운다는 것을 알 수 있습니다.

2 악을 쌓는 집에는 악이 미친다고 한 것으로 보아 옹고집이 벌을 받게 될 것임을 짐작할 수 있습니다.

3 옹고집은 부자이지만 돈이 아까워서 편찮으신 어머니에게 약도 지어 드리지 않고, 끼니도 두 끼만 드렸습니다.

4 옹고집은 고집이 세고 심술궂은 인물로, 어머니가 편찮으신데도 약을 지어 드리지 않고, 동냥하러 온 스님에게도 호통을 쳤습니다.

5 호랑이는 인간의 잔인함과 탐욕스러움을 비판하고 있습니다.

6 ㉠에서 호랑이가 무서워 벌벌 떨던 북곽 선생은 농부 앞에서는 ㉡과 같이 말하며 양반의 체면을 차렸습니다.

7 작가는 이 작품에서 북곽 선생 같이 체면만 차리는 양반을 비판하고 있습니다.

독해 비법 글쓴이에 대해 알아보아요!

박지원(1737~1805): 조선 정조 때의 문장가, 실학자. 호는 연암. 중국을 여행하면서 청나라의 문물과 생활 기술 전반을 자세히 살피고 기행문 『열하일기』에 기록하였습니다. 실학을 강조하였으며 자유롭고 재치 있는 문체로 당시의 사회상을 비판하는 소설을 썼습니다.

8 호랑이가 인간의 나쁜 점을 꾸짖자 북곽 선생은 절을 하며 빌었는데, 호랑이가 사라지자 아무 일도 없었던 척하며 양반의 체면을 차렸습니다.

4 일 스포츠

본문 70~73쪽

 어휘 퀴즈

70쪽 / ❶ 근력 ❷ 심폐

72쪽 / ❶ 방수 ❷ 경련

---

1 ⑤

2 ①

3 (1) 피겨용 스케이트 (2) 날이 길고 평평함.
(3) 날이 짧고 양쪽 끝이 위로 휘어짐. (4) 빠른
속도를 낼 수 있음. (5) 빠른 속도를 낼 수 있고
급회전이 가능함.

4 스케이트 / 피겨용

5 ④

6 (1) ○ (3) ○

7 ④

8 스키 / 리프트 / 슬로프

지문이 궁금해

"얼음 위를 달려요"

• 글의 종류 설명문

• 글의 특징 스케이트의 역사, 종류, 스케이트를 타면
좋은 점 등을 설명하는 글입니다.

• 글의 흐름

스케이트는 아주 오래 전부터 있었음.	→	빙상 스케이트에는 크게 세 가지 종류가 있음.	→	스케이트를 타면 체력을 기를 수 있음.

"안전하게 스키를 타요"

• 글의 종류 안내문

• 글의 특징 스키를 안전하게 타기 위해 주의할 사항
을 알려 주는 글입니다.

• 글의 흐름

스키를 탈 때에는 안전에 신경 써야 함.	→	스키를 타기 전에, 리프트를 타고 내릴 때, 슬로프를 탈 때 주의해야 함.

---

1 가장 좋아하는 겨울철 스포츠에 대해 물어보면서 흥미를
유발하고 있습니다.

2 석기 시대에도 스케이트를 탔습니다. 이때의 스케이트는
언 호수를 건너기 위한 생활 수단이었습니다.

3 이 글에 나온 세 가지 스케이트의 모양과 특징을 정리합
니다.

4 스케이트 는 오래 전부터 즐겨온 스포츠로, 스피드
스케이팅용, 피겨용, 아이스하키용 등의 스케이트를
사용하고, 체력을 길러 주는 운동입니다.

5 스키를 탈 때의 준비물과 주의 사항 등을 알려 주고 있는
글입니다.

6 리프트를 탈 때는 안전 바를 내리고 스키를 발걸이 위에
올립니다. 리프트를 내릴 때는 안전 바를 올리고 내릴 준
비를 하다가 하차 지점에 닿으면 의자를 밀면서 미끄러지
듯이 내립니다.

오답을 조심해

(2)

안전 바를 내리지 않고 리프트를 탔습니다.

(4)

내리기 전에 미리 안전 바를 올리고 내릴 준비를 하지 못하여
내리지 못했습니다.

7 문단 ❹의 중심 내용은 슬로프를 탈 때 자신의 실력에 맞
는 곳을 골라야 한다는 것입니다.

8 스키 를 탈 때에는 준비 운동을 충분히 하고, 안전하게
리프트 를 타고 내리며, 자기 실력에 맞는 슬로프
를 선택해야 합니다.

5일 문학

본문 74~77쪽

어휘 퀴즈

74쪽 / ❶ 화살   ❷ 경기

76쪽 / ❶ 봉우리   ❷ 평안

---

1 아폴론

2 (1) ㉠, ㉯   (2) ㉡, ㉮

3 ⓔ 경기의 신인 아폴론이 언제나 월계관을 썼기 때문입니다.

4 화살 / 월계수 / 월계관

5 ③, ④, ⑤

6 ㉢ → ㉠ → ㉫ → ㉭ → ㉡ → ㉣

7 (1) ○

8 구지봉 / 황금알 / 수로 / 대가야

지문이 궁금해

"아폴론과 월계관"

- 글의 종류 신화
- 글의 특징 아폴론과 관련한 그리스 신화입니다.
- 글의 흐름

에로스가 아폴론과 다프네에게 화살을 쏨.	→	아폴론을 피해 다니던 다프네는 월계수로 변함.	→	아폴론은 이 나무로 월계관을 만들어 씀.

"황금알에서 태어난 수로"

- 글의 종류 신화
- 글의 특징 가야국의 건국 신화입니다.
- 글의 흐름

마을 사람들이 노래를 부름.	→	하늘에서 황금알이 든 상자가 내려옴.	→	알에서 깬 수로가 대가야의 왕이 됨.

---

1 이 신화는 아폴론이 월계관을 쓰게 된 사연에 대한 이야기입니다.

2 에로스는 사랑하는 마음이 생기는 황금 화살을 아폴론에게, 사랑을 뿌리치게 하는 납 화살을 다프네에게 쏘았습니다.

3 경기의 신이기도 한 아폴론은 월계수로 변한 다프네를 마당으로 옮겨 소중하게 가꾸었고 월계관을 만들어 썼습니다. 그리고 이때부터 경기에 승리한 사람의 머리에 월계관을 씌워 주게 되었습니다.

4 에로스의 [화][살]을 맞은 아폴론은 다프네를 따라다녔지만 도망치던 다프네는 [월][계][수]로 변하였고, 아폴론은 이 나무로 [월][계][관]을 만들어 썼습니다.

5 이 이야기는 가야국의 건국 신화로, 주인공이 하늘에서 내려왔으며, 알에서 태어나는 특별한 출생 모습을 보입니다.

오답을 조심해

① 건국 신화는 실제 지명이나 역사적인 사건을 바탕으로 하여, 나라를 세운 것에 의미를 더하기 위해 신비로운 사건을 만들어 낸 것입니다. 가야국이 건국된 것은 실제로 일어난 일이고 구지봉도 실제로 있는 곳이지만, 하늘에서 상자가 내려오거나 알에서 사람이 태어나는 것은 실제로 일어난 일이 아닙니다.
② 주인공인 수로는 하늘에서 내려온 사람이므로, 신분이 낮다고 할 수 없습니다.

6 구지봉에서 이상한 소리가 들려 촌장들이 산에 올랐고, 봉우리 꼭대기에서 왕이 내려올 것이라는 음성을 들은 촌장들은 마을 사람들을 모아 노래를 부르고 춤을 추었습니다. 그러자 하늘에서 상자가 내려왔고, 상자 안에 있던 여섯 개의 황금알이 사내아이로 변했습니다.

7 가야국을 건국한 것의 정당성을 강조하는 신화입니다.

8 사람들이 [구][지][봉]에서 노래를 부르고 춤을 추자 하늘에서 상자가 내려왔고, 그 안에 있던 [황][금][알]에서 가장 먼저 태어난 '[수][로]'가 [대][가][야]의 왕이 되었습니다.

독해 속 어휘 마무리!

본문 78~79쪽

1 (1) ○	2 (1) ○	3 (3) ○	4 근력	5 인권
6 흡수	7 성미	8 ㉯	9 ㉰	10 ㉮
11 막무가내	12 기포	13 ②	14 ④	15 ⑤

4주

1일 사회

본문 82~85쪽

어휘 퀴즈

82쪽 / **1** 훼손   **2** 수거

84쪽 / **1** 단속   **2** 생사

---

1 (1) 우리 가족 (2) 나들이 (3) 지난 주말인 ○
○월 ○○일 오후 1시 (4) 즐거운 마음으로
감. (5) 들꽃 공원 (6) 산책도 하고 공놀이도
하기 위해

2 ①, ⑤

3 ㉡, ㉢

4 반려동물 / 공원 / 규칙

5 안전띠

6 ③, ④, ⑤

7 ⑳ 안전띠는 생명 띠! / 차 안의 든든한 보디가
드 안전띠

8 법 / 안전띠

지문이 **구금해**

"공원에서 지켜야 할 법"

- 글의 종류   기사문
- 글의 특징   ⑦는 주말에 들꽃 공원으로 가족 나들이를 다녀온 일을 육하원칙에 따라 쓴 기사문, ⑭는 공원 이용과 관련한 실제 법률입니다.
- 글의 흐름

| ⑦ 우리 가족은 주말에 공원에 다녀옴. | → | 공원의 규칙을 지키지 않는 사람이 많아 안타까움. | → | ⑭ 공원에서 하지 말아야 할 일에 대한 법이 있음. |

"안전띠를 착용하자"

- 글의 종류   논설문
- 글의 특징   안전띠의 중요성과 안전띠 착용 관련 법률을 근거로 안전띠를 착용하자고 주장하는 글입니다.
- 글의 흐름

| 뒷좌석에서 안전띠를 착용하지 않는 경우가 많음. | → | 전 좌석 안전띠 착용이 법으로 정해짐. | → | 사고를 막기 위해 전 좌석 안전띠 착용을 실천해야 함. |

---

1 우리 가족은 지난 주말에 들꽃 공원으로 나들이를 갔다고 하였습니다.

2 반려동물과 함께 공원에 갈 때는 목줄을 꼭 착용하게 하고 배설물 처리 도구를 준비해야 합니다.

3 반려동물과 함께 다닐 때는 반려동물을 통제할 수 있는 줄을 채워야 하고, 공원의 나무를 훼손하면 안됩니다.

㉠: 풍경 사진을 찍고 있습니다.
㉡: 강아지에게 통제할 수 있는 줄을 채우지 않았습니다.
㉢: 나무에 낙서를 하고 있습니다.
㉣: 곤충을 잡으러 다니고 있습니다.
㉤: 산책을 하고 있습니다.

4 우리 가족은 주말에 반려동물과 함께 공원으로 나들이를 다녀왔고, 공원에서 규칙을 잘 지켰으면 좋겠다고 생각했습니다.

5 우리나라는 개정된 도로교통법 시행으로 차량 내 전 좌석에서 안전띠를 착용해야 한다고 하였습니다.

독해 비법   핵심어 찾기

  2018년 9월에 개정된 도로교통법 시행으로 차량 내 전 좌석에서 안전띠를 착용해야 합니다. 모든 좌석에서 탑승자가 안전띠를 매지 않으면 단속 대상이 되지요. 단속 시에는 운전자가 과태료 3만 원을 내야 합니다. 특히 13세 미만의 어린이가 안전띠를 매지 않은 경우에는 과태료 6만 원을 내야 하지요. 이 법은 우리의 생명을 지키기 위해 만들어진 것입니다.

→ '안전띠'라는 낱말이 자주 쓰이는 것으로 보아, 이 글의 핵심어임을 알 수 있습니다.

6 이 글에서는 주장을 뒷받침하기 위하여 개정된 도로교통법 내용, 나라별 안전띠 착용 비율, 안전띠를 하지 않았을 때의 사망률 등을 근거로 들었습니다.

7 안전띠를 매면 생명과 안전을 지킬 수 있다는 내용을 잘 압축하여 표현할 수 있는 표어를 만들어 봅니다.

8 많은 사람의 생명을 지키기 위해서, 자동차를 탈 때에는 개정된 도로교통법에 따라 전 좌석에서 안전띠를 하도록 합시다.

2일 과학

본문 86~89쪽

어휘 퀴즈

86쪽 / **1** 발효 **2** 예방

88쪽 / **1** 감염 **2** 처방

1 발효 식품

2 ①, ②, ⑤

3 경진

4 발효 식품 / 박람회

5 항생제

6 ②

7 (1) **1**: 예 항생제의 역할 (2) **3**: 예 페니실린이 발견된 과정 / **4**: 예 페니실린의 효과 (3) **5**: 예 항생제를 먹을 때 주의할 점

8 페니실린 / 항생제 / 전염병

지문이 궁금해

"발효 식품 박람회에 놀러 오세요"

• 글의 종류 초대하는 글(안내문)

• 글의 특징 여러 나라의 발효 식품을 구경하고 맛볼 수 있는 박람회에 초대하는 글입니다.

• 글의 흐름

발효 식품 박람회에서 여러 나라의 발효 식품을 만날 수 있음.	→	건강에 좋은 발효 식품에 관심 있는 분들의 참여를 바람.

"세균을 죽이는 곰팡이, 페니실린"

• 글의 종류 설명문

• 글의 특징 수많은 전염병을 치료한 페니실린이 발견된 과정과 페니실린의 효과, 항생제를 먹을 때 주의할 점 등에 대해 설명하는 글입니다.

• 글의 흐름

항생제는 생명을 살리는 데 중요한 역할을 함.	→	최초의 항생제 페니실린은 우연히 발견됨.	→	항생제를 먹을 때는 내성이 생기지 않도록 주의해야 함.

1 여러 나라의 발효 식품을 한눈에 볼 수 있는 발효 식품 박람회에 초대하는 글입니다.

2 발효 식품에 있는 미생물이 장을 튼튼하게 해 주고, 소화와 혈액 순환을 도와주며, 각종 암과 성인병도 예방해 준다고 하였습니다.

오답을 조심해

③ 발효 식품은 발효 과정에서 특유의 냄새가 납니다.
④ 다른 나라의 발효 식품에 대한 설명을 보면 알 수 있듯이, 발효 식품은 일정 시간의 숙성을 거쳐 만들어집니다.

3 어린이, 청소년 및 노약자의 입장료는 3000원이므로 경진이는 3000원의 입장료를 내면 됩니다.

4 여러 나라의 다양한 발효 식품을 구경하고 맛볼 수 있는 박람회에 초대합니다.

5 세균에 의한 감염을 치료하는 약물을 항생제라고 합니다.

6 플레밍은 콧물 속에서 세균을 죽이는 물질을 발견하기도 했지만 의약품으로 쓰기에는 부족했다고 하였습니다.

7 각 문단에서 설명하는 내용을 요약하여 씁니다.

독해 비법 문단의 중심 문장을 찾아요!

1: 항생제는 세균에 의한 감염을 치료하는 약물로, 생명을 살리는 데 무척 중요한 역할을 합니다.
2: 항생제 중에서 가장 먼저 발견되고 가장 널리 사용되는 것은 영국의 세균학자인 프레밍이 발견한 페니실린입니다.
3: 페니실린은 아주 우연히 발견되었습니다.
4: 페니실린은 수많은 전염병 환자들의 목숨을 구하였습니다.
5: 항생제는 세균 감염을 치료하는 뛰어난 효과가 있지만 함부로 먹으면 안 됩니다.

---

8 페니실린은 최초의 항생제로, 플레밍에 의해 우연히 발견되어 많은 전염병 환자들의 목숨을 구했습니다.

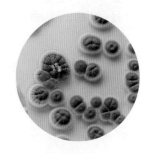

3일 문학

본문 90~93쪽

어휘 퀴즈

90쪽 / ❶ 무인도   ❷ 금고

92쪽 / ❶ 열쇠   ❷ 자물쇠

---

1 무인도

2 ⑤

3 정아

4 무인도 / 배

5 ③

6 예 설렙니다.

7 예 메리는 심술궂고 밉살스런 아이에서 호기심 많고 활발한 아이로 바뀌었습니다.

8 열쇠 / 정원

지문이 궁금해

"15소년 표류기"

- **글의 종류** 동화(세계 명작)
- **글의 특징** 무인도에 가게 된 15명의 소년들의 모험담을 그린 이야기입니다.
- **글의 흐름**

| 소년들은 무인도에 가게 됨. | → | 소년들은 배 안에서 생활에 필요한 물건을 찾아 냄. |

"비밀의 정원"

- **글의 종류** 동화(세계 명작)
- **글의 특징** 제멋대로인 아이이던 메리가 비밀의 정원을 찾고 친구를 만나면서 사랑과 우정을 깨달아 가는 이야기입니다.
- **글의 흐름**

| 메리가 흙 속에서 낡은 열쇠를 발견함. | → | 메리가 마사에게 줄넘기를 선물받고 기뻐함. | → | 메리가 비밀의 정원으로 들어가는 문을 찾음. |

---

1 소년들은 아무도 살지 않는 무인도에 도착하게 되었습니다.

2 배는 밑바닥이 부서지고 한쪽으로 기울기는 했지만, 잠시 동안 지내기에는 괜찮았습니다.

3 소년들이 가게 된 곳은 해변에 사람의 발자국도 없고 아무도 살지 않는 무인도입니다.

4 사람이 없는 무 인 도 에 가게 된 소년들은, 생활에 필요한 식량과 물건을 구하기 위해 배 안을 조사하였습니다.

5 메리는 흙 속에서 열쇠를 찾았고, 그 열쇠를 이용하여 담쟁이덩굴 아래 숨겨져 있던 비밀의 정원으로 가는 문을 열었습니다.

6 비밀의 정원을 찾게 된 메리는 가슴이 두근거렸습니다.

7 처음 부분에 메리는 성격이 고약하고 버릇없는 아이였는데 고모부 댁에서 지내게 되면서 밝고 건강해졌습니다.

독해 비법 인물의 변화를 파악해요!

메리 레녹스가 고모부 댁인 미셀스와이트 저택으로 왔을 때, 모두들 그렇게 고약하고 밉살스럽게 생긴 아이는 처음 본다고 말했다. 그도 그럴 것이 몸은 빼빼 마른 데다 이마는 툭 튀어나왔고, 표정에는 심술이 덕지덕지 붙어 보였기 때문이다.

→ 건강하지 않고, 심술궂고 밉살스런 성격이었음을 알 수 있습니다.

'만약 이 열쇠가 그 정원의 열쇠라면……. 정원의 문은 도대체 어디 있을까?'

메리는 산책길을 느긋하게 걸으면서 담쟁이덩굴이 우거진 담을 살펴보았다.

→ 호기심이 많다는 것을 알 수 있습니다.

메리는 뺨이 빨갛게 될 때까지 수를 세며 줄을 넘었다. 이렇게 재미있기는 태어나서 처음이었다.

"마사, 정말 고마워!"

→ 운동을 즐기고, 상대에게 고마움을 표현할 수 있게 되었습니다.

---

8 메리는 흙 속에서 낡은 열 쇠 를 찾았고, 울새를 따라다니다가 담장의 담쟁이덩굴 밑에서 비밀의 정 원 으로 들어가는 문을 찾았습니다.

4일 예술

 어휘 퀴즈

94쪽 / ❶ 기악   ❷ 선율

96쪽 / ❶ 악성   ❷ 우레

---

1 ②

2 ④

3 (1) ㉐ 관현악을 위하여 만들어진 규모가 큰 기악곡. (2) ㉐ 오페라의 '서곡'에서 시작됨. 4악장 구성이 확립된 후, 형식이 풍부해짐. (3) ㉐ 운명 교향곡, 미완성 교향곡, 비창 교향곡 (4) ㉐ 배경지식을 알고, 지휘자에 따라 비교하며 들으면 좋음.

4 교향곡 / 악장

5 (2) ○

6 ④

7 ③, ⑤

8 합창 / 합창 / 청력

지문이 궁금해

"기악의 꽃, 교향곡"

- 글의 종류 설명문
- 글의 특징 교향곡의 뜻, 유래와 발전, 감상법 등을 설명하는 글입니다.
- 글의 흐름

| 교향곡은 모든 악기들이 동원되는 규모가 큰 기악곡임. | → | 교향곡은 오페라의 서곡에서 비롯하여 발전해 옴. | → | 배경지식을 알고 들으면 교향곡을 더 잘 감상할 수 있음. |

"'합창 교향곡'을 듣고"

- 글의 종류 음악 감상문
- 글의 특징 '합창 교향곡'을 듣고 쓴 감상문입니다.
- 글의 흐름

| 베토벤 교향곡 '합창' 연주를 들음. | → | '합창 교향곡'에 대한 설명을 들음. | → | 연주가 매우 감동적이었음. |

---

1 교향곡은 오늘날에도 많이 연주되고 있고, 3대 교향곡이 특히 유명하다고 하였습니다.

2 관현악은 관악기, 타악기, 현악기 등으로 함께 연주하는 음악입니다.

독해 비법 오케스트라의 다양한 악기를 알아보아요!

3 필요한 정보를 간단하게 정리하여 씁니다.

4 교향곡은 관현악을 위해 만들어진 기악곡으로 보통 4개의 악장으로 구성되어 있으며, 곡에 대한 정보를 알고 감상하면 더욱 좋습니다.

5 이 글은 글쓴이가 베토벤 교향곡 제9번 '합창'을 듣고 쓴 감상문입니다.

6 '합창 교향곡'의 4악장에 들어가는 '환희의 송가'는 실러의 시를 노랫말로 사용한 것입니다.

7 글쓴이는 베토벤이 멋있게 느껴졌다고 하였고, 연주가 감동적이었다고 했습니다.

독해 비법 감상문의 내용을 정리해 보아요!

배경 지식	• '합창'은 오케스트라 연주가 성악이 들어감. • 4악장의 '환희의 송가' 부분은 실러의 시를 노랫말로 사용한 것임. • 합창 교향곡 연주 당시 베토벤은 청력을 잃은 상황이었음.
감상	• 고통을 이겨 낸 베토벤이 멋있게 느껴짐. • 오케스트라 연주에 합창이 더해져 감동적임. • 연주자와 청중이 하나가 된 느낌에 뭉클해짐. • 어려움을 이겨 낸다면 멋진 사람이 될 수 있을 것이라는 생각을 함.

8 베토벤 교향곡 제9번 '합창'은 4악장의 오케스트라 연주에 합창을 더한 교향곡으로, 베토벤이 청력을 잃은 고통을 이겨 내고 쓴 곡이어서 더욱 감동적입니다.

5일 문학

 어휘 퀴즈

| 98쪽 | ❶ 햇살 | ❷ 기차 |
| 100쪽 | ❶ 빗방울 | ❷ 어둠 |

1 청각

2 (1) ㉯ (2) ㉮

3 (1) 예 ㅂㄹㅂㄹ (2) 예 ㅎㄹㅎㄹ (3) 예 ㅁㅁ

4 햇살 / 기차

5 ⛅

6 ②

7 단우

8 빗방울

지문이 궁금해

"귀로 쓴 시"

• 글의 종류 시(3연 6행)

• 글의 특징 다양한 소리를 자음으로 표현한 시입니다.

• 글의 흐름

| 햇살에서 'ㅉㅉㅉ' 소리가 남. | → | 바람에서 'ㅅㅅㅅ' 소리가 남. | → | 머릿속에서 기차 바퀴 소리가 남. |

"빗방울 하나가"

• 글의 종류 시(2연 6행)

• 글의 특징 빗방울이 창을 두드리는 모습을 보고 쓴 시입니다.

• 글의 흐름

| 빗방울이 창을 두드림. | → | 우리는 모두 두드리고 싶은 것이 있음. |

---

1 '귀로 쓴 시'라는 제목을 통해 청각을 주로 사용한 시라는 것을 알 수 있습니다.

독해 비법 심상을 알아보아요!

심상은 시를 읽을 때 마음속에 떠오르는 빛깔, 모양, 소리, 냄새, 맛 등의 감각적인 느낌입니다.

• 시각적 심상: 눈에 보이는 듯이 표현한 것입니다.
  예 햇살 같이 밝은 미소

• 청각적 심상: 귀에 들리는 듯이 표현한 것입니다.
  예 햇살의 고요 속에선 / 'ㅉㅉㅉ' 소리가 나고

• 후각적 심상: 코로 냄새를 맡는 듯이 표현한 것입니다.
  예 가슴 가득 퍼지는 / 비릿한 바다 냄새

• 촉각적 심상: 손으로 만지는 듯이 표현한 것입니다.
  예 고양이 등을 쓸어 보자 / 비단처럼 보들보들

• 미각적 심상: 입으로 맛을 보는 듯이 표현한 것입니다.
  예 친구랑 나눠 먹은 과자 / 꿀처럼 달콤해

2 햇살의 고요에서는 'ㅉㅉㅉ', 바람에서는 'ㅅㅅㅅ' 소리가 난다고 하였습니다.

3 주변의 소리를 귀 기울여 듣거나, 들은 경험을 생각하면서 비슷한 소리를 떠올려 봅니다.

4 귀를 기울이면 햇살에서는 'ㅉㅉㅉ' 소리, 바람에서는 'ㅅㅅㅅ' 소리가 나고, 머릿속 한 구석에서는 기차 바퀴 소리가 들립니다.

5 시의 제목과 내용을 통해 비가 오고 있다는 것을 알 수 있습니다.

6 빗방울이 창문을 똑똑 두드린다고 하였습니다.

7 빗방울이 창문을 두드리는 모습을 보면서 우리도 언제나 두드리고 싶은 것이 있다는 것을 노래하는 시입니다.

8 창문을 두드리며 내리는 빗방울처럼, 우리도 언제나 무언가를 두드리고 싶습니다.

독해 속 어휘 마무리!

1 (2) ○	2 (3) ○	3 (2) ○	4 동원	5 착용
6 무인도	7 간이역	8 ㉯	9 ㉮	10 ㉰
11 감염	12 고요	13 ⑤	14 ②	15 ③

5주

1일 역사

본문 106~109쪽

어휘 퀴즈

106쪽 / ❶ 전투　　❷ 유익

108쪽 / ❶ 경작　　❷ 온돌

---

1 예 권력자, 무덤

2 ④

3 ④

4 고인돌 / 무덤 / 덮개돌

5 ㉠

6 ①

7 (1) 예 귀족, 평민, 노비가 있음.

　(2) 예 매우 엄격함.

　(3) 예 '데릴사위제'가 있음.

　(4) 예 삼국 중에서 온돌을 가장 먼저 사용함.

8 신분 / 법 / 데릴사위제 / 온돌

지문이 궁금해

"고인돌의 비밀"

· 글의 종류　대화문(면담)

· 글의 특징　고인돌의 뜻, 역할, 형태 등에 대한 여러 가지 정보를 알 수 있는 면담입니다.

· 글의 흐름

| 고인돌은 권력이 있는 사람의 무덤임. | → | 한반도의 고인돌에는 세 가지 모양이 있음. | → | 고인돌 밑에는 시신과 함께 껴묻거리가 묻혀 있음. |

"고구려가 궁금해!"

· 글의 종류　설명문

· 글의 특징　고구려의 신분 제도, 법, 풍습 등에 대하여 설명하는 글입니다.

· 글의 흐름

| 고구려에는 신분 제도가 있었음. | → | 고구려의 법은 엄격했음. | → | 고구려에는 데릴사위제가 있고, 온돌을 사용했음. |

---

1 고인돌은 권력이 있는 사람의 무덤으로 짐작된다고 하였습니다.

2 북방식 고인돌은 탁자 모양으로, 땅 위에 돌로 네모난 공간을 만들어 그 안에 시신을 넣었고, 남방식 고인돌은 바둑판 모양으로, 땅속에 돌로 네모난 공간을 만들어 그 안에 시신을 넣었다고 하였습니다.

3 고인돌 밑에는 청동기, 석기, 토기 등이 묻혀 있다고 하였습니다. ①은 청동기 시대의 민무늬 토기, ②는 석기인 돌칼, ③은 청동기인 비파형 동검, ⑤는 돌화살촉입니다. ④는 무령왕비 금제 장식으로 백제 시대의 유물입니다.

4 고인돌은 청동기 시대 권력자의 무덤으로, 땅속이나 땅 위에 시신을 묻고 덮개돌을 얹어 만들었습니다.

5 5세기에 고구려는 동북아시아뿐만 아니라 한반도 남쪽까지 세력을 미쳤습니다.

오답을 조심해

6 고구려에서 도둑질을 하면 도둑질한 것의 12배를 갚아야 했습니다. 사람을 죽이는 경우에 목을 잘리는 벌을 받았습니다.

7 고구려는 귀족, 평민, 노비의 신분이 있었고, 법이 엄격했으며, 독특한 결혼 풍습이 있었고 '쪽구들'이라는 온돌을 사용했습니다.

독해 비법　글의 구조를 알아보아요!

8 고구려에는 신분 제도가 있었으며 법이 매우 엄격했고, 데릴사위제라는 독특한 결혼 풍습이 있었으며, 삼국 중 가장 먼저 온돌을 사용했습니다.

2일 과학

본문 110~113쪽

어휘 퀴즈

110쪽 / ❶ 차단　　❷ 현기증
112쪽 / ❶ 파괴　　❷ 실천

---

1 생활 기상 지수
2 ⑤
3 (3) ○
4 기상 / 자외선 / 날씨
5 이산화 탄소, 지구 온난화
6 ④
7 ②
8 온난화 / 이산화 탄소 / 나무 / 전자 기기 / 식재료

지문이 궁금해

"생활 기상 지수를 활용해요"

• 글의 종류　안내문
• 글의 특징　우리 생활에 유용하게 활용할 수 있는 생활 기상 지수에 대하여 안내하는 글입니다.
• 글의 흐름

생활 기상 지수는 날씨가 우리 생활에 미치는 정도를 숫자로 나타낸 것임.	➡	생활 기상 지수 중 불쾌지수와 자외선 지수가 있음.	➡	생활 기상 지수를 알아 두면 많은 도움이 됨.

"이산화 탄소를 줄입시다"

• 글의 종류　논설문
• 글의 특징　이산화 탄소를 줄이자는 주장과 실천 방안을 담은 글입니다.
• 글의 흐름

지구 온난화의 원인인 이산화 탄소를 줄여야 함.	➡	이산화 탄소를 줄이는 방법에는 나무 심기, 전자 기기 사용 줄이기 등이 있음.	➡	이산화 탄소를 줄이기 위한 생활 속 실천을 해야 함.

---

1 날씨가 우리 생활에 미치는 정도를 숫자로 나타낸 것을 생활 기상 지수라고 합니다.

2 불쾌지수는 기온과 습도를 계산하여 사람이 느끼는 불쾌감의 정도를 나타낸 것입니다.

3 불쾌지수는 68미만으로 쾌적한 편이고, 자외선 지수는 높은 편입니다. 자외선 지수가 높을 때는 모자, 양산, 선글라스 등을 쓰고 자외선 차단제를 바릅니다.

오답을 조심해

(1) 불쾌지수는 낮으므로 쾌적한 표정이 어울립니다.

(2) 자외선 지수가 높으므로 모자, 양산, 선글라스 등을 쓰는 것이 좋습니다.

4 생활 기상 지수는 불쾌지수, 자외선 지수처럼 날씨가 우리 생활에 미치는 영향을 숫자로 표현한 것입니다.

5 지구 온난화의 가장 큰 원인인 이산화 탄소를 줄이자는 주장을 담은 글입니다.

6 질문을 던지고 답하는 부분은 나오지 않습니다.

오답을 조심해

① 이산화 탄소를 줄이자는 주장에 대한 실천 방안을 제시하면서 구체적인 근거를 들고 있습니다.
② 생활 속에서 실천할 수 있는 내용을 근거로 들고 있습니다.
③ 전자 기기 사용을 줄였을 때 줄일 수 있는 이산화 탄소의 양을 구체적으로 제시하였습니다.
⑤ 결론에서 '불끄기 행사'를 예로 들면서 주장을 강조하고 있습니다.

7 ❶은 서론, ❷, ❸, ❹는 구체적인 실천 방안을 나타낸 본론, ❺는 주장을 강조한 결론입니다.

8 지구 온난화의 가장 큰 원인인 이산화 탄소를 줄이기 위하여 나무를 많이 심고 전자 기기 사용을 줄이며 자신이 사는 지역에서 생산된 식재료를 먹는 등의 실천을 해야 합니다.

3 문학
일

 어휘 퀴즈

114쪽 / **1** 수작   **2** 때

116쪽 / **1** 동무   **2** 사랑

---

1 감자

2 ①

3 예 마름네 딸인 점순이와 친하게 지냈다가 소문이 날까 봐 걱정되기 때문입니다.

4 점순이 / 감자

5 옥희

6 ⑤

7 ⑤

8 사랑 / 달걀

지문이 궁금해

"동백꽃"

• 글의 종류 소설

• 글의 특징 사춘기 소년 소녀인 '나'와 점순이의 풋풋한 마음을 그린 이야기입니다.

• 글의 흐름

| 점순이가 '나'에게 심술궂게 구는 이유를 모르겠음. | → | '나'는 점순이가 주는 감자를 거절한 일이 있음. | → | 점순이는 '나'를 노려보고 논두렁으로 달아남. |

"사랑 손님과 어머니"

• 글의 종류 소설

• 글의 특징 사랑 손님과 어머니 사이의 미묘한 감정을 천진난만한 어린아이인 '나'의 눈으로 그린 이야기입니다.

• 글의 흐름

| '나'의 집 사랑에 아저씨가 살게 됨. | → | 아저씨가 삶은 달걀을 좋아한다는 것을 '내'가 어머니에게 알림. | → | 어머니가 그 뒤로 달걀을 많이 사게 됨. |

1 점순이는 '나'에게 감자를 주었으나 '내'가 받지 않자 심술이 났습니다.

2 점순이가 '나'에게 감자를 주고, '내'가 감자를 받지 않자 얼굴이 빨개지는 것으로 보아, 점순이는 '나'를 좋아함을 짐작할 수 있습니다.

> **독해 비법** 인물의 마음을 짐작해요!
>
> 언제 구웠는지 아직도 더운 김이 홱 끼치는 굵은 감자 세 개가 손에 뿌듯이 쥐었다.
> _{점순이의 행동}
>
> "너 봄 감자가 맛있단다."
> _{점순이가 한 말}
> 여지껏 가무잡잡한 점순이의 얼굴이 이렇게까지 홍당무처럼 새빨개진 적이 없었다.
> _{점순이의 행동}
>
> → '나'에게 감자를 주고, '내'가 거절하자 얼굴이 빨개지는 것으로 보아 '나'에게 호감이 있음을 짐작할 수 있습니다.

3 '나'는 마름인 점순이네 집의 눈치를 봐야 하므로 점순이와 허물 없이 지낼 수 있는 처지가 아닙니다.

4 나흘 전 점순이가 준 감자를 '내'가 거절한 일 때문에 점순이는 '나'를 볼 때마다 심술을 부리고 있습니다.

5 천진난만한 아이인 '나' 옥희의 시선으로 그려지고 있는 이야기입니다.

6 아저씨는 돌아가신 아버지, 큰외삼촌과 동무라서 '나'의 집 사랑에 하숙을 하게 되었습니다.

> **오답을 조심해**
>
> ① '내'가 사랑방에 가면 아저씨가 그림책을 보여 주는 것으로 보아, '나'는 어린아이임을 알 수 있습니다.
> ② 사랑에 살게 된 아저씨가 돌아가신 아버지와 어렸을 적 친구라는 부분을 통해 알 수 있습니다.
> ③ '내'가 사랑방에 놀러 가는 것으로 보아 아저씨와 사이가 좋다는 것을 알 수 있습니다.
> ④ 우리 동리 학교 교사로 오게 되었다는 말을 통해 알 수 있습니다.

7 사랑 아저씨가 삶은 달걀을 좋아한다는 '나'의 말에 어머니가 눈을 흘기면서도 다음부터 달걀을 많이 사는 것으로 보아 어머니가 사랑 아저씨에게 관심이 있고, '내'가 그 마음을 전달하는 역할임을 짐작할 수 있습니다.

8 '나'의 집 사랑에서 아저씨가 살게 되었는데, 그 아저씨는 '나'에게 퍽 잘해 주었고, '나'는 아저씨 덕분에 좋아하는 삶은 달걀을 실컷 먹게 되었습니다.

4 일 인물

본문 118~121쪽

1 ①, ②, ⑤

2 ①

3 예 독립을 위해 목숨을 아끼지 않은 분들의 노력으로 우리나라가 자유를 얻었습니다. 고맙습니다. 힘든 상황에서도 용기를 잃지 않는 정신을 본받겠습니다.

4 유관순 / 만세 / 형무소 / 독립

5 예 이토 히로부미에게 총을 쏘았기 때문입니다.

6 ⑤

7 예 죽음도 두려워하지 않았던 안중근 의사가 대단하게 느껴졌습니다. 자신이 옳다고 생각하는 것에 대해 굽히지 않는 자세를 본받고 싶습니다.

8 대한 독립 / 안중근 / 독립

지문이 궁금해

"어리지만 당당했던 소녀 유관순"

• 글의 종류 전기문

• 글의 특징 유관순 열사의 전기문입니다.

• 글의 흐름

유관순은 만세 운동에 앞장섬.	→	유관순은 감옥에서도 만세를 멈추지 않음.	→	유관순은 열아홉의 나이로 감옥에서 숨을 거둠.

"독립을 향한 집념, 안중근"

• 글의 종류 전기문

• 글의 특징 우리나라의 독립을 위해 힘쓴 안중근 의사의 전기문입니다.

• 글의 흐름

안중근은 하얼빈 역에서 이토 히로부미에게 총을 쏨.	→	안중근은 재판 과정에서도 당당하게 행동함.	→	안중근 의사의 정신은 우리 마음속에 남아 있을 것임.

1 유관순이 살았던 시대는 일제 강점기로, 일본 경찰은 우리나라 사람들을 잔인하게 대하였고 독립 만세를 부르다 죽거나 다친 사람이 많았습니다.

2 불의를 참지 못하는 모습으로 보아 유관순은 정의로운 성격입니다.

3 우리나라의 독립을 위해 힘쓴 분들에게 고마운 마음을 전합니다.

> **〈우리나라의 독립을 위해 헌신한 분들〉**
>
> 유관순 열사는 어린 나이에도 불구하고 대한 독립 만세를 외치고 감옥에서도 독립에 대한 의지를 꺾지 않았습니다.
>
> 윤봉길 의사는 1932년 상하이 훙커우 공원에서 일본 천황의 생일 행사장에 폭탄을 던져 독립 의지를 알렸습니다.
>
> 이봉창 의사는 1932년 일본 도쿄에서 일왕에게 수류탄을 던져 전 세계 사람들에게 대한민국 독립의 의지를 알렸습니다.

4 유관순은 아우내 장터에서 만세 운동을 이끌었고, 형무소에 갇혀서도 독립 만세를 외치다가 눈을 감았습니다.

5 안중근은 대한의 독립을 위해 이토 히로부미에게 총을 쏘았습니다.

6 안중근의 굳은 절개를 표현할 수 있는 한자성어는 서릿발이 심한 속에서도 굴하지 않고 외로이 지키는 절개라는 뜻의 '오상고절'이 가장 어울립니다.

7 안중근 의사의 두려움 없는 기상과 독립을 향한 의지에 대해 느낀 점을 씁니다.

8 대한 독립을 위해 이토 히로부미에게 총을 쏜 안중근 의사는 죽는 순간까지도 두려움 없이 조국의 독립을 소원하였습니다.

▲ 안중근 의사

5일 문학

본문 122~125쪽

| 122쪽 | ❶ 중앙 | ❷ 흉내 |
| 124쪽 | ❶ 그물 | ❷ 위기 |

1 ①, ②, ⑤

2 (1) 예 꼬마가 토끼를 솥 안에 숨겨 줌.
　(2) 예 꼬마는 토끼를 못 봤다고 거짓말을 함.

3 예 꼬마의 말을 믿은 사냥꾼은 토끼를 잡으러 숲으로 가고, 토끼는 무사히 도망갈 것 같습니다.

4 토끼 / 솥 / 거짓말

5 어부, 마왕

6 ③

7 예 목숨을 구해 준 은혜를 모르고 나를 죽이려고 하다니! 그 안에서 더 반성해야겠구나.

8 항아리 / 어부

지문이 궁금해

"숲속의 대장간"

· 글의 종류 희곡

· 글의 특징 사냥꾼에게 쫓기는 토끼를 대장간의 꼬마가 숨겨 주면서 벌어지는 이야기입니다.

· 글의 흐름

| 토끼가 사냥꾼에 쫓겨 옴. | → | 꼬마가 토끼를 숨겨 줌. | → | 꼬마가 사냥꾼을 속임. |

"아라비안 나이트"

· 글의 종류 희곡

· 글의 특징 어부와 마왕이 겨루는 이야기입니다.

· 글의 흐름

| 항아리에서 나온 마왕이 어부를 죽이려 함. | → | 어부가 꾀를 내어 위기를 벗어남. |

---

1 이 글은 무대에서 공연할 목적으로 쓰인 희곡입니다.

2 사냥꾼에 쫓기는 토끼가 대장간에 온 후 어떤 일이 벌어졌는지 차례대로 씁니다.

독해 비법 희곡의 특징을 알아보아요!

● 때: 이른 아침　　　● 곳: 마을 근처에 있는 대3장간
● 나오는 인물: 꼬마, 사냥꾼, 토끼, 참새 1, 2, 3, 까마귀 1, 2, 3

→ 배경, 등장인물에 대한 해설이 있습니다.

사냥꾼: (고개를 갸웃거리며) 틀림없이 이 집 안으로 도망쳐 들어왔는데…… 애, 꼬마야. 여기 토끼 한 마리 들어왔지?

지문　　　　　　　대사

→ 인물의 대사가 있고 인물의 행동을 지시하는 지문이 있습니다.

---

3 사냥꾼이 꼬마의 말을 믿고 돌아갈지, 토끼가 무사할 수 있을지 생각하면서 이어질 이야기를 상상해 봅니다.

4 사냥꾼에 쫓기던 [토][끼]가 대장간으로 들어오자 꼬마는 토끼를 [솥] 안에 숨겨 주고, 사냥꾼에게 토끼를 못 보았다고 [거][짓][말]을 했습니다.

5 이 극의 등장인물은 어부와 마왕입니다.

6 바다에서 어부 혼자 물고기를 낚고 있으므로 여러 사람이 웅성거리는 소리는 필요하지 않습니다.

7 항아리에서 꺼내 주었는데도 어부를 죽이려고 한 마왕에게 해 줄 수 있는 말을 생각하여 씁니다.

독해 비법 인물의 성격을 알아보아요!

마왕: 흥! 나는 바닷속에서 백 년을 기다렸어. … 그런데도 나를 구해 주는 사람이 없었어. 나는 화가 나서 이제부터 나를 구해 주는 사람이 있다면 죽여 버리기로 했지!

→ 마왕은 속이 좁고 심술궂은 성격임을 알 수 있습니다.

어부: 꾀를 좀 내야겠는걸. …… 이 작은 항아리에 어떻게 들어가셨습니까? 아무리 봐도 믿을 수가 없네요.

→ 어부는 재치 있는 인물임을 알 수 있습니다.

---

8 작은 [항][아][리]에 갇혀 있던 마왕은 자신을 꺼내 준 [어][부]를 죽이려고 하다가 벌을 받았습니다.

독해 속 어휘 마무리!

본문 126~127쪽

1 (2) ○	2 (3) ○	3 (3) ○	4 하숙	5 쾌적하다
6 계층	7 선심	8 ㉠	9 ㉡	10 ㉮
11 풍습	12 권리	13 ④	14 ①	15 ③

본문 130~133쪽

어휘 퀴즈

130쪽 / ❶ 장려   ❷ 상술

132쪽 / ❶ 유목   ❷ 사신

1 벽란도

2 ④

3 라

4 벽란도 / 무역 / 아라비아

5 (1) 고려양   (2) 몽골풍

6 ①

7 ③, ④

8 원나라 / 고려 / 몽골

지문이 궁금해

"무역의 중심, 벽란도"

• 글의 종류 설명문

• 글의 특징 고려의 무역항이었던 벽란도에 대하여 설명하는 글입니다.

• 글의 흐름

다른 나라와 활발히 무역을 한 고려의 무역 중심지는 벽란도였음.	→	고려가 무역을 활발하게 된 것은 개성 상인과 왕건의 정책 덕분임.	→	고려는 송나라와 가장 활발히 무역을 했음.

"고려양과 몽골풍"

• 글의 종류 설명문

• 글의 특징 고려와 원나라가 서로 영향을 주고받은 흔적인 고려양과 몽골풍에 대해 설명하는 글입니다.

• 글의 흐름

고려와 원나라는 서로 영향을 주고받음.	→	고려양은 원나라에 유행한 고려의 풍습임.	→	몽골풍은 고려에 전해진 몽골의 생활 양식임.

---

1 고려에서 가장 활발하게 무역이 이루어진 곳인 벽란도의 원래 이름은 예성항이었는데, '벽란정'이라는 정자에서 외국 손님들을 대접하는 일이 많아지면서 벽란도라고 불리게 되었습니다.

2 태조 왕건의 집안은 대대로 해상 무역을 하던 집안으로, 왕건이 왕위에 올라 상업을 장려한 덕분에 고려가 여러 나라와 무역을 활발하게 하게 되었습니다.

3 [보기]에서는 고려와 거란, 여진, 아라비아와의 무역 관계를 구체적으로 설명하고 있습니다. 문단 라의 송나라와의 무역에 대한 설명 뒤에 오면 어울리는 내용입니다.

독해 비법 이 글의 중심 내용을 알아보아요!

가	고려는 다른 나라와 활발하게 무역을 하며 경제를 발전시킴.
나	벽란도는 고려에서 가장 활발하게 무역이 이루어진 곳임.
다	고려가 무역을 활발히 하게 된 것은 개성상인과 왕건의 상업 장려 정책 덕분임.
라	고려는 송나라와의 무역이 가장 활발했음.

4 고려는 벽란도를 중심으로 국제 무역이 크게 발달하여, 송나라, 여진, 거란, 동남아시아, 아라비아 상인들과 무역 활동을 하였습니다.

5 ㉠은 원나라에 전해진 고려의 풍습을 설명하고 있으므로 '고려양'이고, ㉡은 고려로 전해져 유행한 몽골(원나라)의 생활 양식을 설명하고 있으므로 '몽골풍'입니다.

6 오랜 전쟁 뒤에 원나라의 간섭을 받게 된 고려가 이후 서로에게 끼친 영향이 무엇인지 알 수 있습니다.

오답을 조심해

② 인삼으로 만든 술은 고려에서 원나라로 전해졌습니다.
③ 이 글에서는 알 수 없는 내용입니다.
④ 유목민은 고려의 북쪽 지역에 많이 살았습니다.
⑤ 고려는 원나라의 간섭을 받게 되었습니다.

7 고려와 몽골의 풍습 등이 서로에게 영향을 끼친 경우를 찾아봅니다.

8 고려양은 원나라에서 유행하였던 고려의 풍습이고, 몽골풍은 고려로 전해져 유행하였던 몽골의 생활 양식입니다.

本文 134~137쪽

어휘 퀴즈

134쪽 / ❶ 통증   ❷ 중화

136쪽 / ❶ 주성분   ❷ 고유

---

1 ③

2 ⑤

3 ④

4 중화 반응 / 산 / 염기

5 (4) ○

6 ③

7 준성

8 대리석 / 훼손 / 산성비

지문이 **궁금해**

"생활 속 산과 염기의 이용"

· 글의 종류   설명문

· 글의 특징   우리 생활에서 산과 염기를 이용하는 다양한 예를 소개하고 있는 글입니다.

· 글의 흐름

| 산과 염기는 중화 반응의 원리를 이용하여 생활에서 사용됨. | → | 산성이 강할 때는 염기로, 염기성이 강할 때는 산으로 중화함. | → | 산과 염기는 서로를 보완하는 밀접한 관계임. |

"산성비와 대리석 문화재"

· 글의 종류   설명문

· 글의 특징   산성비로 인한 대리석 문화재 피해를 막기 위해 어떤 노력을 하고 있는지 설명하는 글입니다.

· 글의 흐름

| 산성비는 대리석 문화재를 훼손함. | → | 유리 구조물에 넣거나 실리콘 등을 바르는 등 대리석 문화재를 보호하기 위해 노력하고 있음. |

---

1 이 글은 생활 속에서 활용되는 산과 염기의 예를 들어 설명하고 있습니다.

2 화장실 청소를 할 때에는 변기에 찌든 때를 없애기 위해 산성 세제를 사용한다고 했습니다. 변기의 때는 염기성 물질이기 때문에 산성 세제로 냄새를 없앨 수 있습니다.

3 문단 ❶에서 생활 곳곳에서 산과 염기가 쓰이고 있음을 말했고, 문단 ❷, ❸에서는 각각 염기성과 산성을 이용한 예를 들었습니다. 문단 ❹에서 내용을 마무리하였습니다. 그러므로 이 글에 알맞은 구조는 ④입니다.

독해 비법 이 글의 문단 구성

❶	산과 염기는 생활 곳곳에서 사용되고 있음.
❷	산성이 강할 때는 염기성 물질을 이용함.
❸	염기성이 강할 때는 산성 물질을 이용함.
❹	산과 염기는 서로 다르면서 서로를 보완하는 밀접한 관계임.

4 중화 반응의 원리를 이용하여 산과 염기를 우리 생활 곳곳에서 활용할 수 있습니다.

5 이 글은 산성비로 인한 대리석 훼손을 중심 소재로 하여 설명하고 있습니다.

6 원각사지 10층 석탑은 유리 구조물 안에 넣어서 보호하고 있고, 타지마할 사원은 사원의 표면에 실리콘을 바르고 근처 공장의 화석 연료 사용을 제한하는 등 훼손을 막기 위해 노력하고 있다고 했습니다.

7 글쓴이는 산성비가 대리석으로 만들어진 문화재에도 피해를 주고 있고, 이를 막기 위해 노력하고 있음을 예를 들어 설명하고 있습니다.

오답을 조심해

호영: 대리석 문화재는 이미 만들어진 것이므로 훼손을 막기 위해 노력해야 합니다.
진아: 산성비가 우리에게 주는 피해에 대해 알리고 있습니다.
희수: 훼손되는 문화재를 어떻게 보호하고 있는지 알리기 위해 쓴 글입니다.

8 산성비는 대리석으로 만든 문화재를 훼손시키기 때문에 각 나라에서는 산성비로부터 문화재를 보호하기 위해 노력하고 있습니다.

3일 문학

본문 138~141쪽

어휘 퀴즈

138쪽 / **1** 푸르다

140쪽 / **1** 서럽다

---

1 ③, ④

2 예 남을 헐뜯는 말

3 지현

4 상처 / 헐뜯는

5 (2) ○

6 예 부모님께서 돌아가시고 나면 아무리 효도하고 싶어도 할 수 없기 때문입니다.

7 ④

8 효도 / 공경

지문이 궁금해

"혀 밑에 도끼"

• **글의 종류** 시(시조)

• **글의 특징** 남을 헐뜯지 말자는 주제를 담은 시조입니다.

• **글의 흐름**

혀 아래 도끼 들었단 말이 있음.	→	남을 헐뜯는 사람들의 혓바닥 아래 도끼가 있음.

"훈민가"

• **글의 종류** 시(시조)

• **글의 특징** 부모님께 효도하고 노인을 공경하라는 주제를 담은 시조입니다.

• **글의 흐름**

돌아가신 뒤에는 슬퍼해도 소용이 없으므로 부모님께 효도해야 함.	→	'나'는 젊기 때문에 돌도 무겁지 않으므로 노인을 도와야 함.

---

1 이 시에서 '도끼'가 반복됩니다. 도끼는 남을 헐뜯는 말을 비유하여 나타낸 말이며 1행에서 질문을 하고 2행과 3행에서 대답을 하는 형식으로 생각을 전달하고 있습니다.

독해 비법 시조의 형식을 파악해요!

혀 아래 / 도끼 들었단 말 / 들어 본 일 / 있나요? → 초장

남을 자꾸 / 헐뜯는 / 사람들의 / 혓바닥 아랜 → 중장

도끼가 / 숨겨져 있대요. / 서슬 푸른 / 쇠도끼. → 종장
3글자 고정
→ 시조는 우리나라 고유의 정형시로, 초장, 중장, 종장으로 이루어져 있으며 글자 수가 정해져 있고, 장마다 네 부분으로 끊어 읽으며 운율을 느낄 수 있습니다. 이것을 4음보라고 합니다.

---

2 '혀 밑에 도끼', '혀 아래 도끼', '서슬 푸른 쇠도끼'에서 도끼는 남을 헐뜯는 말을 비유하여 표현한 것입니다. 남을 헐뜯는 말이 사람의 마음에 상처를 주는 것과 도끼로 사람에게 상처를 입힐 수 있는 점이 비슷합니다.

3 말을 조심하고 남을 헐뜯는 말을 하지 않기를 바라는 말하는 이의 생각을 속담과 관련지어 알맞게 말한 친구를 찾아봅니다.

4 다른 사람의 마음에 상처 를 줄 수 있으니, 남을 헐 뜯 는 말을 하지 말아야 합니다.

5 '훈민가'는 사람들에게 깨달음을 주기 위해 지은, 교훈적인 성격이 강한 시입니다.

6 부모님께서 돌아가시고 나면 효도하고 싶어도 할 수 없기 때문에 평생에 다시 할 수 없는 일이라고 표현했습니다.

7 시 **가** 는 부모님께 효를 다해야 함을, 시 **나** 는 웃어른을 공경해야 함을 말하고 있습니다.

8 부모님께 효 도 하고, 노인을 공 경 해야 합니다.

4 _일 예술

본문 142~145쪽

142쪽 / **❶** 주최   **❷** 제한

144쪽 / **❶** 감시   **❷** 봉화

---

1 ③

2 ②

3 예 우리 궁궐이 누구나 누릴 수 있는 문화 공간으로 한 단계 더 나아가도록 하기 위해서입니다.

4 달빛 / 창덕궁 / 야경

5 수원 화성

6 ③

7 ⑤

8 정조 / 옹성 / 방어 / 첨단

지문이 **궁금해**

"창덕궁의 밤은 아름답다"

- **글의 종류** 기사문
- **글의 특징** '창덕궁 달빛 기행' 행사에 대한 정보를 제공하는 기사입니다.
- **글의 흐름**

창덕궁 달빛 기행이 실시될 예정임.	→ 창덕궁 달빛 기행은 프로그램이 풍성함.	→ 창덕궁 달빛 기행은 참여 인원을 제한하며, 예매가 가능함.

"정조의 계획도시, 수원 화성"

- **글의 종류** 설명문
- **글의 특징** 수원 화성의 특징과 구조, 건설 방법 등을 자세히 설명한 글입니다.
- **글의 흐름**

수원 화성은 정조가 세운 계획도시임.	→ 수원 화성에는 옹성과 다양한 방어 시설물이 있음.	→ 수원 화성은 첨단 기술을 바탕으로 지어졌음.

---

1 이 글은 '창덕궁 달빛 기행' 행사 소식을 전달하는 기사문입니다.

2 '창덕궁 달빛 기행'은 문화재청이 주최하는 행사로 4월 ○일부터 6월 ○일, 8월 ○○일부터 10월 ○○일까지 진행됩니다. 또 문화유산 보호와 원활한 행사 진행을 위해 참여 인원을 회당 100명으로 제한하며 내국인은 1인당 2매까지 예매할 수 있습니다. 외국인은 매주 일요일에만 참여할 수 있고 영어, 중국어, 일본어 해설 중 선택할 수 있습니다.

3 첫 문단에 나온 기획 취지를 통해 짐작할 수 있습니다.

> **독해 비법**   글의 내용을 통해 짐작해요!
>
> '창덕궁 달빛 기행'은 문화재청이 주최 하는 행사로, 은은한 달빛 아래 창덕궁을 거닐며 야경을 감상할 수 있다. 우리 궁궐이 문화유산에서 누구나 누릴 수 있는 문화 공간으로 한 단계 더 나아가게 하려는 취지로 기획된 이 행사는 매년 인기리에 진행되고 있다.
> _{기획 취지}
>
> → 창덕궁에서 달빛 기행 행사를 하는 까닭을 짐작할 수 있습니다.

4 '창덕궁 [달][빛] 기행'은 아름다운 궁궐 [창][덕][궁]을 거닐며 [야][경]을 감상할 수 있는 행사입니다.

5 이 글은 계획도시인 수원 화성에 쓰인 첨단 기술과, 수원 화성의 큰 문에 설치한 옹성, 그리고 다양한 방어 시설물에 대해 자세히 설명했습니다.

6 '예상'은 '어떤 일이 있기 전에 미리 짐작하여 생각하는 것.'을 뜻합니다.

7 『 』부분에 나타난 설명 방식은 '예시'입니다.

> **오답**을 조심해
>
> ① 비교: 둘 이상의 대상에 대하여 비슷한 점을 밝히면서 설명하는 방법.
> ② 정의: 설명 대상의 뜻이나 개념을 정하여 설명하는 방법.
> ③ 분류: 설명 대상을 일정한 기준에 따라 나누어 설명하는 방법.
> ④ 대조: 둘 이상의 대상에 대하여 서로 다른 점을 밝히면서 설명하는 방법.

8 수원 화성은 [정][조]가 세운 계획도시로, 큰 문에 [옹][성]을 설치하였고, 다양한 [방][어] 시설물이 있으며, [첨][단] 기술을 활용하여 지어졌습니다.

본문 146~149쪽

어휘 퀴즈

146쪽 / ❶ 우연히   ❷ 갈래
148쪽 / ❶ 쓸모   ❷ 동작

1 ⑤
2 예 눈을 감고 지팡이로 두드리면서 발 가는 대로 따라서 가는 것입니다.
3 ③
4 눈 / 본분
5 ④
6 ②
7 주환
8 눈먼 / 스스로 / 병아리

지문이 궁금해

"다시 눈을 감아라"
• 글의 종류 수필
• 글의 특징 본분을 잊지 말 것을 강조하는 글입니다.
• 글의 흐름

눈을 뜨게 된 맹인이 집을 찾지 못해 헤맴.	→	눈을 감자 길을 찾을 수 있게 됨.	→	자신의 본분을 지키는 것이 중요함.

"눈먼 암탉"
• 글의 종류 수필
• 글의 특징 글쓴이가 눈먼 암탉을 보면서 느낀 점을 솔직하게 쓴 글입니다.
• 글의 흐름

눈먼 암탉이 병아리를 낳았는데 새끼를 온전하게 길러 냄.	→	눈먼 암탉은 병아리를 살피면서 스스로 자랄 수 있도록 함.

1 이 수필의 글쓴이는 박지원이고, 화담 서경덕 선생이 길을 잃고 울고 있는 사람을 일깨워 준 내용을 다루고 있습니다. 수필은 일정한 형식 없이 일상생활에서의 느낌이나 체험을 생각나는 대로 쓴 글입니다.

2 화담 선생은 길을 잃은 까닭을, 빛깔과 모양에 이끌려 판단이 흐려지고, 슬픔이나 기쁨과 같은 감정이 작용하여 망상이 되었다고 하면서 눈을 감고 지팡이로 두드리면서 발 가는 대로 따라 가라고 했습니다.

3 글쓴이는 눈에 보이는 것에 얽매여 판단을 흐리거나 본심을 잃지 말고 자신의 본분을 바르게 지켜야 한다고 말하고 있습니다.

독해 비법 수필의 주제를 찾아요!

빛깔과 모양에 이끌려 판단이 흐려지고, 슬픔이나 기쁨과 같은 감정이 작용하여 망상이 되었던 것입니다. 지팡이로 땅을 두드리고 발 가는 대로 따라서 걸어가는 것, 이것이 바로 우리가 본분을 지키는 핵심이요, 집으로 돌아가는 방법입니다.
주제
→ 겉모습이나 감정에 이끌리지 않는 것이 본분을 지키는 것이라는 이 글의 주제를 알 수 있습니다.

4 눈에 보이는 화려함에 이끌리지 말고 자신의 본분을 지켜야 합니다.

5 이 수필은 눈먼 암탉이 병아리들을 온전하게 길러 내는 것을 본 글쓴이가 깨달은 점을 쓴 글입니다.

6 눈먼 암탉은 병아리 주변을 떠나지 않으면서 병아리들이 스스로 알아서 자랄 수 있도록 했습니다.

7 눈먼 암탉의 행동은 보통 암탉과는 반대라고 했습니다. 보통 암탉이 병아리에게 먹이를 구해 주고 위험으로부터 항상 보호해 주었다면, 눈먼 암탉은 늘 병아리들의 가까이에 있으면서 스스로 알아서 자랄 수 있도록 했습니다.

8 눈먼 암탉은 병아리들이 스스로 알아서 자랄 수 있도록 돌보며 병아리들을 온전하게 길러 냈습니다.

독해 속 어휘 마무리!

본문 150~151쪽

1 (2) ○	2 (2) ○	3 (2) ○	4 야경	5 초소
6 축적	7 판단	8 ㉰	9 ㉯	10 ㉮
11 성곽	12 본분	13 ⑤	14 ②	15 ①

초능력 국어 독해 **5** 단계 학년

정답 및
풀이